U0894085

工作时留影

漫步校园

纳木错湖留影

凝视

▲接受陕西广播电台采访

▲接受中央电视台记者现场采访

▲在中国首届农民节直播中接受访谈

▲2016 年在“中德现代农业发展研讨会”上做主旨演讲

▲2017 年在礼泉县为职业农民做报告

▲在阿里巴巴新型职业农民商学院揭牌仪式上讲话

2007 年在新加坡考察

2007 年在新西兰梅西大学讲学

2009 年 4 月随团访问荷兰农业部

2009 年在奥地利学术交流

2009 年在荷兰郁金香农场调研

2010 年 6 月 4 日随孙武学校长访问蒙古农业大学（乌兰巴托）

2010 年在台湾中兴大学进行学术交流

2010 年在贵州大学讲学

2012 年 7 月在越南进行学术考察

2013 年考察韩国民俗村

2017 年教师节与在校生共聚

2019 年被学生评为“我心目中的好导师”

深入基层调研

同拉美青年干部座谈

王征兵与自己的研究生合影留念
（2011 年毕业的 5 名博士和 5 名硕士）

指导本科生调研报告

1990 年读研究生期间聆听导师魏正果教授的教诲

1991 年硕士答辩陈述

1998 年 7 月博士毕业

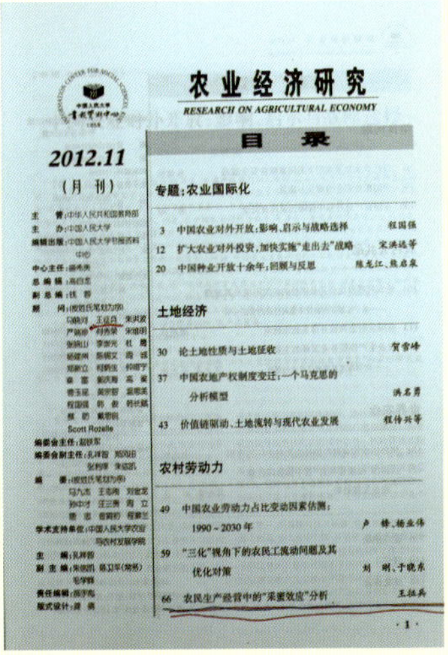

农业经济研究
RESEARCH ON AGRICULTURAL ECONOMY

2012.11
（月 刊）

主 管：中华人民共和国教育部
主 办：中国人民大学
Scott Rozelle

目 录

专题：农业国际化

土地经济

农村劳动力

·1·

担任中国人民大学《农业经济研究》顾问

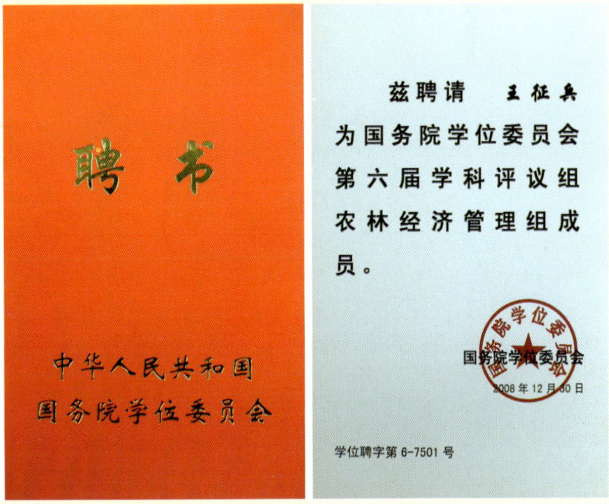

聘书

中华人民共和国
国务院学位委员会

兹聘请 王征兵
为国务院学位委员会
第六届学科评议组
农林经济管理组成
员。

国务院学位委员会
2008 年 12 月 30 日

学位聘字第 6-7501 号

被聘为国务院学科评议组成员

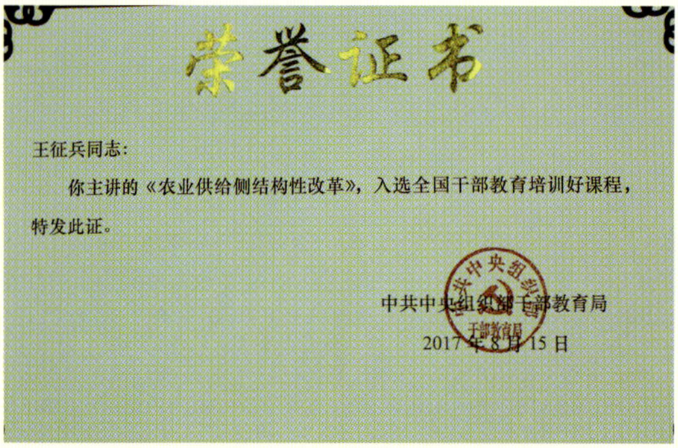

荣誉证书

王征兵同志：

你主讲的《农业供给侧结构性改革》，入选全国干部教育培训好课程，特发此证。

中共中央组织部干部教育局

2017年8月15日

▲“农业供给侧结构性改革”课程入选中组部培训好课程

▲在《管理世界》发表论文

▲在新西兰学习期间与 Allan Rae 夫妇在其家合影

▲在新西兰做面条

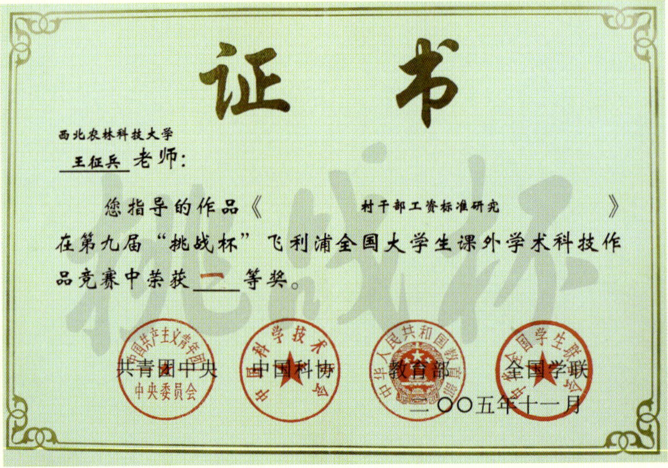

证　书

西北农林科技大学

王征兵老师：

您指导的作品《村干部工资标准研究》在第九届“挑战杯”飞利浦全国大学生课外学术科技作品竞赛中荣获一等奖。

共青团中央　中国科协　教育部　全国学联

二〇〇五年十一月

▲指导学生获得挑战杯一等奖

XINGZOUXIANGJIAN

行走乡间

对“三农”问题的思考

王征兵 著

西北农林科技大学出版社

图书在版编目(CIP)数据

行走乡间:对“三农”问题的思考 / 王征兵著. —杨凌 : 西北农林科技大学出版社, 2019.11

ISBN 978-7-5683-0795-6

Ⅰ. ①行… Ⅱ. ①王 Ⅲ. ①三农问题－研究－中国 Ⅳ. ①F32

中国版本图书馆 CIP 数据核字(2019)第 274087 号

行走乡间:对“三农”问题的思考

王征兵 著

出版发行	西北农林科技大学出版社		
地　　址	陕西杨凌杨武路 3 号	**邮　编**:712100	
电　　话	总编室:029－87093195	发行部:029－87093302	
电子邮箱	press0809@163.com		
印　　刷	陕西天地印刷有限公司		
版　　次	2020 年 8 月第 1 版		
印　　次	2021 年 3 月第 2 次印刷		
开　　本	787 mm×1092 mm　1/16		
印　　张	19.75		
字　　数	324 千字		

ISBN 978-7-5683-0795-6

定价:78.00 元

本书如有印装质量问题,请与本社联系

(版权所有　侵权必究)

序

我从小生活在农村,对农村有着切身的感受和体验。农村生活在我的人生轨迹中留下了难以磨灭的痕迹。但那时年龄尚小,没有时间也没有能力深入思考农村、农民和农业问题。偶尔的思考,也常常不得其解,只是有许多困惑:父母长年累月辛苦劳作,为什么依旧贫困?甚至贫困到连我睡觉的一席之地都没有,让我多年借宿在同村其他同学家中。为什么妈妈常年养鸡却舍不得吃一个鸡蛋?城里人为什么不养鸡却经常买鸡蛋、吃鸡蛋?农业是世界上最重要的行业,为什么农民却比其他行业的人收入低?等等。

后来考入农业大学并留校从事"三农"问题的研究和教学工作,以毕生的精力探索"三农"问题,《行走乡间:对"三农"问题的思考》(简称"行走乡间")一书汇聚了本人对"三农"问题研究和思考的主要文章和观点。如新型农业经营方式"精细密集农业""村干部年薪应为农民人均纯收入的三倍""不在意资金规律""十二人性理论""绝对收入原理""农民采蜜效应",等等。

市面上关于"三农"问题的研究和思考非常多,文章和文献浩如烟海,但关于"三农"问题的学术研究渐渐走入一个数学化和模型化的误区。我不反对用复杂的数学方法研究学术问题,但我不喜欢为模型而模型。许多论文用复杂的模型和大量的数据论证了一个人人皆知的常识,如"教育与经济发展有显著相关性""水资源对苹果产量有显著影响"等,这如同论证"人要吃饭"一样滑稽和无用。而且论文越来越脱离普通大众,因为模型复杂得普通人已经看不懂了,即使从研究的同行也是硬着头皮去"啃",研究变成了极少数人自娱自乐的"游戏"。我一直想写一本老百姓能看懂的《农业经济学》,而且是有趣的经济学,但由于琐事缠身,一直未能如愿,也成为我的憾事之一。然而,在偶尔闲暇的夜晚,我也会基于内心的冲动写一些有趣而易懂的关于"三农”问题的文章。如“农民贫困的根源”“农村兄妹关系的奇妙变化”“论先有鸡而后有蛋”“漫谈天价大米”,等等。写这样的文章,不是为了升职称,也不是为了奖金,纯粹是因为兴趣所致,自己也很享受写作的过程。但这些文章不多,而且静静地躺在我的电脑里。

2013 年冬天,我与两位朋友黄小星和曹昂在杨凌上岛咖啡馆喝茶聊天。他们偶尔看过我几篇文章,觉得我的文章有趣且有价值,于是他们提议在他们创办的微信公众号《大农圈》给我开辟一个专栏“趣说三农”,把我写的这些文章分期刊发出来,供大众阅览。我欣然同意了。但已经写好的文章并不多,这就“逼迫”我不断地创作,好在我对许多“三农”问题都有一些思考,便逐一把他们写出来,刊发在“趣说三农”平台上。平台上的粉丝由最初的几十个发展到几十万个,“趣说三农”也写到第 179 期(截止 2020 年 8 月)。持续增加的关注度,使其取得了很好的社会反响。

这本书不仅想做到通俗有趣,更想给人们以启迪和指导,尤其是农民和农业经营者。比如,很多年前就有人提出农业要适度规模经营,但适度规模到底是多大?却很少有人告诉农民,农民面对“适度”二字仍无所适从。我通过研究告诉农民:果树的适度规模为 20 ~ 30 亩,养猪的适度规模为 300 ~ 500 头(见书中文章“中国家庭农场的特色及发展方向”);针对农村人地矛盾突出的问题,本轮土地承包到期后,农民的承包地到底能不能重新调整?我查阅了相关文件,结合自己对此问题的思考和研究,告知村民:经本集体经济组织成员的村民会议三分之二以上成员或者三分之二以上村民代表的同意,并报乡(镇)人民政府和县级人民政府农业等行政主管部门批准,就可以调整(见文章“农民承包地能不能再次调整?”),等等,恕不再举例。我希望我的研究和思考能对农民有具体而真切的帮助,尽管我的研究结果不一定正确,但我希望大家共同探讨,找到终极“真理”。

这本书对于专业人士来说,更多是提供思考的方向和角度,因为很多文章只是提出问题或者给出观点,并没有做深刻细致的研究,我希望后来者能够挖掘和研究这些问题,做出大学问。中国的很多农业和农村问题都是“诺贝尔奖”级的难题。

这本书想告诉研究者,研究不是套用别人的数学模型做数学题,也不是复制粘贴一堆资料说一些大家都熟知的常识,而且探索人类未知的规律。如在买菜时发现人们经常忽略掉零头(10.1 元,忽略 0.1 元,实付 10 元)的现象,经过三年多研究,我有了新的发现:在商品交易中,当一笔资金占到交易额百分之一或小于百分之一,这笔钱就成为不在意资金,简称“百分之一定理”。另外,通过研究人性,我发现人有十二种本性,有人称之为“十二人性理论”。我不敢独断这些研究结论都是真理,但这些结论和观点都是我自己发现的。我提出的“绝对收入原理”和“劳动无成本原理”已经编入本科生的教科书《农业经济学》(傅新红主编,高等教育出版社,2016 年)。我之所以经常沉醉在写作中,就是因为我常常有新的“发现”。假如这些“发现”在 300 年后还能有一个流传于世,则今生足矣。

王征兵

2020 年 8 月 8 日

于西北农林科技大学

目录

第一部分　农民

第二部分　农业

第三部分 农村

第四部分　农韵

第一部分

农民

农民贫困的根源

农民,就是农业生产经营者。至于那些虽然是农民身份却从事非农行业的生产经营者,已非严格意义上的农民。本文所指的农民,就是那些确确实实在从事农业生产经营的农民。

农民是农产品的生产者,而农产品又关系到人类的生存,因而农民所从事的行业不能说不重要,然而从事关系人类生存如此重要行业的农民,从古到今,从国内到国外,绝大部分都是相对贫困的阶层,而从事非农行业的经营者,其产品和农产品相比,虽然没有农产品重要,例如,一个人可以不看电视,不坐汽车,但不能不吃饭,不穿衣服,然而正是那些我们认为人类可有可无的电视、汽车的生产经营者,不断地获取巨额利润,涌现出一批又一批的百万富翁和亿万富翁,农业中则很少有巨富产生。连同非农行业中的普通工人其境遇也往往比一般农民好得多。那么,农业如此重要,为什么农民却相对贫穷呢? 我们拟从以下几方面探求其深层根源。

一、农业生产周期的固定性

农业生产周期一般是固定的,如小麦从播种到收获,猪仔从出生到育肥出栏等,均有相对固定的周期。这种固定的周期,就制约了生产规模的随意伸缩性。而工业生产的周期往往是有弹性的,周期的弹性也决定了生产规模具有弹性。比如,当某一款式的衣服流行时,其生产者就可以加班加点,扩大生产量,从而不失时机地获取大量利润。但当小麦价格上涨时,农民无法马上扩大其生产量,只有等到第二年播种时扩大播种面积,但第二年的小麦行情又发生了变化,往往错失获利良机。所以当农产品偶有较好价格,农民常常只能望利兴叹。而非农行业则常能抓住时机,获取巨额利润。

二、农产品功能的稳定性

农产品的功能相对来说，是比较稳定的。比如说，今天的面粉和十年前、一百年前的面粉就没有什么区别，或者有区别，但区别不大；今天的葱和一千年前的葱也没有什么两样。农产品功能的稳定性，就会使消费者抵制农产品的涨价。比如说，昨天一斤芹菜卖 4 角钱，今天你卖 5 角，消费者就不乐意。因为昨天的芹菜和今天的芹菜是一样的，自然消费者就不愿多掏这 1 角钱，从心理就抵制这种涨价。而工业品则不同，其功能在不断变化，随着功能的变化，价格也不断上升，而且消费者能心平气和地接受这种涨价。比如说，原来的黑白电视机 500 元，后来生产出彩色电视机，则要卖 2 000 元。虽然后者的价格是前者的 4 倍，但消费者能理解，能接受，因为彩电与黑白电视机有着质的不同，其功能发生了变化。所以，电视后来又变成了等离子的、超薄的、大屏的，但每一次功能的改进，价格就会一步步上涨。工业品正是通过不断地更新换代，价格一路攀升，生产者也不断地从中获得大量利润。农产品价格由于受到消费者的抵制，很难上升，或者只能有微小的上涨。从而阻碍了农业生产经营者获得巨额利润。

三、政府对农产品价格的干预

农产品是关系人们生存的一种特殊产品。如果农产品价格暴涨，则会使一部分低收入者无法生存，所以当农产品价格剧烈上涨时，政府便出面干预，通过各种措施抑制价格上涨。最常用的方法就是最高限价政策，即给每一种农产品规定一个最高价格，若有人超过此价格出售产品，则视为违规，将予以处罚。1993 年下半年至 1994 年上半年，因较大幅度的调整工资以及通货膨胀等原因，农产品价格普遍大幅上涨，政府便对农产品实行最高限价。

对农产品价格干预的另一种办法就是限量消费，低价供应。我们国家在 20 世纪五十年代至八十年代，就是采用这种制度。农产品非常便宜，但每个人的消费量是有限制的，比如粮食每人每月 34 斤，肉每人每年 5 斤，所以就有了粮票、肉票、糖票等。

正由于农产品太重要了，所以常常受到政府的关注和干预。其他产品相对来说，似乎可有可无，因而价格高一点好像没有什么妨碍。比如手机刚开始上市时，那时的手机还叫“大哥大”，一部卖几万元，而且很难抢到手，也无人干涉，因为买不到手机也不影响生存。再比如，在一些高级商场常常看到一条LV皮带卖1万多元，一双皮鞋标价2~3万元，政府也并不干预。

由于政府对非农产品价格极少干预或不干预，从而使非农产品的生产经营者能够依靠高昂的价格获取丰厚的利润，积聚巨额财富。又由于政府对农产品价格的干预，则往往使农业生产经营者失去发财致富的机会。

四、农产品的发展趋势是供过于求

农产品如果供不应求，则意味着一部分人不能得到充足的食物，将会挨饿，而政府的职责和社会发展趋势是人人都要丰衣足食。丰衣足食的前提是农产品要有少量过剩。如果农产品刚好供需平衡，一是这种平衡很难把控，二是即是农产品能做到刚好供需平衡，但由于运输的不及时，或者市场配置的不及时，或者个别人吃饭时的浪费等原因，会使农产品有短缺的感觉，甚至少部分人不能获得充足的农产品，为了让大家有充足的农产品，农产品就必须有一定程度的供过于求，即过剩，而农产品的过剩又必然使其价格下跌，从而使农业生产者蒙受损失，尽管如此，人类还是一直在不遗余力地使农产品有一定的过剩，以保证人民生活水平的不断提高。因此，农产品的前景不是供不应求，而是供过于求。这既是农业的目标，也是农业的悲哀。

五、农业生产力提高缓慢

一百年前，一个工人生产一块手表也许需要十天的时间，而今天一分钟也许就能生产出一百块手表。由于工业生产效率的大幅度提高，使单位产品的成本迅速下降，从而使工业品在销售价格不断递减的情况下，仍然有利可图。而农产品则不同，因为农业生产力的提高是十分缓慢的。此如，几千年前，一只鸡一天可以产一个蛋，而到了21世纪的今天，一只鸡仍然一天只能产一个蛋，现在还没有发明出一只鸡一天可以产两个蛋，甚至五六个蛋的技术。

由于农业生产力提高过于缓慢,因而农产品就无法像工业品一样通过“薄利多销”来获取较多的利润。

正因为工业品可以“薄利多销”,因而既受到消费者欢迎,又能赚钱。而农产品则由于受生产力的制约无法大幅度降价,常受到消费者的抱怨。尽管与其成本相比,其价格已很低了。

六、结论

农民的贫困是由农业本身的特点决定的。农民的富裕需要政府的支持和保护,而政府保护农业的前提是非农行业的充分发展。只有非农行业有了充足的发展,其产值占国民生产总值的绝对优势份额,才可支持和保护占份额极小的农业。当农业的份额还比较高时,非农行业是无力支持和保护农业的。西方发达国家的现实也证实了这一点。因而,农民脱贫的根本出路不在农业内部,而在农业之外的非农行业。农民需要自身努力,但更需要社会和政府的帮助。

万能的中国农民

农民,本来只是农产品的生产者,但中国农民不但生产了粮食、蔬菜、瓜果、肉蛋等农产品,还生产和创造了中国、乃至世界人民所需要的数以千计的衣服、鞋袜、锅碗瓢盆以及楼房、道路等非农产品。

四十年来,在中国大大小小的城市,一座座高楼拔地而起,成为中国城市独特而又亮丽的风景线。然而,在大楼的建设工地,除了少数的工程师外,绝大部分建设者都是来自农村的农民。所以,毫不夸张地说,是中国农民建造了中国无数的高楼大厦。

四十年来,中国的道路建设同样是突飞猛进,尤其是高速公路和高铁四通八达。四十年前,中国还没有高速公路和高铁,而现在其里程竟然是世界第一。但在公路和铁路的建设工地，除了少数的技术人员外，绝大部分工作者是来自农村的农民。中国农民用自己勤劳的双手让中国的道路延伸到中国的每一个角落。

四十年前，我们可以出口的物品极少，中国的外汇储备少得可怜，而今天中国成为“世界工厂”，国外的货架上充斥着“中国制造”，中国的外汇储备跃居世界第一。但在中国大大小小的工厂，除了少数的技术人员外，绝大部分工人是来自农村的农民，是中国农民为中国、乃至世界生产了衣服、鞋袜和锅碗瓢盆等生活日用品。

四十年前，中国人很少去饭店吃饭，而今天酒店林立，且人满为患。但酒店的厨师和服务员基本上都是来自农村的农民，是中国农民支撑着中国庞大的餐饮业。如果酒店的农民工全部返乡，那么中国的酒店业必然瘫痪。

四十年来，中国的城市规模翻了几番，但城市反而比过去更干净了，是数以百万计的清洁工给了我们洁净的市容。而绝大部分清洁工都是来自农村的农民，是中国农民在城市人还在睡梦之中的时候，已经披星戴月在清扫城市，塑造了干净整洁的中国城市。

……

我们知道，在国外农民只负责生产农产品，非农产品都是由专门的职业工人生产的，而在中国，我们几乎处处都能看到农民的身影。中国农民不仅为我们生产了粮食、蔬菜、瓜果等农产品，当他们放下锄头，又为我们建了楼房、修了道路、生产了衣服等许许多多的非农产品。所以，我说：中国农民创造了万物，几乎是万能的。中国农民是世界上最聪明和最伟大的农民。不知从何时起，这些进城务工的农民有了一个新的称呼：“农民工”。

中国农民不仅用他们的智慧和勤劳为我们生产了农产品和非农产品，而且常常夜以继日，没有双休日，甚至晚上还加班加点。一般人一周只工作五天，而农民、尤其是农民工经常一周工作七天！如果把晚上的加班折算进去，一周工作甚至达到八天、九天！毫无疑问，中国农民为中国经济腾飞做出了巨大贡献，但农民依然不是很富裕。农民工还要忍受颠沛流离、骨肉分离之苦。我们应该感谢农民、应该永远铭记中国农民。

谢谢你们，伟大、勤劳而又聪明的中国农民！

农民的困局

我经常会去农村小镇的餐馆吃饭，因为在这些小餐馆里能听到农民真实的心声。作为一个研究农村经济与社会的学者，迫切需要听到他们真实的声音，了解他们内心的想法。

有一天，我又来到一家小餐馆吃饭。来自四面八方的村民边吃边聊。我认真地倾听他们海阔天空、无拘无束地聊天。他们聊的话题很多，涉及到农村的方方面面，但有一个话题让我惊愕！

有一个村民说：他们家养了20多头猪，猪还没有完全育肥，结果周边村子爆发多起口蹄疫，正在他提心吊胆担心自己的猪染上口蹄疫的时候，不幸的事情很快发生了，他家的十几头猪的猪蹄溃烂，这是很明显的口蹄疫特征。他意识到他家的猪也染上口蹄疫了。为了减少损失，在猪还未因病死亡之前，他便廉价将已患口蹄疫的18头猪卖给了收购猪的猪贩子。

同桌吃饭的几个村民也顺势说起在他们村发生的一起又一起有关猪口蹄疫的故事。我突然觉得口蹄疫在这里已经很严重、很普遍了。我举起的筷子停在半空中，因为我发现桌上很多菜都是用猪肉做的，如凉拌耳片、梅菜扣肉、红烧肘子、炒猪肝等，桌上的菜我一个也不敢吃了。我心情沉重地一口一口喝着浓浓的茶水。然而，村民们依然津津有味地吃着，似乎口蹄疫是外星球的事情，与他们无关。

食品安全如贪官污吏一样，成为当今人们生活中挥之不去的阴霾。河北三鹿奶粉事件还未远去，又出现了海南毒豇豆事件，后来媒体又曝光说每年有200～300万吨地沟油上了餐桌。其实，类似的事情数不胜数，注水猪肉一直就充斥着市场；反季节蔬菜的农药超标问题至今也没有完全解决；给猕猴桃用膨大剂已是公开的秘密……

农民是不安全农产品的生产者（尽管是部分农民，而非全部农民），也往往是这些不安全农产品的消费者。这是一个矛盾，也是一个困局。这个困局农民自身无法破解，也令专家学者和政府困惑、无奈。

上面那位卖猪的农民，他也知道卖病猪是不对的，是在祸害消费者，但是如果把这18头猪都埋了,他将损失近两万元,这是他无法承受的经济损失。他说,尽管他把这些猪都卖了,仍然亏了六七千元。如果这些猪是健康的,一头猪可以卖900元左右,18头猪可以卖16 000元左右,而这些猪已经花费了19 000元的成本,所以他仍将亏损3 000元。现在按病猪卖了,18头猪只卖了12 000元,亏损7 000元左右。这样的结果,已经让他痛苦不堪。如果把病猪埋掉,虽然不会损害消费者,但将给他带来无法承受的损失。为了生存,他无奈地做了损害消费者的事情。当然,这些消费者里也包括农民自身。

由于农民收入比较少,所以他们所买的生活日用品往往是廉价的低档次商品。因为我的父母及两个弟弟仍生活在农村,所以我经常回农村。另外,由于我是研究农村经济问题的,也经常到农村做调查。因而,对农民的生活状况比较了解。当我每次去农村的集市调查时,总是被集市上售卖的各种食品、衣服、家用品低廉的价格所震撼。当然,其质量也自然是与其价格相匹配的。农民也知道城市里大商场的商品质量要好得多,但价格让他们望而却步。当我小时候在农村生活的时候,家里病死的鸡往往舍不得扔掉,而是把它吃掉,作为孩子甚至认为这是一次难得的享受,因为买肉吃几乎是无法企及的奢望。

由于太穷,农民生产、销售伪劣农产品。由于太穷,农民购买、使用伪劣农产品。这是一个难以破解的困局。

我认为只有农民富裕了,他们才会不再冒风险生产伪劣农产品,也只有他们富裕了,他们才会不再购买、使用伪劣农产品。然而,九亿农民的富裕,必然是一个漫长的过程,并非短期可以解决。但是,通过我们的努力,可以缩短这个过程。

我与“农民节”的渊源

农民是我国最大的一个民众群体,也是相对比较贫弱的群体,同时也是各级政府和社会各界关注的一个群体。1982 ~1986年,中共中央连续颁发了5个关于农民、农业和农村的“中央一号文件”;2004 ~2010年,又连续7年发布了以农民、农业、农村为主题的"中央一号文件"，充分说明农民受到了党和国家的高度重视。为了让社会各界更加重视农民，协力促进农民各项事业的发展，特建议设立2·6中国农民节，即把2月6日设为农民节。具体理由如下：

一、2006年，对中国农民来说，是一个历史性的转折。国家决定从2006年1月1日起，废止《农业税条例》，这意味着取消农业税，在中国存在了2600年的"皇粮国税"宣告废止。农民不再交农业税了。农民由给社会做贡献转变为社会反哺农民。为了让我们以及子孙后代永远记住这个历史的转折点，建议把每年的2月6日设为农民节。2代表2006中的2，即两千年；6代表2006中的6，即两千年的第6年。当然，2·6农民节，也与"皇粮国税"在中国存在了2 600年相吻合。

二、农民在各级政府及社会各界的支持和帮助下，生产和生活水平有了明显改善，但与社会总体水平比较，农民仍是收入较低的一个群体。通过设立2·6农民节，可以唤醒社会各界对农民问题的反思和进一步重视。各个单位可以在农民节，认真思考和筹谋如何帮助农民和扶持农民，从而集社会方方面面的力量改善农民民生，促进农民生产和生活全面发展。

三、2月6日正是我国大部分农村的农闲季节，农民有充足的时间庆祝自己的节日。各地农村通过举办社火表演、戏曲演出、农村集市、电影放映、扭秧歌等农民喜闻乐见的群众活动，既可以庆祝农民节，也可以丰富农民的文化生活。同时，也使农民有了一个欢庆和释放情感的机会。

四、通过设立2·6农民节，可以营造一个全社会关注农民、关心农民、支持农民、帮助农民的社会氛围，有利于促进农村和谐社会的建立和发展。

让我们共同鼓与呼，促进2·6农民节的早日设立。

【说明】

这篇文章写于2010年，并于2010年8月5日，在网易博客"王征兵博客"中发表文章"建议设立二六农民节"，首次提出农民节的设想。2012年9月15日，百度文库收录了本人的文章"建议设立农民节"。2015年4月18日，在"大农圈"公众微信平台（nydsc888）本人专栏"趣说三农"第14期，发表文章"二月初六举办农民节，这事有意义"。2015年1月30日，我专门给时任全国人大常务委员会委员长的张德江同志写信"关于设立农民节的建议"。2010～

2018年,我在几百场报告会上呼吁设立“农民节”。2018年3月18日,我应邀参加“西安市首届农民节”,并担任农民节论坛主持人,呼吁希望设立“中国农民节”。2018年6月21日,国务院新闻办公室发布公告:将每年的农历秋分设为“中国农民丰收节”!闻知此讯,我喜极而泣!我八年的梦想和夙愿终于实现了。数亿农民终于有了自己的节日!这是农民之幸,这是中国之幸。虽然国家最终设立的农民节与我的设想和建议有一些差异:一是时间不同,我建议是农历二月初六,国家设立的农民节是农历秋分;二是名称有差异,我建议是“二六农民节”,国家设立的名称是“中国农民丰收节”,尽管如此,我还是深感欣慰和喜悦,因为中国农民有了自己的节日。

对农民“采蜜效应”的分析

一、“采蜜效应”的渊源

所谓“采蜜效应”,就是指蜜蜂在采蜜时,当第一只蜜蜂或第一群蜜蜂发现了大片值得采蜜的蜜源时,马上用他们独特的信息传递方式,告诉其他蜜蜂,于是大批蜜蜂蜂拥而至,直至将这片蜜源采得不能再采,或发现了更有价值的蜜源,才离开此地,奔向下一个采蜜地点。我们把这种现象称为蜜蜂的“采蜜效应”。

蜜蜂的这种“采蜜效应”,即采蜜规律,是蜜蜂在长期的生存进化过程中形成的。这也是蜜蜂王国里许多神秘规律的组成部分之一。在自然界中,弱小的动物往往依靠群体的力量得以生存。

蜜蜂的这种“采蜜效应”在人类生活中也会出现,尤其是中国农民在选择经营项目时常常会出现这种情况。数以亿计的小农户面对庞大的市场,很难决定自己生产什么。在无数次的试探中,有一部分农民寻找到“蜜源”,即效益好的经营项目,其他农民在得知信息后,像无数的蜜蜂一样飞向“蜜源”,都来生产这种产品，于是“采蜜效应”就出现了。“采蜜效应”形象地概括了农民在选择经营时一哄而上的经济现象。

二、农民“采蜜效应”界定

农民“采蜜效应”是指当第一个农民或少数农民经营某个项目获得比较好的经济效益时，其他农民在获知这个信息后，往往成批跟随先前的经营者从事同样的项目，直到此产品供过于求，无利可图，甚至出现亏损，大家才停止经营，四散而去，寻找新的经营项目。当有人在新的项目中获利后，农民又涌向这个新的项目，直至这个产品市场饱和，价格下降，出现亏损，许多人才停止这个项目的生产。如此循环往复，以至无穷。

这种现象同一只蜜蜂发现蜜源后，许多蜜蜂蜂拥而至，直至将蜜源采尽后四散而去是类似的。所以，我们将农民在选择经营项目时的“采蜜效应”称为农民的“采蜜效应”。中国农村是由成千上万的小农户组成的，他们就像无数的小蜜蜂一样，艰难而无序地在茫茫市场中寻找着致富项目。

农民选择经营项目时的“采蜜效应”，导致农产品生产量发生波动，进而使农产品价格大起大落。比如，2010 年卷心菜批发价达到每公斤 2 元左右，种卷心菜的农民大获其利。其他农民在得知这一信息后，迅速将土地、资金、人力投向卷心菜的生产，无数的小农户就像蜜蜂一样涌向卷心菜产业。2011 年 5 月份，卷心菜严重供过于求，卷心菜价格迅速下跌，每公斤 2 角钱都卖不出去(彭春莲:《四川省卷心菜价格大幅下降》,《农产品市场周刊》,2011 年第 16 期)，部分农民甚至用旋耕机将成片的卷心菜翻掉，开始种下一茬作物。仅仅数月，卷心菜的价格就如同“过山车”一样，大起大落，让人惊心动魄。其实，这种现象不是偶然的，而是时有发生。猪肉价格就因为生产的波动随之波动。便宜的时候，市场零售价只有每公斤 10 元左右，如 2009 年猪肉价格就为每公斤 10 元左右，贵的时候达到每公斤 30 元以上①，如 2011 年 6 月猪肉价格就达到这个价位。只是猪肉价格波动的周期一般为 7 年左右，要比卷心菜价格波动周期长一些。

---

① 杨再，陈学敏，鲁玲. 猪肉价格飙升，后市行情如何. 猪业科学，2011 年第 3 期.

三、农民“采蜜效应”产生的根源

农民在选择经营项目时，之所以经常出现“采蜜效应”，是因为对于绝大多数农民来说，要依靠自己的智慧和能力选择一个好的致富项目是很困难的，甚至是不可能的。一个好的致富项目，要有好的市场行情，但农民要对市场行情做出准确的判断十分困难。

（一）农民无法判断市场的需求量

作为生产者总是希望按市场需求生产，因为只有按市场需求生产，所生产的产品不仅能卖出去，而且能够获得合理的价格，但农民往往并不知道市场的需求是多少。例如种卷心菜的农民不知道市场对卷心菜的需求量；种苹果的农民不知道市场对苹果的需求量；种辣椒的农民不知道市场对辣椒的需求量，等等。农民由于知识、手段和精力的缺乏，往往对农产品需求量一无所知。当然，作为农业经济专家，可以从统计年鉴、统计局对农村的抽样调查、或者自己在农村的调查，获得农产品的需求量。但是，农民几乎没有渠道可以获得专家的数据；另外，专家的这些数据更多是过去的资料，而农民则需要未来的预测数据，只有未来的预测数据才能让农民决定下一个生产周期是否可以生产某种农产品，或者是扩大或缩小某种农产品的生产规模。然而，对某种农产品未来需求量的预测是一项比较难的研究工作，所以，农民就很难预测了。由于农民无法预知未来农产品的需求，所以农民就难以根据需求进行生产，只能是看谁赚了钱，就盲目跟从了。于是，“采蜜效应”就出现了。

（二）农民无法控制农产品生产总量

当一部分农民找到一项比较好的经营项目，也就是说他们获得了比较好的经济效益，说明这个时期该产品的生产量与市场的需求量基本吻合，或者生产量小于市场的需求量，所以产品价格比较好，经营者有比较好的收益。如果农民能够控制农产品的生产总量，将生产总量一直维持在这个水平，那么农民就有可能获得持续的好效益，但是每个农民只能决定自己的生产量，而无法决定别人是否生产以及生产多少，所以每个农民都无法控制农产品的生产总量。这个项目经济效益比较好，会很快吸引别的农民也加入这个项目的生产，这就是我们所说的“采蜜效应”。由于其他农民纷纷加入这个项目的生产，最终致使这个产品供过于求，无利可图，于是农民又去寻找新的项目。当少部分农民找到新的好项目，又诱使许多农民纷纷加入这个新项目的生产，新一轮的“采蜜效应”再次出现。所以，“采蜜效应”频繁出现的另一个原因是由于农民无法控制生产总量，从而获得持续、稳定的经济效益，农民只有在产量和价格的波动中不断寻觅新的项目，就像蜜蜂不断寻找新的蜜源一样。在寻觅的过程中，总是少部分人先寻找到，然后其他人再跟进。这样的“采蜜效应”在中国农业生产中，循环往复，以至无穷。

（三）农民无法预知农产品价格

农民往往只知道农产品现在和过去的价格，并依此作为生产与否以及扩大生产或缩小生产的依据，但实际上农民应该根据某种农产品未来的价格来决定当前的生产规模。因为影响农民经营收益的是其产品生产出来之后的价格，即未来的价格，而不是生产时的价格，更不是过去的价格。其实，这个道理农民也知道，问题是农民无法预知农产品未来的价格。于是，农民只能根据当前的价格来决定是否生产以及生产多少。当前价格比较高的农产品，农民便一窝蜂似去生产，就像蜜蜂发现好蜜源一样，成群的蜜蜂都来采蜜，于是“采蜜效应”就出现了。

四、农民“采蜜效应”的利弊

（一）农民“采蜜效应”之利

1. 便于农民决策

农民选择经营项目本来是一件复杂和困难的事情，而“采蜜效应”略去了复杂的市场分析，只要发现别人生产某种农产品赚了钱，自己跟着生产就行了。由于“采蜜效应”使选择经营项目变得简单，所以农业经营者就不需要过高的市场分析能力，素质较低的人也能从事农业生产，甚至在某些时候还能赚钱。这对于素质不高的人来说，带来许多便利。我国农村在大量精壮劳动力流向城市，留下许多老人、妇女和儿童的情况下，农业依然持续发展，也许

“采蜜效应”是其中的原因之一。

2. 农产品不可能长期处于高价位

从“采蜜效应”的表面看，农民有时一窝蜂地生产这种产品，有时又一窝蜂地生产另一种产品，看似盲目，实际上是市场经济这只“看不见的手”在指挥着农民，也就是农产品价格在指挥着农民生产什么或不生产什么。“采蜜效应”说明市场没有出现垄断，是自由竞争状态，所以农产品不可能长期处于高价位状态。一旦某一农产品处于高价位，马上就会有许多农民蜂拥而至来生产这种产品，其价格就会降下来。这对消费者是有利的。

3. 利于农业生产资料流动

“采蜜效应”促使农业生产资料总是流向效益最高的农业生产项目，从而提高了农业生产资料的利用效益，避免或减少了农业生产资料长期处于低效率项目的状态。

（二）农民“采蜜效应”之弊

1. 农产品价格大幅波动

“采蜜效应”的原动力就是农产品的高价位。正是由于某种农产品价格比较高，才吸引和诱使许多农民蜂拥而至地生产这种农产品。可由于盲目扩大生产，导致供过于求，使农产品价格又迅速下降。比如2007年，猪肉价格高达每公斤30多元，2010年便下降到每公斤15元左右；2009年大蒜价格只有每公斤1元左右，2010年大蒜价格涨到每公斤20元左右，被称为“蒜你狠”[①] 2011年又跌倒每公斤3元左右。农产品价格就像“过山车”一样，忽高忽低，大起大落。

当某种农产品价格处于低价位时，许多生产者会慢慢逃离这个产业，使生产总规模变小，其价格又开始上涨；当价格比较高时，“采蜜效应”再次显现，许多生产者又聚集到这个产业，致使价格再次下降。“采蜜效应”就这样导致农产品价格周而复始的在涨与跌之间震荡。

农产品价格的大幅波动，使农民无法获得稳定的收益。

---

① 王晓媛. 从“蒜你狠”看国家农产品宏观调控. 现代商业，2010年第26期

2. 农业资源浪费

“采蜜效应”常常使某种农产品由供不应求变为供过于求，当农产品供过于求时，导致多余的农产品卖不出去，使农民为生产农产品而付出的农业资源付诸东流。2011 年 4 月 22 日东方卫视报道：上海农民用拖拉机将百万斤滞销卷心菜碾掉，而农民为生产卷心菜所付出的土地资源以及化肥、农药、灌溉、农业机械等生产资料均浪费掉了。

3. 影响消费者生活

由于“采蜜效应”导致农产品价格大起大落，所以在农产品价格过高时，消费者要为相同数量的农产品付出更多的花费，甚至为了节省开支要减少该农产品的购买量，从而降低了消费者的生活水平。当农产品价格过低时，虽然消费者用同样的钱可以买更多的农产品，但许多农产品消费量的扩大是有限的，增加少量的消费量也许是可能的，但想要增加过多则是不可能的，因为人的农产品需求相对稳定。所以，农产品价格的大幅波动，会影响消费者平稳的生活。

4. 经济周期性波动

“采蜜效应”使某些农产品价格和生产规模都出现周期性波动，而农产品的周期性波动则会使相关的农业生产资料行业以及农产品加工行业出现周期性波动。近 20 年来，发生多次因农产品价格上涨引发整个国家通货膨胀的现象，最后致使整个国民经济出现周期性波动。

五、农民“采蜜效应”的破解

“采蜜效应”虽然有利有弊，但总体看，还是弊大于利，所以应尽量避免“采蜜效应”的出现，那么如何才能破解“采蜜效应”呢？我们认为应通过以下途径和方法来破解。

（一）科学预测农产品需求量

“采蜜效应”产生的主要原因是某些农产品价格过高，吸引农民一窝蜂地生产这些农产品，而价格过高的原因是供不应求。如果能够准确预测农产品的需求量，并让农民根据需求量进行生产，使农产品供需平衡，农产品价格就不会过高或过低,“采蜜效应”就不会出现了。所以,准确预测农产品需求量是破解“采蜜效应”的首要环节。

科学预测农产品需求量的方法有许多,如可以通过对居民户的抽样调查,了解每户每年平均消费的各种农产品数量;也可以通过统计年鉴获得各种农产品的年消费量;还可以通过历年的统计数据建立每种农产品的需求函数,再通过需求函数测算未来的需求量。总之,预测需求量的方法有许多,但这种预测工作必须由经济专家去做,这是一件比较复杂而又专业化的工作。

(二)有效控制农产品生产总量

农产品需求量预测出来以后,还必须按照需求量去生产才能做到供需平衡,但中国农民数以亿计,如何才能使分散的农民按计划生产,以至于生产出来的总产量与需求量相吻合是一个困难的问题。目前最好的办法是:首先让经济专家预测出农产品的需求量,并根据需求量确定生产量;然后再把生产总量分解到各个省区,各省区进一步分解到各县,各县分解到各乡镇,各乡镇分解到各村,各村分解到各户;各户根据分配的生产指标进行生产。这样总生产量就和总需求量相吻合了。当然,在农户拥有经营自主权和市场经济的背景下,这种指标分配也仅有指导性,没有强制约束力。农户是否按指标生产由农民自己决定,那是农民的权利。但有指导性的指标总比没有要好,而且各地政府可以将本区域实际生产规模与计划规模进行对比,以了解本区域应扩大规模还是缩小规模,以便出台相应的激励或限制政策。

(三)有组织有计划进行生产

要真正控制农产品生产总量,生产必须是有组织、有计划的。根据发达国家的经验,组建农民专业合作社是比较好的方法。每种农产品有一个全国性的农民专业合作社,由合作社聘请经济专家预测农产品需求量,合作社根据需求量确定生产量,全国性合作社再把生产量分解到各省、市、县、乡、村合作社,村合作社与农户签订生产合同,农户严格按合同规定的数量进行生产,这样全国的总生产量就与总需求量相吻合,农产品价格就平稳了,也就不会出现“采蜜效应”了。

刊于《理论探索》2012 年第 3 期

为什么农民对农业科技“叶公好龙”？

“叶公好龙”一词的来源：叶公喜欢龙，衣带钩、酒器上都刻着龙，居室里雕镂装饰的也是龙。他这样爱龙，被天上的真龙知道后，便从天上下降到叶公家里，龙头搭在窗台上探望，龙尾伸到了厅堂里。叶公一看是真龙，转身就跑，吓得他像失了魂似的，惊恐万状，不能控制自己。由此看来，叶公并不是真的喜欢龙，他喜欢的只不过是那些像龙的东西而不是龙。

我们在农村搞调查，问农民是否需要农业科技？多数农民都回答说：需要农业科技，甚至说特别需要。但当政府花钱组织农业专家到农村进行科技培训时，农民又不愿意来。常常是给每个学员要发两袋洗衣粉、甚至 50 元钱，他们才愿意参加培训。为什么会出现这种奇怪的现象呢？其根源在于农业经营规模太小。例如给一个养了 3 只鸡的农民讲“鸡的科学饲养”，他咋会有兴趣听呢？只能靠两袋洗衣粉来吸引他听课。如果一个农民养了 10 万只鸡，那么他对科技的需求是发自内心的，而且需求是很强烈的，因为是否采用科学技术对他的收入有巨大影响。他甚至愿意花钱寻求和购买科学技术。2016 年 11 月 4 日，我在西北农林科技大学就做过一个试验，提前数天在微信里发布消息：本人将于 11 月 4 日下午在西北农林科技大学举办农产品市场营销讲座，但听讲座的人必须花 200 元钱购买门票方可入场，至于往返路费及食宿更是要自理，没想到竟然有许多农业经营者来了。我随机问了几个学员，无一例外有一个共同的规律：他们的经营规模都比较大。所以，要推广农业科技，就必须发展规模经营。

关于农业的适度规模经营我一直也在思考和探索。适度规模经营的“度”到底应该是多大？我认为有三种标准：一是城乡统筹视角下的适度规模，即让农业经营者的收入应该大于、至少等于城市工作者的平均收入；二是机会成本视角下的适度规模，即让农业经营者的收入等于他的机会成本，例如一个农民既有种菜的机会，又有打工的机会，如果打工一年可以挣 3 万元，但他现在种菜，那么他放弃打工机会的成本就是 3 万元，如果想让他安心种菜,那么他种菜的纯利润最少应该是3万元;三是经营能力视角下的适度规模,即根据农业经营者的能力确定经营规模,比如他有能力养1万只鸡,那么对他来说,适度规模就是1万只。

我个人偏向于按第一种标准确定农业经营的适度规模。按照这一标准,种粮食的适度规模是100~200亩;种果树的适度规模是20~30亩;养猪的适度规模是300~500头;养鸡的适度规模是5 000~10 000只,等等。当然,这只是一个平均水平的适度规模,由于各地自然条件有一定差异,具体到各个地区,这个标准应该有适当的调整。

两个“蜂丫头”的传奇

两个素不相识的女人,因为蜂蜜相识并携手创业。一个身处茫茫秦岭大山深处,以养蜂为生,她叫柳保莉;另一个是在咸阳闹市中销售蜂蜜,漂亮、优雅的孔亚平。两个女人都不甘平庸,不断与命运抗争,演绎出各自不同的传奇人生。

一、秦岭蜂丫头:柳保莉

柳保莉,陕西省宝鸡市陈仓区一位农村妇女。由于她的家在秦岭大山深处,又以养蜂为生,所以她自称“秦岭蜂丫头”。虽然她自小就是大山里的一个农村姑娘,但她却不是一个平静、乖巧、甘于平庸的小丫头,总喜欢不断折腾、探索,所以父母及村民从小就称她为“疯丫头”。她结婚后,因为丈夫家有养蜂的传统,所以她嫁入婆家后便干起了养蜂的行业。

她养的蜂是土蜂,她告诉我:土蜂喜欢采食不同种类植物的花,而秦岭山中植物种类成千上万,这样,土蜂酿的蜜就成了百花蜜、千花蜜。我们知道,花是植物的精华,而土蜂蜜是百种植物之精华,其营养价值不言而喻。

2014年,她听说西北农林科技大学要举办一个新农人培训班,她便四处打听,欲报名参加。丈夫及公公知道后,极力反对:你一个农村妇女能听懂大学教授讲课吗？养蜂还要去大学学习吗？家里这么忙，你就忍心扔下这些活去学习吗？家里人及村民都认为她又“疯”了。但她知道要生产出优质的土蜂蜜必须不断学习。家人没能拦住这个“疯丫头”，她如期来到西北农林科技大学学习，就是在这个培训班，因为我给他们讲课，我认识了柳保莉。

2015 年初，她家的 6 000 斤土蜂蜜，卖出去了 2 000 多斤，还有 4 000 斤卖不出去。她想到西北农林科技大学来咨询我如何销售蜂蜜。结果又遭到家人的反对：一个大学教授会接待你一个农村妇女？即使见你，你知道一个大学教授的咨询费是多少？你付得起吗？家人再次感受到她的“不安分”。尽管我确实很忙，包括我的博士生找我都需要预约，很多老板多次约我，经常也约不上。但我还是接待了她，解答她的问题，因为我也曾是农村孩子，深知农民之不易。后来，我又多次无偿为她指导蜂蜜销售。

2016 年，她又投资三百多万元，建了一个土蜂蜜加工厂。因为自然的土蜂蜜会混一些杂质，甚至细菌，她想通过除杂、除菌设备，生产出优质的蜂蜜。一下子投入这么大，本钱能收回来吗？家里人说她这次真的“疯”了。

2017 年 3 ~7 月，她又步入国内顶尖级大学——清华大学参加培训。她站在清华大学门口给我打电话时，激动地泣不成声。毫无疑问，这件事在山村里炸开了锅，老人们感慨地说：“真是一个疯丫头”。我说：她是一个风风火火创事业、创生活的“蜂丫头”，而不是“疯丫头”。

二、闹市中的“蜂丫头”：孔亚平

孔亚平是陕西省兴平市西吴镇的一个农村姑娘。20 多岁的时候，长成了一个美丽的大姑娘，身姿婀娜，楚楚动人；两只眼睛像两潭清泉，充满灵性；乌黑的头发扎成马尾巴在脑后有节律的跳动，又增添了几份妩媚；她性格温柔，总是面带微笑，她走到那里就把微笑带到那里。因为长的漂亮，长辈们便认为把她嫁到农村就“委屈”她了，于是一直在城市为她介绍对象。虽然她是一个农村丫头，但她的美征服了城市小伙子。于是，她嫁到了城里。丈夫及公婆都是国家正式职工，农村人称之为“铁饭碗”。

然而，看似柔弱的孔亚平其秀美的外表之下却有一颗不甘平庸的心。她结婚后不久，就来到咸阳市学习服装裁剪。在工作中，又遇到了一个好友魏春玲。后来,两个女人合伙在咸阳市开了自己的裁缝铺“为尔美裁缝铺”。她们想拥有自己的一份事业和天空。

亚平负责裁,春玲负责缝。两个人配合默契,一件件精美的衣服出自她们之手。

孔亚平很有灵性,只要她在街道上看到一款时尚的裙子,她便可以依样儿把它做出来。她不仅可以在测量了客户身材尺寸以后,做出合身的衣服;而且常常只要看客人一眼,便可以做出合身的衣服。因为她做的衣服很精致,回头客很多。我认识的几个教授专程赶到咸阳请她做衣服。

然而,2014 年,这一切戛然而止。她的合作伙伴,生了二胎,要去抚养孩子,孔亚平也因为长期弯腰裁剪衣服,开始腰疼,于是她们把经营多年的裁缝铺卖了。然而,不做衣服了,还能干什么呢?

有一次,我把柳保莉送给我的两瓶土蜂蜜,送给了她一瓶,她品尝后赞不绝口,便想在咸阳开店卖土蜂蜜。起初,我建议她去打工或做别的生意,但经过一年多尝试和思考后,她仍然执着决定卖土蜂蜜。因为她吃过很多蜂蜜,觉得柳保莉的蜂蜜最好。她喜欢做最精致、最优秀的事情,过有品味的生活。

三、两个“蜂丫头”携手

“秦岭蜂丫头”柳保莉在大山深处生产优质土蜂蜜,闹市中的“蜂丫头”孔亚平在咸阳销售“秦岭蜂丫头”的土蜂蜜。两个不甘平庸、追求品位的女人,因蜂蜜而携手。

柳保莉的土蜂蜜是否好,不想多说,我建议你买一瓶品尝一下。如果真的很好,请告诉你三个最亲密的朋友,让他们与你一起分享真正的优质蜂蜜;如果品尝后,觉得不好,请把信息发到你的微信朋友圈,告诉你所有朋友,不要再买此蜂蜜。

柳保莉的土蜂蜜,不是市场上最便宜的蜂蜜,因为太便宜的蜂蜜不可能是好蜂蜜,但也绝不是市场上最贵的蜂蜜,但它绝对是最优质的蜂蜜之一。

老王的桃园

老王是陕西省兴平市南位镇井王村的一个农民,叫王整社,今年50多岁。

老王虽然是一个农民,文化水平不高,只有初中文化,但善于了解新事物,敢于创新,百折不饶,在村子属于引领农业发展潮流的人物。早在20世纪90年代,他得知西北农林科技大学研究出一个苹果新品种“秦冠”,就买了一些苹果苗种了几亩苹果。这在当时属于风险极大的行为:他没有种过苹果,周围也很少有人种过苹果,不懂技术,苹果能种好吗?生产出来的苹果能卖出去吗?然而,最终他成功了。他不懂技术,就买本书自学,自学还解决不了的问题,就跑到杨陵来向西北农林科技大学的专家咨询。他的苹果长势良好,产量很高。当时苹果短缺,只要能生产出来,就能卖出去。在他的带动下,村子很多人都开始栽种苹果。后来,出现了苹果新品种红富士,他本想改种红富士,但专家告诉他当地不是红富士的优生区,不适合种植。他的苹果被市场淘汰了,那么下一步干什么呢?老王很快了解到一个桃树新品种——秦王桃,而且适合在当地种植,于是他又开始栽种桃。从此与桃结下了不解之缘。

老王是一个很执着和敬业的人,虽然他只是一个种桃的农民,但他兢兢业业,千方百计要作一个称职的农民。他说“当农民就要像个农民,不能让人骂我把地糟蹋了”。他的桃园修剪的整齐而规范,连我这个外行都觉得看他的桃园仿佛在看精雕的艺术品。我曾请了一个研究桃的教授察看他的桃园,看后赞不绝口。桃园里没有一株杂草,一看就知道园子的主人是个很讲究的勤快人。

老王也是一个善于创新的人。为了种出优质的桃子,他曾在自己的桃园里做各种有机肥对比试验。在同一个园子里,分了四个对比区:第一区域施猪粪;第二个区域施鸡粪;第三个区域施人粪尿;第四个区域施化肥。然后观察不同区域桃子的产量和质量。由于他的桃子质量不错,几乎从来不愁卖。只要桃子一成熟,就卖出去了。所以我只要有空,就开车40公里到老王的桃园去摘桃子。我喜欢吃老王的桃子。

老王的桃园承担的责任太多、太多：他有三个孩子读书的费用主要靠桃园的收入；老王盖房的钱大部分来自桃园；老王日常生活的开销来自桃园；老王走亲访友的礼物也离不开桃；老王赡养老人的费用也要靠桃园……

一片普通的桃园，几乎承载了他生活的全部。桃园是老王的生活所托，是老王的希望，也是老王的梦想，是致富之梦，也是幸福生活之梦。

在老王的影响下，本村的村民以及周边的许多村民都开始种桃。

现在，桃又成熟了。我想起了老王及老王的桃园。

"瓜王"向我鞠躬致谢

2016年5月20日，西北农林科技大学与西安市阎良区政府在阎良区举办"2016年阎良甜瓜产业发展研讨会"。我应邀参加了这个论坛，被安排在主席台就坐并做大会发言。

活动内容之一是进行"瓜王"大赛，经过技术人员评比，张小平获得"瓜王"桂冠。

在论坛中，主持人邀请"瓜王"张小平发言。我万万没有想到，他发言之前，径直走到我面前，朝我深深鞠了一躬，并说："我首先代表我及我们合作社全体社员向王征兵教授表示感谢"，然后才开始发言。在他发言之前，我就知道他会说一系列感谢的话，感谢曾经帮助他的政府领导、技术专家以及亲戚朋友，但我没有想到的是他会站起来向我鞠躬，也没有想到他感谢的第一个人竟然是我。因为我认为在他的心目中，对他贡献最大的肯定不是我。2015年仅一个项目，政府就给了他750万元的资助，当地政府的贡献不能说不大；况且在论坛现场级别最高的是西北农林科技大学曾经的校长，他是副部级的领导。常规情况下，都是先感谢级别最高的人，然后再感谢别人。他咋会第一个感谢我呢？我连个科长都不是。

我是2008年认识张小平的。

2006 年，西北农林科技大学在西安市阎良区设立了甜瓜试验站，引导和帮助当地农民种植甜瓜。张小平作为一个当地农民，认为这个项目挺好，就率先种植甜瓜。但他很快认识到，紧靠一个人的力量很难应对大市场，但只有小学文化程度的他不知道如何建立合作社、如何管理合作社、如何为社员增收。于是他来到西北农林科技大学找到孙武学校长，请求帮助。孙校长出于对农民及农业的情怀，指派我指导张小平组建和管理合作社。那是 2008 年。就是因为这样的缘故，我认识了瓜农张小平。

我和我的博士研究生仵希亮等人，开始了指导和帮扶工作：

2008 年 1 月，张小平注册成立了“阎良科农瓜菜专业合作社”，张小平担任合作社理事长。

2008 年 4 月 14 日，博士生仵希亮进驻“阎良科农瓜菜专业合作社”。

2008 年 4 月 14 ~ 24 日，对合作社进行详细调查，了解合作社运行情况以及存在的困难和问题。

2008 年 6 月 12 日，我们给“阎良科农瓜菜专业合作社”赠送了文件薄、档案盒、笔记本等，并做了记录示范，指导他们进行工作和会议记录。

2008 年 9 月 17 ~ 22 日，为“阎良科农瓜菜专业合作社”起草章程，制作会员证。

2008 年 10 月 28 日上午，我来到合作社，与社员座谈。

2008 年 10 月 29 日上午，我为阎良区合作社社长及部分社员作了“农民专业合作社与农产品营销”的讲座。

2008 年 11 月 4 ~ 5 日，组织“阎良科农瓜菜专业合作社”社员及部分其他合作社社员来杨凌参加培训。

2009 年 3 月 7 日，帮助合作社做营销规划。

……

2016 年，我指导张小平与其他合作社成立了“西安经纬农民联合社”，联合社的名称是我起的。

我和我的学生虽然为张小平的合作社做了一些工作，但我认为有比我贡献更大的人，如孙武学校长，如果没有他创立“大学农业科技推广模式”，就没有阎良甜瓜试验站；没有他对农民的热情，一个普通农民的请求怎么可能落实？还有杜军志教授，他是阎良甜瓜试验站首席专家，阎良甜瓜优良品种的普及、大棚甜瓜技术以及后来的多层膜覆盖技术的推广都是他的巨大贡献，2006～2016年的十年中，其中6个春节他都是在试验站度过的；再说政府，从省政府、市政府、区政府多次给张小平资金支持。

张小平获得了“瓜王”的称号，另外他还先后获得全国优秀党员、陕西省首批高级职业农民等荣誉。他领导的合作社“阎良科农瓜菜专业合作社”，目前种植甜瓜3 948亩，有社员300多人。2012年被评为陕西省百强合作社，2015年被评为陕西省省级现代农业园区，获750万元资助（省政府500万元，当地政府配套250万元）。

凭心而论，“瓜王”张小平以及“阎良科农瓜菜专业合作社”的不断发展，是他勤劳和智慧的结晶，是许多爱心人士帮助的结果，我的贡献只是其中极小一部分。除了吃过他几箱甜瓜外，我从未收过他一分钱的费用，实事求是地说，我的贡献不是很大。贡献不大，但却赢得了“瓜王”在众人面前对我的鞠躬致谢，而且是惟一被鞠躬致谢的人，我深感欣慰和快乐，瞬间觉得自己的一切付出都是值得的。

农村兄妹关系的奇妙变化

多年前，在农村的一个集市上，有一对兄妹正在卖西瓜。哥哥负责招揽客人，挑西瓜和称西瓜；而妹妹负责算账和收钱。

哥哥说：妹妹，你可以用卖西瓜的钱买你想吃的东西和衣服以及你喜欢的首饰。

每天晚上收摊时，妹妹就把剩下的钱全部交给哥哥。哥哥只是问一下这些钱是多少，以便算一下赚了多少钱，而妹妹花去了多少以及她留了多少零花钱，哥哥从不过问。父母和村子的乡亲都夸他们是一对好兄妹。

有一天，一个漂亮的女孩子来买西瓜。当这位女孩子付钱时，才发现自己忘了带钱包。于是，她就对卖西瓜的小伙子说：“我家就住在附近的村子里，现在急着把西瓜拿回家招待客人，你能不能让我把西瓜先拿回去招待客人,我回家后就把钱给你送来”。小伙子果断地说:“不行。虽然钱不多,只有15 元钱,但我不认识你,你万一不送咋办呢?”于是,小姑娘悻悻地走了。

十年后,兄妹二人都结婚了,各自过着自己幸福的生活。哥哥依然干着自己的老本行:卖西瓜。所不同的是现在和他一起卖西瓜的不再是他的妹妹,而是他的妻子,而这位妻子正是十年前那位买西瓜忘了带钱的姑娘。小伙子仍然卖力地做着卖西瓜的生意,而妻子成了家中真正的掌柜,掌管着家中一切财权。

一天,妻子对丈夫说:“你明天到你妹妹家去,把她从咱这里借的三千元钱要回来,我想养几头猪。”丈夫说:“养几头猪,咱家也不缺那三千元钱。”妻子说:“你咋这么笨呢,这就是找借口把咱家借出去的钱要回来嘛。”第二天,丈夫从他妹妹那里要回了那三千元钱。

晚上,夫妻二人躺在床上,望着天花板。妻子说:“十年前,我欠你 15 元钱,你都不肯。现在你挣的所有钱都归我掌管,而且你还继续卖命地给我挣钱。而你的亲妹妹,十年前可以任意花你的钱,现在却不行了,必须以借的名义来要钱,要去了还必须还。是否很奇怪呢? 看来爱情的力量大于亲情的力量。”

人世间就是因为爱情,而使许多事情变得异常奇妙。

农村老人劳动力的忧思

—兼评宁泽逵《中国农村老人劳动力供给研究》一书

改革开放四十年多年来,中国农村发生了历史上从未有过的巨变,变化之一就是人口的大迁徙。2.8 亿农民工加上几千万进城经商的农民,从农村流入城市的人口超过 3 亿,而目前全世界人口超过 3 亿的国家只有 3 个,即中国、印度和美国。全世界 200 多个国家和地区中人口超过 1 千万的也只有 88 多个。所以,中国的人口大迁徙不仅创造了中国历史的奇迹,甚至创造了人类历史的奇迹。

然而,这样的人口大迁徙也带来了许多问题:留守儿童问题,留守老人问题,空心村问题,农村社区凋敝问题,农业劳动力素质下降问题,等等,其中一个很重要的问题是老人劳动力问题。由于农村大部分青年人进城打工、经商,老人留在农村从事农业生产和家务劳动。中国的农村老人支撑起了14亿人口的农产品生产和供应!他们在忍受孤独和寂寞的同时,为家庭和社会做出了巨大贡献。值得敬佩和点赞!而他们的家庭地位却跌入历史的低谷。过去是老人掌管家庭的财产和决策大权,在家中具有极高的地位,但当今的老人终于“媳妇熬成婆”,时代却变了,现在是年轻人在家中掌权的时代。在当今农村,还有多少老人能掌管家中的财产?!还有多少老人能在家中拥有家庭重大事情的决策权?!

农村老人由过去在家庭劳动中的指导和辅助地位变为主要劳动力,但他们到底有多大贡献?供给量有多少?西安财经大学宁泽逵撰写的专著《中国农村老人劳动力供给研究》对此问题进行了系统深入地研究。该书已由经济科学出版社于2015年11月出版。

这本书通过对历史资料的分析,从纵向维度揭示中国农村老人劳动供给的历史演进,研究发现:从历史演进来看,改革开放以来中国农村老人劳动供给主要是“三重压力”与“三重推力”的共同结果。“三重压力”依次是农村劳动力非农化转移,农村人口老龄化,城乡二元养老保障制度与农村社会养老功能较弱;“三重推力”是传统大家庭的解体和家庭养老方式弱化,农业生产技术进步与农业劳动强度降低,老人经济自立诉求强化。既是农户家庭理性算计的结果,也是老人个体理性决策的结果。

该书基于家庭决策理论和CHNS组建的面板数据资料,首先利用广义最小二乘法分别估计了中国农村老人工资性劳动、家庭农业劳动、家庭非农经营劳动三类供给函数及其影响因素,从中发现:老人的工资性劳动和家庭农业劳动供给函数通过检验,二者的劳动边际生产率(即影子工资率)对劳动供给量的影响为负。这意味着闲暇对老人而言属于“劣等品”,只要能够获得绝对货币数量收入的绝对增长,他们就会不断地增加劳动供给。其次,利用面板Probit计量技术估计了中国农村老人不同劳动项目(包括有经济收入和没有经济收入的劳动项目)的参与决策,从中发现:老人与其他年龄段人口共居仅仅对老人的非收入性劳动和参与决策产生统计上显著的影响,即如果女性老人与其他年龄段人口共居会增加她从事家务劳动的概率,但会降低她看护

6 岁及以下小孩的概率;老人在不同劳动项目的劳动参与概率存在显著的性别差异,即在工资性劳动、家庭农业劳动、家庭非农经营劳动三类收入性劳动项目上男性老人的概率高于女性,但在家务劳动和看护小孩两类非收入性劳动项目上女性老人的概率高于男性。最后,利用列表对劳动参与与老人福利主观评价的定性数据分析发现:老人参与各种劳动(尤其是有经济收入的劳动),除了可能在经济上有所缓解进而改善他们的生活水平外,并不利于老人综合福利状况的改进。

我们虽然知道农村老人在农业生产及家务劳动中提供了劳动力,但我们不知道农村老人劳动力供给的程度以及规律,这正是这本书的价值。我早在1995 年第 5 期《管理世界》上发了一篇论文"中国农业经营方式——精细密集农业",就阐述了宁泽逵这本书中的一个观点:闲暇属于"劣等品",只要能够获得绝对货币数量收入的绝对增长,他们就会不断地增加劳动供给。我当时把这种现象称为"劳动无成本原理",即在农业生产中不计算或不考虑劳动成本,并且只要劳动的增量能带来收入的增量,就愿意继续投入劳动。劳动无成本原理是自给自足经济和劳动力过剩的产物。在自给自足经济条件下没有计算成本特别是劳动成本的必要,而劳动力的闲置,使大量劳动力一文不值。既然没有可能去创造财富,这些劳动力的机会成本就只能等于零。崇尚勤劳的惯性和改善生活的本能促使人们只要能获得收入的增量就愿意投入劳动,而不敢去计较报酬的多少。宁泽逵这本专著对此问题做了深入的研究,用研究数据对此结论做了更有力的验证。

宁泽逵是一个有灵性而且十分勤奋的学者。他常常能从繁杂的现象中看出其本质和规律,并将这些思考和感悟着于笔端。他只有三十几岁,就发表了 40 多篇论文,其中 20 篇被 SCI、CSSCI 收录,有的论文刊发在国内农村经济学的顶级刊物,如《中国农村观察》等。他主持国家社会科学基金等课题 10余项。由于突出的业绩,2013 年,宁泽逵荣获"陕西省青年科技新星"称号。所以读这本书,不仅是在读一本学术专著,还是在感悟一个睿智年轻学者的智慧,与他进行思想的交流与碰撞。

四十多年来,中国创造了人类历史上经济发展的奇迹,这奇迹中有中国农村老人的巨大贡献。作为子女不能忘记他们,中国人民不能忘记他们!

如何才能让农民病有所医?

《运行困境与机制优化:西部新农合持续发展研究》序

【孟宏斌,西北农林科技大学经济管理学院博士毕业,中国人民大学博士后。现在陕西师范大学从事教学和研究工作。孟宏斌的专著《运行困境与机制优化:西部新农合持续发展研究》于2016年2月由中国社会科学出版社出版。我应邀为该书做了序。】

自从有人类以来,病有所医就成为人们的梦想与追求。这取决于两个重要因素:一是人类的医疗技术,二是患者的支付能力。在漫长的人类历史中,这两个因素一直困扰着人们。到了近现代,由于工业的诞生,医疗技术得到了快速发展,能治愈绝大部分人类疾病。然而,患者的支付能力依然是困扰人们的世界难题,对发展中国家中低收入患者尤其如此。

作为一个发展中国家。新中国成立后,国家实行“二元”结构管理模式,即把人分为“农业户口”和“非农业户口”两种不同的户籍方式。“非农业户口”即城市人,从吃、穿、住、用等,实行供给制。其中就包括医疗,城市人看病可以报销,基本不存在治病费用支付困难的问题。而“农业户口”即农民,长久以来看病必须自己支付全部费用。由于大部分农民并不富裕,所以如果家中有人得了大病,常常就会将这个家庭推向绝望的边缘。

随着改革开放的推进以及经济迅速发展,中国政府已经有能力考虑农民“看病难”的问题。2003年,中国政府正式启动新型农村合作医疗试点,随后,将这一政策在全国范围内铺开。经过十年左右的时间,这一政策已经基本实现了对农民的全覆盖。新型农村合作医疗,简称“新农合”,就是农民自己出一部分钱,政府出一部分钱,这些钱作为医疗保险费,将农民纳入医疗保险体系。加入医疗保险体系的农民,在就医时其医疗费用将按一定比例予以报销,大大减轻了农民的医疗负担。

“新农合”是一项惠民的好政策,深得农民的称赞。但在现实运行中又变得比较复杂。首先,政府出资分中央政府与地方政府两部分,由于地方政府财力差异较大,地方政府出资部分区域差异很大。有的地方政府出的很少,而有的很多,如陕西神木县在全县实现全民免费医疗。其次,各地医疗设备和医护人员水平也差异很大。所以,不同区域农民实际享受的医疗服务有所差异。

我国西部比较贫困,地方政府财力弱,医院的医疗设备和医护人员配备也相对较差,如何让西部农民享受更好的医疗服务,缩小与发达地区农民的差距,是一个十分值得研究的问题。孟宏斌的专著《运行困境与机制优化:西部新农合持续发展研究》,对此做了系统化的研究和探索。

《运行困境与机制优化:西部新农合持续发展研究》一书,集中反映了孟宏斌在西北农林科技大学攻读博士学位期间的研究成果。我作为他的博士生导师,见证了他在攻读博士学位三年中的艰难思索和孜孜追求。他多次与我交流研究思路和研究方法,苦苦寻觅解决西部农民在"新农合"的种种难题。博士毕业后,他又到中国人民大学继续从事博士后研究工作。在人大期间,他与经济学界的许多名家继续交流和探讨西部"新农合"问题。他的许多新的领悟都反映在他的这一本书里。

该书通过对西部新农合持续运行的制度基础与环境进行分析,探寻运行过程中存在的困境问题及其根源所在。针对政府公共医疗服务职能缺失、医疗服务供给质量薄弱及农民参合持续性难以保障等关键问题,提出以改革优化筹资补偿、风险监管防范及主体联动三大机制为着力点,构建参合农民、政府和医疗机构三方主体间的利益协调均衡机制,促进西部新农合持续规范发展。

这本学术专著在以下两个方面做出了创新性的研究:一是鉴于西部农村地区经济水平落后、环境交通恶劣及地方病、慢性病多发的现实状况,提出西部新农合应以"预防小病为主、兼顾大病补偿"为功能定位;二是构建了筹资补偿比例测算模型公式,对西部新农合筹资补偿标准的完善具有指导价值。

作者在专著中的一些设想已经变成现实,有的还在探索之中。例如,孟宏斌在其书中提出的"主体联动",在陕西省西安市户县胡家庄农村社区已经实现。西安市为了调动各方积极性,充分挖掘各方资源,提高农村公共设施利用效率,在农村实施片区化农村中心社区。片区化农村中心社区,即把相邻几个村连成一个片区，在片区建立一个中心社区，在中心社区建立完备的服务设施和服务机构。这样既为村民提供了更好的服务，也提高了公共服务设施和服务机构的使用效率。调研团队 2014 年在户县胡家庄中心社区调查时发现，该社区医疗设施先进，医护人员业务素质高，附近 8 个行政村的村民都能享受到优质的医疗服务。他们之所以能做到这样，就是充分发挥多方主体联动的作用。首先是各级政府联动，市、县、镇、村共同出资修建高档次的医院，为了防止资源浪费，把原本在每个村建一个卫生所的钱，集中于中心社区建一个医院。其次，政府与医院联动，为了提升社区的医疗服务水平，政府与各大医院协调，每个周末，县医院派 1 ~ 2 名主治医师到社区坐诊；每个月，市级医院派 1 ~ 2 名主治医师到社区医院坐诊。这样，村民在农村就能享受到高水平的医疗服务。

作者在书中提到的“大病补偿”问题，西部很多地方也在积极解决。一是大病报销的比例在不断提高，尤其是经济状况较好的地区。二是在大病中各地根据自己的财力选择一部分病种进行全额报销，或者报销绝大部分费用。

虽然“病有所医”的目标并未完全实现，但我们看到了巨大的进步，不仅医疗设备和医护人员的水平有了极大的改善，更重要的是“新农合”极大减轻了农民的医疗费用负担，让农民看到了“病有所医”的曙光。在这个曙光里，有孟宏斌的贡献。我们期待有更多有志之士关注“新农合”，尤其是关注西部“新农合”，让“新农合”的阳光更加灿烂！

对农民专业合作社的思考与实践探索

《农民专业合作社的利益分析及空间扩展》序

【仵希亮，西北农林科技大学农业与农村社会发展专业博士毕业，现在河南师范大学政治与公共管理学院任教。他撰写的专著《农民专业合作社的利益分析及空间扩展》于 2015 年由中国农业出版社出版。我为该书做了序。】

合作是中国农业发展的方向。组建农民专业合作社，是中国农民的必由之路。这已经是所有人的共识，没有任何异议。如果没有合作，单个农户难以进行病虫害、尤其是瘟疫的统一防治；没有合作，单个农户难以应对大市场的竞争；没有合作，单个农户难以建立农产品品牌，消费者连自己想买的品牌农产品到买不到，就无法提高生活质量；没有合作，单个农户无法科学营销自己的农产品，难以做到优质优价。于是，合作成为一种必然选择。虽然大家都认识到要合作，但合作起来却异常艰难。这是一种典型的"知易行难"现象。

为什么合作这么难呢？一是原来以村为单位的集体经济制度，就是一种合作经济，但在这种合作中，社员的利益受到了伤害和侵蚀。即使在今天，仍然存在部分村干部利用手中的权力在侵吞集体和村民的利益的现象，致使一些农民对合作失去信心，对合作社的管理者失去信任。二是我国正处于商品经济的起步阶段，金钱至上成为一部分人的信仰和追求，于是在商业活动中频繁出现贪污、欺骗、巧取豪夺等不良行为，让人们在经济活动中难以相互信任。合作的基础就是信任，在信任缺失的情况下，就无法合作。这正是中国农民难以合作的根源所在。

我们深知农民合作之难，但我们又知道合作是中国农业发展的必由之路，于是必须迎难而上，知难而进。凭我们的力量不可能让中国农民一夜之间走上合作之路，但我们愿用自己微薄之力，促进农民合作，缩短中国农民走上合作的时间。我与我多名博士生和硕士生对中国农民专业合作社的理论与实践进行了多年探索。仵希亮就是其中的一位。他于 2007 年考上了西北农林科技大学的博士研究生，成为我的一名学生，加入了我的研究团队。经过与他沟通，他对农民专业合作社的研究表现出极为浓厚的兴趣，于是，他的博士论文就定名为"中国农民专业合作社发展研究——历史变迁、利益分析与空间扩展"，开始了对农民专业合作社的理论探索。为了使其理论研究符合实际，也为了让他对中国农民专业合作社的现状有所了解，2008 年 4 月，我派他到陕西省西安市阎良区关山镇科农瓜菜专业合作社蹲点调查和做帮扶工作。我原计划让他在合作社工作一年，但他却坚持做了两年。他除了对科农瓜菜专业合作社做了诸如规范章程、培训社员、开拓市场和制作会员证等工作外，还对周边的其他合作社做了调查和观察，例如他曾去了阎良区新兴街道办蔬菜专业合作社、武屯镇蔬菜专业合作社、关山镇康桥馥康甜瓜专业合作社以及富平县的富郁香甜瓜专业合作社、西安市临潼区农户心声甜瓜专业合作社。他不仅与合作社理事长进行了多次深入、广泛的交流，还深入农户与农民交流。为了听到农民真实的声音，他与农民拉家常，免费为农村老人及孩子照相，请农民吃饭，与农民交朋友。

仵希亮经过在农民专业合作社两年的调研和工作，使他对农民专业合作社的现状和问题有了比较透彻的了解，所以他的博士论文“中国农民专业合作社发展研究——历史变迁、利益分析与空间扩展”与其他博士生论文的最大区别就是接近实际，理论与实践得到了较好的结合，也使他的许多思考更加深邃。

仵希亮的这本专著是在其博士论文的基础上修改而成的。作者通过三年的理论探索和实际观察，对农民专业合作社的各种不合理现象，运用经济学和管理学理论分析探究了农民专业合作社内外部的利益关系。对于中国农民专业合作社如何进一步发展，作者在分析中国农民专业合作社现状的基础上，结合自己在奥地利留学期间对国外农民专业合作社的观察和经验的总结，提出以专业农民结成农民专业合作社，融入利益相关者，从非农合作上扩展农民专业合作社的发展空间等有益的建议。

本书的特色是从中国农民专业合作社历史变迁、相关利益者关系、空间扩展三维角度，对当今中国农民专业合作社存在问题进行了剖析，并探寻中国农民专业合作社发展的独特路径。

这本书我看了数遍，给我感受最深的有两点：一是作者剖析问题不像一些学者那么空泛，而是用现实的事例为依据进行分析，所陈述的问题很实际，而且实事求是，找到了中国农民专业合作社的真正病根；二是作者饱含对中国农民的深厚情感，从字里行间都能够感受到他不安和急切的心情。因为农民专业合作社中存在的一些问题不能解决，他焦虑不安，多次向我倾诉，甚至已身在国外，仍给我写了一封长信——“一名博士对他所扶持专业合作社的哀叹”，谈他对中国农民专业合作社的困惑。其情之切，使我不得不把这封信放到我博客里，供更多人交流和探讨。对促进中国农民专业合作社发展心情之迫切，使他下决心终生致力于中国农民专业合作社的探索和研究，甚至放弃地方政府邀请他去政府担任部门领导的机会。所以，这本书不仅是一部学术专著，也是一名博士饱含热情对中国农民专业合作社进行探索的心路历程。

农民承包地能不能再次调整?

自从近日国家宣布到2027年本轮土地承包到期后,土地承包权再延长30年,引起了农民的极大关注和热议。大家最关心地是本轮土地承包到期后,土地还能不能再次调整?

我查阅了最新的《中华人民共和国农村土地承包法修正案(草案)》,并在农村做了实地调查,采访了许多农民以及村干部,引出了一些思考。

一、农民是否愿意要土地

农民承包地要不要调整?首先要搞清楚的问题是农民还想不想要土地,如果绝大部分农民都不想要地,也就没有再次调整土地的必要性。在与农民的交谈中我们发现,确实有少数农民对土地没有兴趣,不想再要承包地。这主要有三种情况:一是在城市已经有稳定的收入的打工者;二是没有能力种地;三是不喜欢种地。当然,不想种地很好办,转让给别人就行。但是,大部分农民还是想要土地,尤其是一些农户家增加了人口,如娶了媳妇、生了孩子等,原有土地较少,非农收入又不多,就希望通过重新调整土地,多分一些地,通过种地增加收入。

总之,绝大部分农民是想要土地的。如果有人不想要,根据《土地承包法》,可以放弃承包权,使其土地归集体。

二、土地该不该调整

既然绝大部分农民想要土地,甚至希望增加土地,那么土地该不该调整?我个人认为土地是应该调整的,理由如下:

一是有一些人去世了还有承包地。距离本轮承包到期还有10年,如果再延长30年,这个人都已经不在了,还要拥有土地承包权40年,这是不合理的。土地属于集体所有,只有集体成员才能享受承包权,人死了,就不再拥有这个权利。

二是新出生的孩子没有土地。如果40年内再不调整土地,意味着许多人40多年都没有土地,他们作为村集体的成员,为什么不能像其他成员一样拥有一份土地?他们凭什么生活?有人说他们可以进城打工。那么,为什么要把他们逼进城市?是否进城,应该是每个人的自由选择,而不是把他逼进城市。

三是新娶的媳妇没有土地。农村新娶的媳妇有四种情况:(1)在婆家和娘家都没有土地;(2)在娘家有地,在婆家没有地;(3)在婆家有地,在娘家没有地;(4)在婆家和娘家都有地。目前,最觉得冤屈的是第一种情况,在婆家和娘家均没有分到土地。她们作为本村的成员,应该拥有自己的土地。

四是有的农户在农村已经没有人却还拥有土地。有一些农户由于孩子考上大学等原因,已经在城市有稳定的工作和收入,自己也不愿意种地,家中老人已经去世,农村已经没有人了,仍拥有土地。

五是其他情况。

我认为土地应该调整的另一个理由是:每个村什么时候调整土地,过去都是随机确定的,但随机确定的时间点怎么能成为一些人长久拥有土地或长久没有土地的分水岭?

三、土地能不能调整

既然土地应该调整,那么能不能调整?我认为国家宣布本轮土地承包权到期后,再延长30年,指的是土地承包制度再延长30年,而不是说土地不能调整。至今我们依然没有找到比土地承包制更好的土地制度,所以只能继续延长这种制度。

土地可以调整,也可以从最新的《中华人民共和国农村土地承包法修正案(草案)》中找到依据。其中规定:对因各种特殊情形造成人地矛盾突出的问题,一些地方尊重大多数农民意愿,因地制宜,分类施策,在坚持稳定土地承包关系的基础上，妥善解决矛盾纠纷。（土地调整）必须经本集体经济组织成员的村民会议三分之二以上成员或者三分之二以上村民代表的同意，并报乡（镇）人民政府和县级人民政府农业等行政主管部门批准。鉴于各地情况差异较大，草案授权省、自治区、直辖市制定地方性法规具体规定。

关于土地调整，有的村民支持，有的村民反对，到底能不能调整？法律规定由大多数村民说了算。

四、如何调整土地

虽然土地可以调整，却是有条件的。最新的《中华人民共和国农村土地承包法修正案（草案）》规定：必须坚持土地承包关系稳定、不得打乱重分的原则。我理解这句话的意思是：不要把村里的所有土地打乱重新分配，因为这样会影响农户经营的稳定性。可以拿出一小部分土地调整，即不要大动，可以小动。这样既可以保证农户在大部分土地上的经营活动，尤其是种植果树等周期长的项目不受影响，又能解决因人口增减而出现的人地矛盾问题。

在调整土地时，还应着重解决好另外两个问题：一是土地承包权的资格问题，也就是谁有权利分得土地。法律有明文规定的，应遵照法律执行。法律没有规定的，由村集体讨论解决。一般必须经本集体经济组织成员的村民会议三分之二以上成员或者三分之二以上村民代表的同意。二是不要频繁调整，到底多长时间调整一次，应该由村集体成员决定。我个人认为 10 年调整一次可能比较好。

如何逛农高会？

杨凌“农高会”（中国杨凌农业高新科技成果博览会）每年在杨凌举办一次。截至 2019 年，“农高会”已成功举办了 26 届。作为中国规模最大的农业专业展会，近几届农高会每届吸引的参会客商和群众均超过了 100 万人次；

农、林、水、牧、农机等方面项目投资和产品交易额累计达到一千亿元。每届农高会展示的新农业技术、新作物品种、新农资更是数以万计的，如何在这样的“科技大集”上逛出门道、逛出收获、逛出财富，我认为应从以下四个视角来逛“农高会”：

一、如何发现新技术

农高会上展示的农业技术涉及农、林、牧、水、农机等各个方面，可以说是农业新技术和新产品的海洋。您如何才能在农业新技术的海洋中寻找自己所需要的技术呢？

首先，在高新技术馆寻找新产品和新技术，如新化肥、新农药、如何给树打吊瓶，等等。

其次，在实用技术馆寻找新品种，如新的果树品种、新的蔬菜品种，等等。

第三，在农机馆寻找新农机，如适合自己的播种机、收割机、农用运输机等。

第四，对于参会前已有项目的人员，在逛会的时候，关注点应当是原有项目的延伸技术、品种。例如，种枣的农户要看的是新品种枣树、养猪的农户就要看新饲料，等等。

第五，想投资新项目的参会人员，要根据自己的兴趣、地域、资金、技术的难易程度和产品的市场前景来选择农用项目，如彩色红薯、超小黄瓜、黑色土豆、盆栽苹果，等等。

二、如何咨询专家

你在农业生产和经营中可能遇到诸多问题，而苦于无处咨询，也不知道那些著名农业专家在什么地方才能找到？请你赶紧来杨凌“农高会”，“农高会”上专门举办了百名专家咨询活动，是农高会组委会统一组织的一项公益服务活动。不仅能见到农业领域的许多知名专家，而且全是免费的。农民朋友利用百名专家咨询团的力量可以解决技术、创业、致富中的难点问题，能够提高投资效率，降低风险。由于生产经营中的问题和困难会出现在农业生产的各个阶段，所以您需要及时索取在场专家的联系方式，以确保在展会结束后有和专家互通消息的渠道。在如今的互联网时代，许多专家都会有自己的微博、微信等，这都是很好的交流平台。

三、如何搜集农业技术信息

来农高会参展的企业非常多，来自全国各地，当然也有一些外国企业，展示的技术和产品繁多，热情的商家会给您发各种各样的宣传单。面对这样爆炸式的信息冲击，您如何将资料变成对自己有用的信息呢?

首先，要尽可能全面的收集农高会上的资料和信息。因为信息太多，您在现场是没有时间仔细阅读和分析的，所以先把宣传单资料收集起来，如有必要甚至可以把一些演讲或分析用录音笔录下来，如鉴宝农高会上专家们对各个农产品是如何分析的，可以录下来，回去再慢慢品味和鉴赏。

其次，就是对搜集和记录的信息进行分类筛选。一是分门别类，选出自己感兴趣的；二是请教专家咨询团专家来辨别消息的真伪、实用性和前沿性；最后，如果要投入真金白银的话，还是要深入了解欲投入项目的成本、收益、技术难度等。

四、如何享受“农高会”

除了想投资致富的农民群众外，还有一些参会人员只是想看看农业新技术、新产品，感受现代农业科技的魅力。“农高会”确实是一个现代农业科技展示的大舞台，即使您不从事农业经营活动，带着孩子和家人开开眼界也是值得的。这里有你可能从未见过的辣椒树、茄子树；像葡萄一样长在空中的红薯；香蕉与西葫芦杂交而成的“香蕉西葫芦”；无土栽培的蔬菜；这里还有中国最大的昆虫博物馆，里面有价值百万的蝴蝶标本；当然，你也可以到著名的西北农林科技大学校园逛逛，它是我国两个985农业大学之一，拥有5 000名科教人员，3万名学生，它研究出了5 000项农业科技成果，校园四季常绿，三季鲜花盛开，号称“花园学府”。

应该给这些农民工涨涨工资了!

最近陕西连续下了两次雪,第二次降雪波及的地方更多。有一天早上六点多,天还未亮,我出门锻炼身体,发现马路上许多环卫工人在清扫积雪。觉得他们太辛苦,就想帮他们干一会儿。我帮助他们干了十几分钟,被冻得受不了,就赶紧回家了。

去年五月份,有一次在外地出差,也是早上起来锻炼身体时,帮助清洁工清扫垃圾,也只干了几分钟就干不了。但这次没有坚持下去,不是因为冷,而是扬起的灰尘呛得我受不了。

经过多次的体验以及对清洁工的采访和交谈,我了解到他们的工资待遇实在是太低了。我认为应该给清洁工涨一涨工资了,理由如下。

一、清洁工工资太低

我在全国各地采访过许多一线的清洁工(环卫工),他们的工资大部分只有1000多元,少部分有超过2000元的,超过3000元的就更少了。毫无疑问,这个工资水平太低。

改革开放40多年来,国家经济得到飞速发展,他们也应该分享国家发展的成果,所以他们的工资应该增加。

他们虽然超过了国家贫困线标准,不属于“精准扶贫”对象,但他们多数属于低收入人群,政府应该帮助这些勤劳的人提高收入,改善生活水平。帮助他们就是在帮助弱势群体,而且是一群勤劳的弱势群体。

二、清洁工太辛苦

一是工作时间早,他们常常早上五、六点钟就在大街上清扫垃圾;二是工作脏,天天与垃圾打交道,脏是不言而喻的;三是冬冷夏热;四是工作危险,他们常常穿梭于车流之中,属于危险工种,也时常有清洁工被汽车剐蹭甚至撞伤。

三、清洁工太重要

我是一名大学老师。我认为他们比我重要。我三天不上课,不会有什么大的影响。即使全国的大学老师三天不上课,也不会对社会有太大的影响。所有全国大学放30天暑假,社会一切如旧。但试想一下,如果全国的清洁工三天不上班,城市会成什么样子?30天不上班,又会成什么样子?毫无疑问,城市将变成垃圾城!所以,我说清洁工比我重要,比社会上的许多职业重要。

清洁工,尤其是一线的清洁工多数属于农民工。清洁工中也有城市人,但比例很小。因此,提高清洁工的待遇就是在提高农民工的待遇。我曾经多次说过:看一个国家是否发达文明,不是看富人过得多么富裕和逍遥;而是看穷人过得是否有保障和有尊严!从目前清洁工的工资水平看,他们的生活很难有很好的保障,他们也难以有充分的尊严。所以,我建议为清洁工增加工资,尤其是应该为做清洁工中的农民工涨一涨工资。

农村事情不好干,千万别忽视了半边天

2016年中央一号文件高度重视农村妇女工作。关于农村妇女工作,在第18条专门提出"切实维护农村妇女在财产分配、婚姻生育、政治参与等方面的合法权益,让女性获得公平的教育机会、就业机会、财产性收入、金融资源。"在第20条提出"鼓励各地设立农村妇女就业创业基金,加大妇女小额担保贷款实施力度,加强妇女技能培训,支持农村妇女发展家庭手工业。"

一号文件关于农村妇女工作的阐述,为我们做好农村妇女工作指明了方向,也给了我们诸多启迪和思考。

一、应充分保障农村妇女权益

在农村确实有侵犯妇女权益的现象，如农村妇女离婚后，常常得不到合理的财产分配，有的分配过少，有的甚至净身出户。如果妇女还要赡养孩子，生活将极为艰辛，很多离婚妇女沦为贫困户；再比如，有的女孩子的教育权被父母剥夺，过早成为素质低下的打工妹；有的农村女孩嫁到大城市，因其户口无法落入城市，无法享受市民待遇，而村子因其外嫁没收了她的承包地，使其也无法享受该有的农民权益。农村妇女在农村是相对弱势的群体，保障弱势群体的权益，就是为扶贫在做贡献，也是在促进社会平等，更是在推动社会文明和进步。

二、农村妇女是农村发展的重要力量

新型农村妇女因为受过良好教育，完全可以像男性一样在农村经济社会发展中发挥重要作用。我参与指导的陕西省首个农村妇女联合社“西安市秦尚女子联合社”就是一个很好的例证。秦尚女子联合社由八个农民专业合作社组成，而这八个农民专业合作社的理事长全部都是农村妇女。他们的丈夫都是他们的“贤内助”。从她们身上，我们不仅看到了农村妇女在农村经济发展中的巨大潜力，而且给了我们一个重要启示：在农村的广阔天地里应给予广大女性享有男女同等的机会和平台，农村不是男人的独角戏，而是无论男女，能者上！

三、农村妇女在农村扶贫中具有巨大潜力

过去，一个农村家庭的贫富主要看男人本事的大小，而今天，如果农村妇女能选好适合自己的经营项目，同样可以使自己的家庭脱贫致富。陕西省户县的农村妇女杨敏，几年前由于丈夫生病等原因，欠债十几万元，生活难以维系，成为名符其实的贫困户。2013 年，她借钱种植大棚蔬菜，由于她善于经

营，耕作精细，她的菜不仅能卖出去，而且能挣到钱。后来她组建了户县飞翔种养殖专业合作社，带领村民致富。陕西省武功县苏坊镇培训农村妇女做手织布，因为有专门的公司收购，农民不愁销路。经过几年发展，该镇很多贫困户因为做手织布而脱贫致富，而且在该镇出现了一个奇特的现象：谁家女人多，谁家就富。

四、农村妇女是农村家庭和农村社区的稳定器

如果一个农村家庭的婆媳能友好相处，那么这个家庭和谐幸福的概率就在百分之八十以上。如果一个家庭主妇能有一份她自己喜欢的事业，那么这个家庭和谐幸福的概率在百分之九十以上。

如何能让婆媳和谐相处呢？一是她们有较高的素质，所以女人学习很重要；二是她们懂得为人处事之道，这就需要对他们进行培训，传授人与人交往的艺术；三是有丰富的文化活动，我曾提出过一个“能量耗散原理”，认为人的能量不在正常渠道耗散，必在非正常渠道耗散。所以，举办文化活动就是在为他们搭建耗散能量的正常渠道。

农村妇女如何才能有一份自己喜欢的事业呢？一是给她们尝试的机会，通过尝试发现自己的兴趣点；二是聘请专家培训指导她们，提升事业的业绩，成功是最好的动力。陕西省周至县农村妇女任东霞，通过多次学习及专家指导，痴迷于种植高档猕猴桃，而其最大的动力是她获得了良好的经济效益；三是相关部门给予资金支持。

如果能充分发挥农村妇女半边天的作用，农村的脱贫致富以及农村社会的和谐将迈上一个新台阶。

刊于《中国妇女报》2016.02.03 头版头条

谁是二十年后的农民?

当今愿意留在农村当农民的人非常少,大批农村青壮年劳动力逃离农村,进城打工或者做生意,农村显得凋敝、萧条,但我认为:二十年后,一批社会精英将成为农民,农民会成为令人们羡慕的职业。那么二十年后,谁将成为农民?

一、种田能手

由于我经常给各种农民培训班讲课,便认识了一些种田能手。他们经营规模较大,少则几十亩,多则几百亩。这些种田能手,由于善于钻研和思考,他们生产的农产品质量较高,在市场上有较好的销路,收入可观,所以他们不愿意进城打工,而愿意留在农村当农民。另外,由于他们是农业生产领域的“把式”,受到周围人的尊敬,这也是他们愿意留在农村当农民的重要原因。

二、企业家

最近,经常有一些企业家咨询我,欲从事农业经营。这些企业家包括:煤老板、房地产老板、制造行业的经理,等等。由于职业的缘故,我也调查了一些规模较大的农场,这些农场大部分是原来从事工商企业的老板经营的。他们有非常丰富的管理企业和产品营销的经验,这些经验无疑对经营农场有很大的帮助。

三、大学生

由于大学生就业形势的日益严峻,加之有些大学生不愿意做工薪阶层,想在商海搏击一下,有些大学生就选择了经营农业。我在杨凌就见到了一个研究生,放弃了在北京的工作,来到杨凌种了500亩猕猴桃,成为新时代的农民。目前,在杨凌从事农业经营的大学生至少有十几个。

我认为以上三种人将成为未来的新型农民,传统的农民将逐渐淡出历史舞台:有的渐渐老去,有的进城打工、经商。这些新型农民由于经营规模大,懂技术,会营销,自然收入也比较高。成为稳定的农民群体。

随着社会的进一步发展,二十年后,自由和健康将超过金钱成为人们的新追求,而农民这个职业正好符合这两个特点。农民每天可以睡到自然醒,不用每天心急火燎去单位签到,也不用受领导的指派和批评,拥有充分的工作自由。另外,农村生机盎然,空气清新,对健康比较好,这也就在许多发达国家为什么富人愿意住在乡下的原因。

第二部分

农 业

中国家庭农场的特色及发展方向

发展家庭农场已成为专家学者和中央高层的广泛共识。2017 年中央一号文件指出“完善家庭农场认定办法,扶持规模适度的家庭农场。”2017 年中央农村工作会议也指出:发展多种形式的适度规模经营,其中家庭农场是最为重要的经营主体。著名农业经济问题专家温铁军、戴思锐、温思美、黄祖辉等都主张发展以家庭农场为主体的新型农业经营主体。但现实中仍存在着许多困惑,如一些农民不理解为什么要发展家庭农场?因为发展家庭农场意味着另一部分农民将失去土地经营权,失去生活的基本保障;基层政府困惑的是:上级政府规定的家庭农场规模标准依据是什么?农场主困惑的是:如何经营才能获利?针对这些问题,本文将做一剖析和探究。

一、为什么在中国要推行家庭农场制度

20 世纪 80 年代,中国的农业经营制度由农村集体经济转变为家庭联产承包责任制,简称农户经营。由于这种制度调动了农民的生产积极性,促进了农业生产的发展。而 40 年后的今天,这种制度阻碍了农业生产的进一步发展。

1. 农民没有生产积极性

当今,对于绝大部分农户来说,收入的主要来源是打工或者做生意。由于农业收入只占收入的一小部分,所以,就不愿意投入太多的时间和精力来经营农业。于是出现了三种现象:一是家中的年轻人出去打工,将农业留给老人、妇女和儿童经营;二是以打工为主,兼顾农业;三是撂荒。

四十多年来,由于城市化的发展和道路等公共设施的修建,耕地面积不断锐减。剩下的珍贵耕地本来应该精心耕种,但现在却出现了大量敷衍农业

的现象，致使耕地资源得不到充分有效的利用。令人十分担忧。

几十年前，农民之所以种地的积极性很高，主要是当时打工和做生意的机会很少，农民只能在土地中寻求财富，所以经营农业的积极性高涨。

2. 农民对农业科技没有兴趣

由于小农户经营规模小，是否使用科学技术对农户收入影响不大，所以农民对科学技术没有兴趣。笔者在农村经常看到这样奇怪的景象：村委会或上级政府在农村举办农业科技培训班，必须给农民发两袋洗衣服，甚至 50 元钱，农民才来参加培训。其实，错的不是农民，而是制度。比如，对一个养 3 只鸡的农民来说，参加“鸡的科学饲养”培训班确实价值不大，因为 3 只鸡再科学饲养，经济效益也增加不了多少。但是，我们都知道农业的发展需要科技，农业要提高国际竞争力更需要科学技术。

那么，如何能改变这种状况呢？只有改变农业经营制度，把目前的小农户经营转变为家庭农场经营模式。家庭农场因为规模比较大，自然收入也比较高。本人认为家庭农场的收入（纯收入）应该大于（至少等于）城市人的平均收入，更应该高于打工者的平均收入。只有这样，农业经营者才愿意留在农村经营农业，也才有可能安心从事农业生产，从而提高农业资源的利用效率以及农民的经济地位。

如果家庭农场经营者收入比较高，那么农业经营者对农业经营的积极性问题以及对农业科技的兴趣都会迎刃而解。所以，我们主张农业经营制度应由小农户经营转向家庭农场经营。

二、什么是家庭农场？

家庭农场是中国农业未来的发展方向，也是政府目前鼓励的一种新型农业经营主体。那么什么是家庭农场？家庭农场需要具备什么样的条件？如果这些问题搞不清楚，农业经营者就失去了奋斗的方向和目标。他们不知道怎么做才能把自己农场变成一个家庭农场，政府部门也缺乏辨识和认证家庭农场的依据。我们认为家庭农场应具备以下几个条件：

1. 适度规模

作为家庭农场必须要有一定的规模，但这个规模必须是适度规模。所谓适度规模,就是要恰当,不能太小,但也不能太大。规模过小依然属于传统的家庭经营,就是目前的小农户经营;规模过大,家庭劳动力就不够用,因为家庭农场必须以家庭劳动力为主;另外,规模过大,管理难度也增加了,而多数农业经营者不具备这样的管理能力。

那么,适度规模应该是多大呢?笔者认为适度规模应该具备两个条件:一是农业经营者的纯收入等于或大于城镇职工的平均收入;二是依靠家庭主要劳动力能够让农场正常运行。这两个条件是确定家庭农场规模是否适度的依据。如果这两个条件不能同时满足,应该优先满足第一个条件。

那么为什么家庭农场经营者的纯收入要等于或大于城镇职工的平均收入呢?因为只有这样,他们才愿意留在农村长期从事农业生产。如果他们的收入长期低于城市职工,他们就会逃离农村进城打工或做生意。但没有人从事农业生产是不行的,因为我们要吃饭,所以必须稳定这支队伍,而且农村环境艰苦,应该让他们的收入略高于城镇职工可能更加合理一些。

2016 年全国城镇职工的平均收入约为 34 000 元,按照一个经济周期计算(如果按某一年经营状况计算,由于各个年份农产品价格差异较大,用不同年份计算出来的数据差异也较大。在一个周期内,价格有高有低,相互中和,计算出来的数据相对可靠。比如,生猪价格波动周期为 7 年,计算 7 年内平均每头猪的利润就比较合理),经营农业要获得同样的纯收入,种植粮食大约为70~80亩;种植果树 10~15 亩;养猪 150~200 头;养羊 50~100 只。当然,这是按照一个劳动力计算,经营这么大的规模就能获得与城市职工同样的收入。在农村,绝大部分家庭都是夫妻两个劳动力,那么两个劳动力经营多大规模就能获得与城市职工同样的收入呢?简单说,就是以上规模的 2 倍。所以,按照绝大部分家庭农场都是两个劳动力计算,家庭农场的适度规模应该是:种植粮食大约为 100~200 亩;种植果树 20~30 亩;养猪 300~500 头;养羊100~200只。其他经营项目恕不一一赘述。按照这样的规模能够使家庭农场中夫妻的纯收入等于或大于城镇职工夫妻的收入,而且这样的规模,夫妻两个劳动力基本可以使家庭农场正常运行。这里要特别说明的是,为什么家庭农场规模标准是一个范围,如种植粮食 100~200 亩,而不是一个具体的数字 150 亩?因为如果设定为某一个具体的数字标准,如种植粮食 150 亩,那么就会出现一个问题:149 亩算不算家庭农场? 151 亩又算不算家庭农场? 如果少一亩不算,多一亩也不算,那么要让农业经营者刚好凑够 150 亩,一亩不多,一亩不少,这是很困难的。但作为标准又需要上下有严格的边界,没有边界就变成没有标准。所以,家庭农场规模标准都有上下边界。只有在这个范畴,才能算作家庭农场。超越这个范畴是不能称为家庭农场的。无论是大于这个标准还是小于这个标准都是不行的。按照我的观点,种植粮食少于 100 亩或者超过 200 亩都不能算作家庭农场。只有 100 ~200 亩之内,才能算作家庭农场。

当然,家庭农场的标准不是永恒的,随着社会经济的发展变化,每过若干年应调整一次。

2. 家庭劳动力为主

家庭农场,顾名思义,应以家庭劳动力为主。根据农业部对“以家庭劳动力为主”的解释,家庭农场不允许有长期的雇工,但可以有短期雇工。陕西省规定:家庭农场可以有短期雇工,也可以有长期雇工,但长期雇工的数量不能超过家庭主要劳动力的数量。比如:家庭农场自己有两个劳动力,那么雇佣长工的数量最多为两个,不能超过两个。

限制家庭农场雇工数量的主要目的,一是鼓励农民通过自己的劳动勤劳致富;二是雇工过多,管理难度较大,多数农民缺乏管理能力。

家庭农场是否雇工、雇工多少,谁来监督呢? 家庭农场在什么部门注册,就由什么部门监管。有的省份,家庭农场在工商局注册;有的省份,家庭农场在农业局注册。但实际上,要监管每个农场到底雇佣多少人是有难度的。最切实际的办法是控制经营规模。如种植粮食,只要不超过 200 亩,就不可能有太多雇工;如果养猪不超过 500 头,一般夫妻两个劳动力就够了,不需要雇工。所以,家庭农场的规模不仅要有下限,还要有上限。

3. 一业为主

根据农业部的要求,一业为主指 1 ~2 个产业,一般不超过 3 个产业。因为产业过多,势必无法精通,农产品的数量和质量都无法保证,必然造成农业资源的浪费,这将与设立家庭农场的初衷相违背。如果只经营一个产业,才有可能精通这个产业,就能提高农产品数量和质量,使农业资源得到充分利用。

农业部对家庭农场有指导性的意见，但由于我国幅员辽阔，各地自然条件差异很大，所以，允许各地制定本地区的家庭农场标准。当地农民只要符合本地区家庭农场标准，就可在当地有关部门注册家庭农场。

三、家庭农场与小农户的区别

1. 经营规模不同

小农户是 20 世纪 80 年代家庭承包制的产物。因为要人人均分土地，所以分到每户的土地就很少。南方很多地方每户只有 2 ~3 亩地，西北地区可能稍多一些，每户十几亩或二十几亩。从全国平均水平看，每户也就 7 亩左右。经营规模小。而家庭农场有严格的规模要求，只有达到这个标准，才能被政府部门认定为家庭农场。虽然各地制定的规模标准有一定差异，但有一个共同点就是都是规模比较大。比如陕西省政府规定家庭农场规模标准为：种植粮食 100 亩以上；果园、蔬菜、茶园 20 亩以上；养牛 50 头以上；养猪 300 头以上；养羊 100 只以上；养鸡 5 000 只以上，等等。

2. 积极性不同

由于家庭农场与小农户的规模不同，导致他们在农业经营中的积极性完全不同。家庭农场经营者首先是家庭的全部劳动力投入经营活动（极少数个案除外），而且全力以赴，专心致志，精心经营；其次是将家中大部分资金，甚至全部资金（有的甚至借债）投入到农业经营活动中。而小农户则完全不同，没有经营积极性，因为他们认为经营规模小，再认真经营收入也不多。

3. 对农业科技态度不同

小农户对农业科技毫无兴趣。笔者在许多农村调查发现，在农村为农民举办农业科技培训班，如“鸡的科学饲养”“果树的修剪技术”“猪病的防疫技术”等，农民绝大部分不愿意参加培训，宁愿在家看电视或打麻将，也不愿意听课。为了让农民听课，培训班主办方常常要给参加培训的学员每人发两袋洗衣服，或者三五十元钱。而家庭农场经营者对农业科技的态度完全不同，他们千方百计寻找科学技术，甚至常常花钱聘请专家进行技术指导，有的高薪聘请专家作为农场的长期顾问。2016 年 11 月 4 日，西北农林科技大学经济管理学院王征兵教授在西北农林科技大学北校区秀山活动中心做一场讲座“中国农产品供给侧改革系列讲座——高端农产品精准营销方式与技巧”，听课者需要花 200 元钱买票才能入场听课，报告会现场来了 100 多人，笔者随机问了几位听课的学员，无一例外都是经营规模较大的农场主，因为只有他们才有兴趣花钱听课。一个养 3 只鸡的农民是不可能花 200 元听课的。

四、家庭农场面临的困难

1. 对劳动者管理难度大

家庭农场一般应以家庭劳动力为主，根据农业部的要求，家庭农场不允许有长期雇工，但可以有短期雇工。根据陕西省规定：家庭农场可以有短期雇工，也可以有长期雇工，但长期雇工的数量不能超过家庭主要劳动力的数量。但现实中，各地方政府在规定家庭农场规模标准时，都有下限的规定，没有上限的规定。如陕西省规定种植粮食 100 亩以上，养猪 300 头以上等，因为没有上限的规定，有的家庭农场规模很大，如笔者见到最大的种植类家庭农场规模达 22 000 亩！见到最大的养猪家庭农场规模达 1 万头猪！严格来说，它们不属于家庭农场，因为这些农场都长期雇佣了大量的劳动力，至少不符合“以家庭劳动力为主”的条件，但当地政府都给他们颁发了家庭农场证书，并给予项目资金支持。

即使是严格意义上的家庭农场，也会有短期的雇工。对于农场主来说，一个非常难的问题是对雇工劳动成果的检测。比如说，果园有了虫害，需要打药，按照技术要求，每片树叶以及其正、反面都要喷药，让害虫没有藏身之处，才能把害虫彻底杀死，虫害也不会轻易复发。农民给自己果园打药时，会严格按照此技术要求去做，一个生长季节打一次药，几次药基本就可以了。但当这些农民被雇佣到农场，他们只对农场主发给他们的劳务费有兴趣，而对农场的害虫是否彻底杀死，没有兴趣。或许认为杀不死更好，过一段时间农场主会再次请他打药，他又多了一次挣钱的机会。雇工在给农场主的果园打药时没有责任心，所以许多树叶的背面就没有喷上农药，甚至有的树叶、树枝都没有喷到。这样，害虫还有藏身之处，经过繁殖又会迅速蔓延。笔者在陕西调查一个2 000亩的葡萄农场时,农场主说:他的农场一年要喷13~16次农药!这么多次,需要购买多少农药?!需要花费多少人工费?!最让农场主困惑的是,每次雇佣十几个雇工喷药,他根本无法检查每片树叶是否都喷了。每片树叶的正反面是否都喷了?这种监督是十分困难的,或者成本是非常昂贵的。工业上之所以可以流水线作业,把某个环节交给某一部分工人,是因为每个工人的劳动成果很容易检查,每个零件及最后的成品都有质检员,质检员可以迅速检测到工人的产品是否合格。合格的,就贴上合格证;不合格的,作为次品处理,并要惩罚加工者。所以,相对于农场,工厂是比较容易管理的。如果农场很大,雇工很多,那么管理的难度将更大。目前,之所以中国许多工商企业老板投资农业后,赚钱的老板很少,不能不说这是一个重要的原因。

那么,国外的大农庄为什么经营的比较好呢?一是他们依靠机械化,雇工很少,更多依靠家庭成员自己干;二是即使有少量的雇工,这些人具有敬业精神和诚信的品德,会自觉地认真工作。

2. 成本过高

与小农户比,家庭农场主要在两个方面增加了成本:

一是土地成本,小农户使用的是自家承包地,没有土地成本,而家庭农场因为承包了一部分别人的土地,自然要付租金,一亩地租金一般为每年几百元,多则上千元。对于种植粮食的家庭农场来说,一亩地的利润往往就几百元,付了租金后,几乎没有利润,甚至是亏损的。所以,土地租金就是导致成本过高的主要原因。

二是劳动力成本,对于小农户来说,主要依靠家庭劳动力,基本没有雇工,我称之为“劳动无成本原理”。而对于家庭农场来说,尤其是较大的家庭农场(尽管我不主张家庭农场规模过大,但现实中还是有较大的家庭农场),雇工比较多。对于种植蔬菜等劳动力密集型农业,劳动力成本常常占到农产品总成本的40%~60%。由于成本过高,家庭农场有时竞争不过小农户。许多家庭农场主坦言:正是劳动力成本过高使其经营举步维艰。所以,在国外的大农场中,主要使用机械化,使用人力较少,如打农药机械化、灌溉机械化、施肥机械化,甚至果树的疏花疏果机械化,从而有效地降低了成本。

3. 缺乏农产品营销能力

对于小农户来说,销售农产品的方法比较简单:一是"守株待兔",即农民将农产品收获以后放在家里,等着客商上门收购;另一种是"提篮小卖",即农民走街串巷地销售农产品。对于小农户来说,由于土地和劳动力不计算成本,他们用这两种方法销售农产品往往还能获得一些利润。但对于家庭农场来说,由于土地有租金,劳动力是雇佣的,农产品成本比小农户高,如果再用这两种方法销售农产品,利润就比较低,甚至没有利润。

作为家庭农场应该把农产品定位在中高端层次,利用科学营销手段,实现农产品优质优价,这样才有盈利的可能。但对于大部分家庭农场来说,目前都缺乏农产品营销的基本知识和技能,也没有足够的经济实力聘请营销专家和组建营销团队。

比如陕西省宝鸡市陈仓区坪头镇林光村柳保莉,生产的土蜂蜜质量很好,但销量不大,价格也上不去。她作为理事长组建了西山德丽蜂果专业合作社,最大的困难就是如何把她的家庭农场以及合作社生产的优质蜂蜜优价卖出去。

河南省汝阳县80后小伙子杜营辉,他的家庭农场主要养殖杜仲羊,这种羊肉不膻、不腻,嫩滑、清香,据说还有食疗的功效。他的羊肉优质,有特色,但他面临的问题也是如何把羊肉优质优价销售出去。因为他的农场租了300亩地,还有一些雇工,成本自然比小农户要高,只有优质优价才能有利润。

4. 融资难

家庭农场由于其规模比小农户要大,自然需要的资金也多,对于大部分家庭农场来说,都面临资金不足的问题。

从正规金融机构融资,家庭农场常常不符合贷款条件。因为正规金融机构要求要有资产抵押,但家庭农场最主要的资产就是土地和房产,然而多数正规金融机构不接受农场主把土地和农村房产作为抵押物,即使少数金融机构接受,也只给很少的贷款额度。

从非正规金融机构融资,利息太高,农业本身利润就不高,如果背负高利贷,家庭农场将走向死胡同。

五、国外家庭农场的特色及经验

（一）美国家庭农场特色及经验

1. 经营规模大

美国土地资源丰富，耕地约为28亿亩，而人口只有3亿多，其中农民只有400万左右，所以美国实行的是规模化经营，但经营模式以家庭农场为主。美国约85%的耕地采用的是家庭农场经营模式。由于地多人少，所以美国家庭农场规模都比较大。平均规模大约为400英亩左右，折合2 500多亩。美国家庭农场平均纯收入约为6～7万美元，折合人民币40～50万元。超过了美国全国家庭的平均收入。①

2. 高度机械化

由于经营规模大，美国家庭农场机械化程度很高。从播种到收获，绝大部分环节都实现了机械化。有些机械化我国也已使用，如小麦播种、收割机械化，棉花采摘机械化，玉米收获机械化，但大部分在我国很少见，如土豆收获机械化，黄瓜采摘机械化，苹果疏花疏果机械化等。机械化把人从繁重的体力劳动中解放出来，使一些高素质的人愿意从事农业生产。另外减少了人力使用量，降低了人力成本，也避免了人力劳动监管困难的问题。美国家庭农场所使用的农业机械多数是农场自己购买，自己使用，只有少数农业机械是租用的。

3. 农场主素质高

美国农场主许多都是大学本科毕业生，有的甚至是硕士、博士，即使有的农场主学历不高，也非常重视学习，所以农场主素质都很高。他们本身掌握了许多现代农业科技，而且接受新技术的能力比较强，有良好的市场意识和沟通协调能力。所以，家庭农场之间组建合作社就比较容易，合作社也能比较好的运行。

---

① 何劲，熊学萍，宋金田. 国外家庭农场模式比较与我国发展路径选择. 经济纵横，2014年第8期

4. 农业社会化服务体系完善

美国建立了以大学为主体的农业科技推广服务体系。一是大学可以把最新的研究成果及时推荐介绍给农场主;二是农场主在经营中遇到技术问题,可以方便快捷地得到大学教授的支持。

农场主与大学教授依靠市场机制连接,也就是说农场主花钱买教授的服务。因为家庭农场规模很大,是否采用科学技术对农场经济效益有显著影响,所以,美国的农场主千方百计寻找科学技术。大学里有专门负责农业科技推广的专家和机构,农场主很容易与农技推广专家对接和联系。

(二)法国家庭农场特色与经验

1. 规模以中小型为主

法国56%的家庭农场都在10公顷(150亩)以下。中小农场占到法国农场总数的80%。法国家庭农场有一个特点与我国相似,即一个家庭农场有几块土地。我国的农户也多是这样,每户有几块分布在不同区域的土地。但是我国新发展起来的家庭农场多数只有一块土地,这样便于管理和机械化操作。

由于法国家庭农场规模较小,所以法国家庭农场主要发展特色农业,耕作非常精致,生产优质高端农产品。

2. 以生态有机农业为主

法国农业对城市食品供应的功能并不明显,各种食品供应主要由其他各国尤其是欧洲其他国家完成。所以,法国农业突破了自给自足的生产,而突出农业的生态功能,利用农业把高速公路、工厂等有污染的地区和居民隔开来,营造宁静、清洁的生活环境。

由于法国对农业的特殊定位,法国家庭农场也主要以生态有机农业为主。家庭农场的盈利点主要有两个:一是出售高端有机农产品;二是为城市人提供休闲娱乐的场所,即休闲农业。

3. 具有完善的农业服务体系

由于法国家庭农场规模比较小,如果由一个农场完成全部作业如耕种、田间管理、收获、运输、储藏、营销等,需要的农业机械很多,而且利用率也不高。所以,法国家庭农场的各个生产环节主要由社会化服务机构承担,家庭农场根据其服务质量和数量付费。由于服务机构较多,激烈的市场竞争促使服务机构不断提高服务质量。

(三)日本家庭农场特色与经验

1. 农场规模较小

日本家庭农场比较小,一般在2~3公顷,即30~50亩之间。虽然日本也有规模较大的农场,但数量很少,多数都是小农场。当然,这是由日本人多地少的国情决定的。日本的家庭农场不追求外在规模,但他们很重视农产品品质和单位面积的产出量。因此,他们的农场虽然面积不大,但收入比较高。农民收入与市民收入相当,甚至高于市民收入。更为重要的是,农民都有一种自豪感。所以日本的家庭农场对我国更有借鉴价值。

2. 精细密集

由于日本家庭农场较小,所以日本农场主对农场经营很精细,努力打造精品。日本有一个品牌的大米卖到200元人民币一斤,中国游客到日本经常买这种大米。2016年,日本有一种苹果在中国卖到140元人民币一个,足见其精致程度。另外,在布局上呈现密集的特点,常常是立体经营,较小面积却有较多产出。我把日本这种农业称为“精细密集农业”。早在1991年我就在《人民日报》发表文章“发展精细密集农业”,主张在中国发展精细密集农业。1995年本人在《管理世界》发表一万多字的论文《中国农业经营方式:精细密集农业》,再次详细阐述了这一观点。

3. 综合性

日本家庭农场具有综合性特点:一是产出很高,由于采用精细密集农业模式加之运用较多科学技术,所以单位面积产出很高;二是休闲农业和创意农业做的比较好,通过为城市人提供休闲服务,获取更多收入;三是生态环境好,所以日本农业有“绿岛农业”之称。

(四)其他国家家庭农场的特色与经验

以色列家庭农场主要以设施农业为主,尤其是其无土栽培技术享誉世界,呈现出极高的科学性。新西兰家庭农场强调自然性,尽量减少人工干预。

六、我国家庭农场发展路径

1. 以中小家庭农场为主

我国家庭农场不可能像美国、加拿大、澳大利亚等国家那样发展大型家庭农场，因为我国农村人口众多，很难在短时间内将绝大部分农村人转移到城市中去，需要在农村给许多人留下发展的空间，因此我国应该发展中小农场。关于农场具体规模已经在第二部分详细论述过了。种植粮食大约为100～200亩；种植果树20～30亩；养猪300～500头；养羊100～200只，等等。

大型家庭农场或大型农业企业（种养殖类）允许有少量存在和试验，不宜大力提倡和推广。

2. 实行精细密集经营

精细密集经营，就是依靠现代农业科学技术，充分利用土地、光、热、水、气等自然资源，以及劳动力、技术、资金等社会资源，对农业进行精细的操作和密集性经营，从而有效地利用空间和时间，生产出更多更好的农产品。

精细是为了打造精品优质农产品，提高农产品价值。密集是为了增加土地的密集度和容量，增加产出。

我国的家庭农场不大，只有通过精细密集经营才能提高家庭农场的经济效益，也才能让农业经营者安心经营，愿意长期从事农业生产经营活动。

3. 发展同一主体农业第六产业

农业第六产业，即农业第一、二、三产业融合。这里特别强调农业第一、二、三产业的融合，是由同一经营主体完成的。过去我们的第一、二、三产业也是相互紧密衔接的，只不过是由不同的主体完成的。如奶农负责生产牛奶，加工企业把牛奶加工成各种奶制品，超市专门进行奶制品的销售，这一过程由三个独立的主体完成。第一产业的奶农根本拿不到第二、三产业加工销售的高利润，奶农是整个产业链中最贫穷的阶层。只有同一主体完成第六产业，第二、三产业的高利润才能被第一产业分享。

家庭农场如果能自己同时完成农业第一、二、三产业，就会获得较高的利润。

4. 打造农产品品牌

未来十年，农业会有许多变化，如规模化的农场会更多，农业机械化程度会更高，农民数量会更少，农产品价格会更高，等等，但我认为最大的变化会是农产品品牌化。

大家知道，工业品都是有品牌的，如小米手机、大众汽车、茅台酒，等等。不同品牌，价格差异很大。品牌化最大的好处是能满足不同消费者的不同嗜好。

但我国农产品多数没有品牌或没有知名品牌。我们去蔬菜市场买西红柿，尽管有许多卖家，他们的西红柿也来自不同的地方，质量也有一定的差异，没有品牌，都叫西红柿，价格差异也不大。如果我们买到一种西红柿，觉得很好吃，下一次还想买到它就很难了，因为没有品牌。如果有品牌的话，就容易多了。

中国人的生活水平在不断提高，消费者希望能够买到他想吃的西瓜、黄瓜、辣椒、茄子、韭菜、苹果、桃、梨等。这就要求农产品品牌化。

过去由于农户规模太小，相互又缺乏合作，很难打造农产品品牌。现在规模化的家庭农场越来越多，他们可以按照统一生产技术进行生产，然后打造出他们独特的农产品品牌。有合作意识的家庭农场，也可以几十家、几百家联合起来，按统一技术生产，打造自己的品牌。

家庭农场打造农产品品牌既是农业发展的需要，也能够提高家庭农场的经济效益。

5. 强化农产品营销

过去，农业经营者比较重视农业技术的学习和应用。经过几十年学习和摸索，农业经营者已经掌握了基本的农业生产技术，如大棚种植技术、果树修建技术，等等。虽然还需要继续学习新的技术，但目前制约家庭农场发展的主要因素是营销。有的家庭农场生产出了优质农产品，卖上好价钱；有的家庭农场只卖给收购商，没有自己的品牌，利润微薄；有的家庭农场不会宣传自己的农产品，让自己的农产品蜗居一隅，无人知晓，等等。所以，家庭农场必须加强农产品营销。一是自己学习，提高农产品营销能力；二是邀请营销专家指导；三是多个家庭农场组建合作社，组建合作社的营销团队。

6. 为家庭农场提供良好的环境条件

政府应为家庭农场提供必要的公共服务,一是道路的铺设、水电的配套等基础设施建设,保障农业生产正常运行;二是做好家庭农场布局规划,种植业、养殖业、加工业和休闲农业等要有科学规划,不能随意发展,更不能违反科学;三是政府的农技站、植保站、园艺站等农业科技推广部门要做好对家庭农场的农业科技指导;四是政府应协调相关金融机构在贷款方面给予家庭农场一些优惠政策。

刊于《理论探索》2017 年第 3 期

论农业经营方式的质

农业经营方式是农业经济学中非常熟悉的一个概念，但对于农业经营方式的内涵及其具体研究的问题，众说不一。为了学科的精确，有必要探寻其本质。

一、农业经营方式的概念

农业经营方式就是农业生产要素的组合方式，也是农业的生产方式或者选择的生产技术道路。《吕氏春秋·审时》:“夫稼，为之者人，生之者地，养之者天也”。农业是人地天三方合作的事。“为之者人”，人要根据地和天的情况来确定人地天的合作方式。这种合作方式，就是农业的经营方式。

无论是自给性的农业还是市场性的农业，其经营目标总是同获得较好和较多的农产品相联系。经营方式要解决达到经营目标的技术途径。农业经营方式包含 3 方面的内容：①生产要素的种类；②各种生产要素的份额；③生产要素的组合方式。涉及生产要素不同，农业经营方式也就不同。使用的生产要素种类相同，但份额不同,则亦属不同的农业经营方式。即使生产要素的种类和份额相同，但组合方式不同，则也构成不同的农业经营方式。所以，一种农业经营方式就是生产要素的一种特定组合方式。美国学者 C. W.

柯布和P. H. 道格拉斯曾定量化地研究生产要素与产出的关系，并提出人们熟知的柯布－道格拉斯生产函数[1]：

$$Y = A \cdot L^{\alpha} K^{\beta}$$

式中：Y——产出；

L——劳动投入量；

K——资本投入量；

α,β 分别为劳动和资本的参数，$\alpha + \beta = 1$；

A——转换系数。

从柯布—道格拉斯生产函数中可以看出，产出与生产要素的种类和份额有关，但这个函数却没有反映产出也与生产要素的组合方式有关，组合方式不同，确实影响着产出。如一个农场，投入的劳动和资金的数量不变，仅仅改变其组合，往往就会使产出发生变化；同样一个工厂，劳动人数和资金不变，由不同的人去管理(其实质是改变生产要素组合)，其结果也会大相径庭。因此，柯布—道格拉斯生产函数有其缺憾。

二、农业经营方式与农业经营形式的区别

(一)农业经营方式与农业经营形式的概念

农业经营方式与农业经营形式，只有一字之差，故而在诸多论文和著作中存在着混用。不少人把农业集约经营或粗放经营等有关生产力方面的问题，称为农业经营方式问题；在涉及到农业合作，联产承包到户有关生产关系方面的问题仍然认为是农业经营方式问题。如果农业经营方式的内容不规范，则研究对象不明确。显然，前类问题是关于农业自然特点所引出的农业生产技术方面的问题；而后类问题是关于农业自然特点所引出的农业经营者自身的权利和相关经济关系方面的问题。

而当提及农业经营形式，也有类似情况。例如：北京农业大学农业经济系《农业经济学》:“实行了‘统’‘分’结合的以家庭联产承包责任制为特点的经营形式”接着又写到:“‘统’与‘分’是集体所有制合作经营方式的两个方面”；中国人民大学农业经济系《农业经济》:“农户分散经营为主，合作社统

一经营为辅的合作经营方式"；全国十三所综合大学《中国农村经济学》："家庭联产承包责任制——最基本的经营形式"，"统一经营与分散经营相结合的经营方式"，形式与方式是混用的；高校文科试用教材《农业经济学》："我国农业的经营方式有：统一经营，联产承包经营、统分结合经营、个体经营等"，"对土地的利用有两种经营方式，即粗放经营和集约经营"，一律称为方式不予区分；吉林农业大学《农业经济学》："农民家庭经营方式""双层经济的经营形式；中国社会科学院《中国农村经济学》："农业家庭经营方式的普遍确立""集体乡镇企业实行大包干的经营方式"；某些专业辞典、政策规定、报刊论文及译作中，情况与教材相同。如《经济百科辞典》就把集体经营、家庭经营、集约经营、粗放经营统称之为"经营方式"。恕不再罗列了。

农业经营方式和农业经营形式的混用是无益的，反映了农业经济学科的精确度不够。对农业经营方式和经营形式进行区别，使两者各自成为有明确含义的不同研究方面，再也不能由不同的执笔人自己选用。区别是必要的，也是容易的。问题在于要取得共识。

农业经营方式：按照目标与达到目标方式的一般关系，经营方式应着眼于既定目标如何达到的具体手段。农业经营方式的选定就是要寻求能达到获得足够农产品这一既定目标的具体手段。此可谓农业经营方式问题研究的核心。

农业经营形式：按照内容与形式的一般关系，经营形式应只限于既定内容的具体表现。农业经营形式的选定就是要寻求使农民有生产积极性的生产关系的具体表现。此可谓农业经营形式问题研究的要旨。

（二）农业经营方式与农业经营形式研究的内容

农业经营方式研究的是生产要素及其组合，其涉及的生产要素包括土地、光、热、水、气等自然资源以及劳动力、资金、技术等社会资源。资金最终又是以一定的物化劳动即生产资料进入生产过程。这些生产资料包括化肥、农药和农机具等。改变土地、光、热、水、气等自然生产要素或劳动力、化肥、农药、地膜、农机具等社会生产要素的数量，或者各自所占份额不变，而改变其组合方式，都有可能影响农业经营方式的改变，从而最终影响农业生产的结果。每一种生产要素对农业生产的作用或贡献份额都是不同的。农业经营方式的研究正是在于寻求最佳的生产要素组合比例和组合方式。这就是农业经营方式研究的内容。

农业经营形式研究的是以基本生产资料所有制为核心的人与人之间的物质财富占有关系和社会生产过程中劳动者以生产资料为中介而发生的分工协作关系。

(三)农业经营方式与农业经营形式研究的目的

农业经营方式研究的目的是提高农业生产力，而农业经营形式研究的目的是改变基本生产资料所有权关系，以及人们在生产中的协作关系来调动生产者的积极性。虽然调动生产者积极性的最终目的也是为了提高农业生产力，但农业经营形式研究的直接目的是为了调动生产者的积极性。这就是二者本质的不同。

三、农业经营方式研究的内容

(一)农业生产中涉及的生产要素种类

人们在选择一定的经营方式进行农业生产时，总要涉及一定的生产要素。这些生产要素既包括土地、光、热、水、气等自然资源，同时又包括劳动力、生产资料和技术等社会资源。有的经营方式涉及生产要素种类多一些，有的则少一些。从严格意义上讲，涉及生产要素种类不同便构成不同的农业经营方式。比如经营方式Ⅰ涉及的生产要素为 a、b、c、d，经营方式Ⅱ涉及的生产要素为 b、c、d、e，则认为Ⅰ 和Ⅱ 是两种不同的农业经营方式。

(二)生产要素的比例

在农业生产中,即使涉及的生产要素的种类相同,构成比例也有可能不同。构成比例不同则属不同的农业经营方式。可以把劳动力含量较多的生产经营活动称为劳动密集型经营；把资金含量较高的生产经营活动称为资金密集型经营；把技术含量较高的生产经营活动称为技术密集型经营。这 3 种不同的经营方式涉及的生产要素种类完全有可能是相同的，其区别仅在于要素的构成比例不同，其中某一生产要素占有绝对优势。

（三）生产要素的组合方式

即使生产要素的种类及构成比例相同，组合方式不同，也属不同的农业经营方式。寻求最佳的组合方式，以便在投入既定的条件下，得到最佳的效率和效益，便是农业经营方式研究的内容之一。

（四）生产要素的贡献份额

农业经营方式涉及诸多生产要素，但每一种生产要素对农业生产的贡献份额是不同的。如化肥是农作物养分的主要来源之一，直接参与农产品的物质形成过程，其多寡与优劣直接影响农产品产量，因而化肥对农业生产的贡献份额很大；而农业机械仅是人力的替代，在人力充足的条件下其对农产品产量没有任何作用，因而对农产品产量的贡献份额为零。农业经营方式的研究就应该分析不同生产要素对农业生产不同的贡献份额，并根据贡献份额的不同有目的选择生产要素。

（五）农业经营方式的演化规律

在研究农业经营方式时，还应历史地分析和考察农业经营方式的变化规律，从而为今天农业经营方式的选择奠定理论基础，使选择的农业经营方式能顺应规律，符合规律，从而促进农业生产的发展。

四、农业经营方式研究的目的

（一）提高土地生产力

在自给自足经济或农产品私有制的条件下，把农产品数量最大化作为追求的目标。在自给自足经济条件下，生产者生产的目的是为了满足自己的生存。在这里没有利润的概念，人们为了自己的温饱不惜全力地投入生产，无论是活劳动还是物化劳动，都不计成本，其实也没有计算成本的必要，唯一目的是使有限的耕地能够生产出更多的粮食。提高土地生产力成为生产者自觉的追求，也是生产者选择经营方式的唯一标准。

在农产品短缺的情况下，政府往往把提高土地生产力，弥补缺口，作为对农业追求的目标。有时甚至不惜投入大量资金来实现这一目标。在这种情况下，政府把保障国民的温饱作为自己的首要责任，而成本与效益则放在次要的位置。

二者虽然都致力于土地生产力的提高，但前者是生产者的自觉追求，而后者则是一种政府行为。

（二）追求经济效益

在市场经济条件下，每一个企业追求的唯一目标都是利润，没有经济效益的企业是会被市场经济淘汰的。经营者的每一举措都是为了企业的效益。农业生产经营者在选择经营方式时，不是为了追求农产品产量的最大化，也不考虑是否能容纳更多的劳动力，唯一牵挂的是利润，在三者出现矛盾时，他会毫不犹豫地放弃前两者，而选择利润。各国政府为了农业这个微利（甚至没有利润）行业继续有人经营，无一例外地采取了对农业实行保护的策略。

（三）谋求劳动生产率的提高

人类一直在设法提高劳动生产率，但在不同时期却有不同的方式。在原始社会，人们通过共同劳动来提高劳动生产率；在奴隶社会，奴隶主用皮鞭来提高奴隶的劳动生产率；在封建社会，聪明的地主用实物地租代替劳役地租，使追求劳动生产率成为佃农的自觉行动；在资本主义社会，农场主依靠现代化的农机具来提高劳动生产率；在社会主义中国，人们在依靠现代化农机具的同时，更多依靠勤劳来提高劳动生产率。现代化的农机具虽然能提高劳动生产率，但往往增加了成本，这又与农户追求效益的目的相矛盾。如果机械化代替人力却引起了成本的增加，那么农户会放弃机械而继续采用人力劳动，即使采用机械可提高劳动生产率。所以机械的推广要以降低成本为前提。从这个意义上说，劳动生产率的提高有时会受到经济效益的制约。在不影响经济效益的前提下，农户需要不遗余力地提高劳动生产率。

(四)提高就业率

在剩余劳动力较多的条件下，有时会把提高就业率作为选择农业经营方式的标准。尽管把一个人的工作分配给两个人会降低工作效率，但却因为人人有工作，可保持社会的安定。毛泽东曾用低工资高就业的策略实现了失业率为零的目标。尽管如此，到了20世纪60年代末、70年代初，迅速增加的人口还是让政府感到安排就业的巨大压力，于是号召知识青年上山下乡，尽管这一运动也许还有其政治目的，但从经济学的角度看，它是解决城市剩余劳动力的一个方略。其实，当时的农村也存在大量的隐性剩余劳动力，加之知识青年的到来，使农业经营方式采取“人海战术”。为了使人人有工作可干，在经营项目上除了正常的农业生产外，还大搞农田基本建设。在劳动管理上采取工厂化管理，按时计酬，导致劳动效率低下。

中国应采用的农业经营方式：精细密集农业

国外发达国家的农业发展方式大多采用集约经营的经营方式，集中表现为机械化操作和大量工业物资和能源的投入。集约经营虽然加速了农业经济的发展，但是集约经营本身将自己引入了死胡同，主要表现在以下几个方面：①在提高农业劳动生产率的同时，使产品中的物化劳动量大幅度上升，可能出现增产不增收；②化肥使土壤的各种性能变坏，使农业生态系统的脆弱性增加，生态环境严重恶化；③生产资料自然资源是有限的，亿万年所形成的石油、矿产资源可能被人类在短期内使用殆尽。

当然，由于各个国家国情不同，所以每个国家在农业经营方式方面也有不同的特点。日本，同中国一样，是一个人多地少的国家，因而日本很重视土地生产力的提高，通过高投入的方法来谋求高产。英国非常重视农业科技推广工作，为了加速科技成果的转化应用，英国在全国各地都设立了农业技术训练中心，大规模、长期性地培训农业技术人员，力求用科学技术提高单位面积产量。德国在农业上提倡机械技术与生物技术同时并举。机械技术主要解决的是生产效率问题,因为德国的人力资源比较缺乏，而生物技术主要是为了提高单产。美国和意大利的农业主要走机械化的道路,这是因为他们人少地多。他们也很重视生物技术和其他科学技术的推广应用，谋求单产的提高。匈牙利在大力发展农业机械化的同时，更重视农作物和畜禽良种的研究和推广，主要依靠良种的推广应用来提高农产品的产出量。法国在农业上强调“更好地使用人力资源”,要求农业生产者要有一定的专业技术知识。只有一定程度的专业技术人员才能获得从事农业生产所需的贷款及政府提供的各种优惠政策。

尽管各国由于条件不同,在具体做法上有一定的差异，但在合理利用资源和积极推广科学技术这两方面是相同的。这也是世界农业发展方式的总趋势。中国是一个人多地少的发展中国家，虽然在机械化方面我们无法与发达国家并驾齐驱，但我们可以充分利用劳动力和技术，实行精细密集经营，这样就完全有可能赶超他们。从这一点来说，在迈向未来的征途中,发展中的中国与发达国家是“站在同一条起跑线上的”。

中国农业正在朝着现代化的方向迈进,中国农业实现现代化也是历史的必然。然而,中国农业现代化是什么样的发展方式是一个值得思考和探索的问题。

由于中国与其他国家的国情不同,所以中国农业的发展方式必然具有中国特色。中国农业最突出的特点是农业劳动力多,户均耕地面积较小,在短时间内难以实现规模化经营。根据国家统计局的数据,截至 2015 年,全国乡村人口 6.4 亿,其中农业劳动力 2.9 亿,务工农民 2 亿(进城者约 1.2 亿),从事私营和个体企业者 0.4 亿。据专家预测今后每年大约有 600 万农民从农业转移到第二、三产业,再考虑到农村人口本身的增长因素,2030 年农业劳动力将减少到 2.1 亿,2050 年农业劳动力减少到 1.5 亿。假设我国能够一直坚守 18 亿亩耕地的“红线”,那么到 2030 年平均每个劳动力所占有的耕地为 9 亩,到 2050 年也只有 12 亩。也就是说,在未来 50 年甚至更长的时期内,1 亿多劳动力继续从事农业生产,农业劳动力人均 10 余亩耕地和农业人口人均占有耕地仍为 3 ~5 亩的状况都是我们面临的基本现实。

由于人均耕地较少,所以,中国农业的发展方式不可能像发达国家那样走大规模机械化的道路。中国农业的发展方式应该是一种使用适量机械，主要依靠劳动力和生物技术的大量投入，来提高单产水平和人均生产量，从而提高农产品生产总量和农民收入的新方式。我们把这种农业发展方式称为“精细密集农业”。

一、精细密集农业的理论学说

精细密集农业是一种农业经营方式。它能够充分利用土地和光、热、水、气等自然资源，以及劳动、技术、资金等社会资源，还能有效地利用空间和时间，因此能生产出更多更好的农产品。推行这种农业经营方式适合我国农业劳动力充足和可耕地少的国情。

精细是指对农业实行精细化操作和精准化管理（也包括精细化的农产品加工），以谋求单产的提高和产品的优质化。密集是单位面积上劳动、技术、资金的密集和时空的密集。劳动、技术、资金的密集旨在谋求高投入高产出。在目前我国农村资金紧缺的情况下，应强调劳动和技术的密集，依靠劳动和技术的投入求得单产的提高。技术的密集应强调推广那些简单易行，投资少、见效大的高效益技术。时空的密集，指的是向空间的伸发和时间的紧续。向空间的伸发，从纵向来说，指的是立体分层经营；从横向来说，指的是农业应向可以利用而未利用的滩淤、荒山、荒坡和家庭院落伸发。时间的紧续，就是指充分利用时间。为了便于说明，上面对“精细”和“密集”分开解释和阐述，但“精细密集农业”作为一种农业经营方式，其精细和密集的含义是不能分开理解的，它们融合在一起的综合概念才是“精细密集农业”的真正含义，否则，就会有失偏颇。

“精细密集农业”属于农业经营方式的范畴。我们认为农业经营方式与农业经营形式是有区别的（在许多书中这两个概念是混用的）。我们把有关生产关系方面的具体表现定为经营形式，如双层经营形式；而把生产力方面的具体表现定为经营方式，如集约经营方式。农业经营方式研究的目的在于提高农业生产力，精细密集农业研究的目的在于提高土地生产力。农业基本经营方式有粗放经营、精耕细作、集约经营、生态农业，精细密集农业同这四种基本经营方式是并列的。若按历史发展的顺序来排列，这五种基本经营方式的顺序为：

粗放经营→精耕细作→集约经营 / 精细密集农业→生态农业

在人类社会之初，土地广博，可以依靠广种薄收来养活不多的人口。那时，人们对农业只是极其简单的操作和照料，土地生产力很低。这就是粗放经营。随着人类社会的发展，人口愈来愈多，依靠广种薄收的办法已养活不了众多的人口。于是，人们不得不使用当时仅有的简陋工具，投入较多的劳动，对农业进行精细的操作和照料，以提高土地生产力，来养活日益增多的人口，这就是精耕细作。随着人类社会的进一步发展，人口更多了，依靠精耕细作已无法在日益减少的土地上养活日益增多的人口。现在由于工业的发展，农用地减少了。但正由于工业的发展，工业又为农业提供了先进的农机具以及化肥、农药等生产资料，因而单位面积上的资金和技术投入增加了，这就是集约经营。集约经营使人类在较少土地上生产出较多的农产品。它不仅养活了日益增多的人口，而且使人们的生活水平大大提高了。然而，由于土地上使用化肥、农药的增加，生态环境恶化了。人们为了保护自己赖以生存的环境和得到可以永续利用的土地资源，不得不设法在保证农产品产量继续增加的同时，减少化学物品的使用，迫使人们在生态王国之中寻求内在的出路，这就是生态农业。生态农业是农业发展的未来归宿。也许有朝一日人类的主要食品来自工厂的化学合成，但生态环境在高层次上而非原始地复归于自然是一个规律。

有人认为粗放经营和精耕细作、集约经营和生态农业是两对对立的概念。这是对的，但这四种基本经营方式也正好反映了人类在愈来愈小的耕地上谋求愈来愈多的农产品的艰难而辉煌的历程。

精细密集农业作为农业的一种基本经营方式，但它并非是每一个国家都要经历的农业经营方式。它仅仅是那些人多地少、非农产业又不能给过剩的农业人口提供就业机会的发展中国家特有的农业经营方式。这些国家的农业经营方式按如下顺序演变：粗放经营→精耕细作→精细密集农业→生态农业。而其他国家的农业的经营方式则按这样的顺序演变。粗放经营→精耕细作→集约经营→生态农业。

诸如中国这样人多地少、非农行业又不能为过剩的农业人口提供充足就业机会的发展中国家，在度过精耕细作的经营方式之后，工业无力为农业提供集约经营所需的机械设备和资金，非农行业又不能充分容纳从土地上解放出来的劳动力，而剩余劳动力的无法转移，本身又阻碍着农业机械化的实施。因而农业机械化与农村剩余劳动力转移就形成了二难命题。这二难命题只有发达的工业才能打破。问题就在于中国的工业并不发达，因而中国许多人务农的事实在很长一段时期内是不会改变的。所以农业中的过剩劳动力只有在农业内部寻求出路。但传统的精耕细作无法使产量有较大提高，实行集约经营又没有条件。因此只有实行精细密集经营。然后随着科学技术的发展和农村剩余劳动力的逐步转移，精细密集农业将逐步过渡到生态农业。

当中国的工业有了充分发展时，农业是否会走集约经营的道路？回答是否定的，因为人类不会重复以往的失误，而总是力求寻找捷径。当然，随着工业的发展，精细密集农业中也许会有一些集约经营的痕迹，正如集约营经中有时会有精细密集农业中的一些痕迹一样，但它的主流将是精细密集农业。又因为集约经营和精细密集农业的归宿点都是生态农业，因而在愈接近生态农业的时候，集约经营和精细密集农业相互渗透的成分愈多，二者在相互的取长补短之中，渐渐融合为统一的经营方式——生态农业。

二、精细密集农业与其他农业基本经营方式的区别

虽然粗放经营、精耕细作、集约经营、生态农业是我们熟知的农业的经营方式，但由于对它们的理解上存在一定的差异，因而给分析和比较精细密集农业与它们之间的差别造成了一定的困难。

下面我们根据自己的理解较为详尽地分析一下精细密集农业与其他四种农业基本经营方式的区别。

（一）精细密集农业与粗放经营的区别

精细密集农业在单位面积上投入较多的活劳动和较多的技术，以及一定量的物化劳动；而粗放经营则在单位面积上投入少量的活劳动和少量的物化劳动，技术的投入更少。而且精细密集农业中投入的物化劳动表现为较为先进的农机具和其他生产资料，而粗放经营中投入的物化劳动则表现为简陋的

工具。精细密集农业是高产出的,而粗放经营是低产出的。

(二)精细密集农业与精耕细作的区别

二者的区别点在于;前者投入较多的技术,而后者投入的技术较少;前者是立体分层经营,后者是传统的平面经营。二者相同点在于都投入大量的活劳动和一定量的物化劳动。前者的物化劳动表现为较为先进的农机具和其他生产资料,而后者的物化劳动表现为简单的工具和其他生产资料。前者是高产出,而后者是不太高的产出,前者比后者更加充分地利用了自然资源。二者操作的对象也有一定差别。精耕细作一般指在种植业范围之内,而精细密集农业已将其范围扩展到农、林、牧、副、渔以及为谋求产品高质量而进行的农产品加工业。

(三)精细密集农业与集约经营的区别

二者的区别在于:精细密集农业投入较多的活劳动,而集约经营投入大量的物化劳动;前者表现为较多的人力操作,后者表现为机械化;前者投入大量的生物技术,而后者则投入大量的机械技术。能源农业为当今集约经营之登峰造极;而立体农业、吨粮田、庭院农业则为当今精细密集农业之端倪。相同点在于二者都具有较高的产出。

(四)精细密集农业与生态农业的区别

二者的区别在于:前者投入较多的活劳动,而后者投入的活劳动较少。虽然二者都投入了大量的技术,但后者比前者投入的技术更多。前者注重运用人力和技术,而后者则着重运用自动起作用的自然力。如果说前者运用了大量的体力劳动,而后者则运用了大量的脑力劳动。前者的目的在于高产出,而后者的目的在注重良好的生态环境的同时,强调高产。

三、精细密集农业的特点

精细密集农业同其他经营方式比较,具有以下特点。

(一)空间伸发性

精细密集农业不像传统农业那样,只在平面上操作,而是向可以利用的一切空间延伸。从竖的角度来说,它实行立体分层经营,从横的方面来说,它不仅将农业延伸到可以利用的荒山、荒坡、滩淤,而且还将农业延伸到人们的生活场所——家庭院落。总之,精细密集农业要在地球上每一个可以利用的角落和空间力争占有一席之地,以扩大自己的领域。

(二)时间紧续性

精细密集农业非常重视作物的生长时间。生长时间的空耗就是光、热、水、气、土地等自然资源的浪费。因而,在作物与作物之间的衔接中,要根据作物自身的特性和要求,尽可能进行最紧密的衔接。当然,也可以有意识地挑选相互能紧密衔接的作物进行种植,以最大限度地提高复种指数。自然,这样做的前提条件是:对土地的非掠夺利用以及作物品性的许可。

(三)劳动密集性

精细密集农业因为投入了较多的劳动力,而显示出劳动密集性的特点。这里的劳动自然指的是活劳动,而非物化劳动。物化劳动的密集是集约经营的特点。精细密集农业中的劳动力比精耕细作中的劳动力需要更多的知识和技术。精细密集农业中的劳动力如果没有一定的生物知识和技术,他就没有能力在空间上错落有致地进行立体分层经营,也不可能在家庭院落这个巴掌之地上作出大文章。总之,精细密集农业的高技术性要求其操作者必须掌握和懂得这种技术。所以,这里的劳动密集不是大量文盲的密集,而是有技术的劳动者的密集。

(四)技术密集性

精细密集农业的潜力和希望就在技术的运用上。这是精细密集农业区别于精耕细作的最为显著的标志。精细密集农业主要依靠大批训练有素的劳动者对技术的运用来提高土地上的产出量。事实上,也只有依靠技术才能在物质和资金投入有限的情况下,在一定的土地面积上生产出更多的农产品。

（五）综合性

精细密集农业不只限于种植业，还着眼于农、林、牧、副、渔全面协调发展。所以，精细密集农业指的是大农业，而不是小农业。只有在大农业的范围内实行精细密集经营，才能充分利用动植物间的相得益彰规律和物质循环利用原理，实现自然资源的充分利用，生产出更多更好的农产品，取得较好的经济效益。

（六）高产出性

精细密集农业的目的就是提高土地生产力。精细密集农业向农业投入大量的劳动力不仅是就业和社会安定的需要，更主要的是提高土地的生产力，谋求在愈来愈小的耕地上，生产出更多更好的农产品，以满足由于人口增长和人们改善生活而对农产品愈来愈多的需求。而我国的耕地面积还在减少，人口还在增加，现实迫使我们不断提高土地的单位面积产量。

四、精细密集农业的主要表现形式

精细密集农业的表现形式是多种多样的，而且随着这一经营方式的发展，还会产生更多新的表现形式。在此我们只介绍几种已有的表现形式。尽管这些表现形式的命名、表述、分类不一定合理，但大家都习以为常了，所以，我们也就暂且沿用。

（一）立体农业

我国传统农业生产在资源利用方式上偏重于单一化经营，而且是“低层次平面垦殖”。农产品供给的增加主要不是通过对光、热、水、气和其他非耕地资源的深度开发，而是通过对土地的不断垦殖来完成的，并且生产活动主要围绕着比较单一的以粮食生产为主的种植业结构而进行。这种资源开发方式，使大量非耕地资源长期闲置，不能通过综合开发利用转化为现实的生产力，从而造成对自然资源的巨大浪费。而立体农业通过空间上的多层次利用，时间上的紧续，项目的综合性，更为充分地利用了空间、时间、土地、生物和光热等自然资源以及劳动、技术、资金等社会资源，从而提高了单位面积产量，提高了土地生产率。

立体农业主要通过以下几种方式来提高资源利用率：(1)提高复种指数。主要是运用现代科学技术，根据作物生长的周期长短和对阳光吸收的不同特点，选用适宜的品种进行套种，提高单位面积的复种指数。(2)延长土地的利用时间。主要是通过作物间的合理搭配与保护土地栽培技术的运用，使农作物在地上的生长时间延长，产量提高，从而也提高了单位面积土地的利用率，如瓜果、瓜菜间作等。(3)充分利用空间，使植物向空中发展。农作物以复合群体代替单一群体。作物有高有矮，错落有致，呈层状分布，从而使不同层次的光照得到充分利用，扩大了总光照面积，提高了光能、热量和土地资源的利用率。(4)改善小气候，增强农作物抗灾能力。如利用杉木、油茶封边设网，形成农作物生长的自然屏障。瓜、菜、红薯在树间条带种植，不但降低了风速，保护了瓜、菜、薯免遭风袭和霜冻之灾，而且林网、果树又可提高土壤中的含水量，改善田间小气候，有利于增强农作物的抗旱能力。(5)多层次地加工循环，利用畜禽粪便、塘泥等各种废弃物质和能量，促进农作物增产，同时又保护了自然资源和生态环境。(6)利用植物之间、植物与动物之间、动物与动物之间存在的相互促进、相互转化的内在关系，人工组装高功效的物质循环生物链，使废弃副产品转化为宝贵原料，使低级产品转化为高级产品，取得总产多、质量优、价值高、经济效益大的综合效果。如水田种稻，水面养萍，水中养鱼。这种水上、水面、水中的立体组合与植物、家畜、家禽的生物立体组合协调配合，组装成高级的农业系统工程生产线，才能充分达到地尽其利，物尽其用，单一的低级产品转化为多样化的高级产品①

（二）吨粮田

吨粮田，顾名思义，就是一亩地年产一吨粮的田地。

在耕地面积相对或绝对减少，而社会对农产品的需求不断增加的时候，人们自然将主攻的方向由耕地面积的扩大转移到亩产的提高上，而且这将是长期面对的现实。

---

① 周玉振，刘国宣. 四川立体农业的理论与实践. 四川科学技术出版社，1988 年.

吨粮田主要靠以下几个措施来实现:(1)提高复种指数。首先是改变熟制,将一年一熟的耕地变为两熟,将一年两熟的耕地变为三熟;其次是选择适宜的品种进行套种;最后是农作物的立体分层种植。根据作物本身的特点,使高矮作物错落有致地呈层状分布。这样,一亩平地就可变成两亩平地、三亩平地,自然就提高了土地单位面积上的产出量。(2)选用优良品种。杂交水稻和杂交玉米的诞生,使人类的粮食生产迈上了一个新的台阶,这已是不容置疑的事实。当然,所选品种要适合本地的自然条件,并时刻注意品种的更新换代,防止品种老化。(3)精细化的照料和操作。及时灌溉、施肥、锄草和防治病虫害,等等。(4)采用一定的科学技术。如使用植物生长调节剂,推广玉米抽雄技术等。诸如此类的科学技术应大力推广和应用,以提高单位面积产量。(5)一定量资金的投入。要使亩产有所提高,没有一定的资金投入是不可能的。武陵山区通过种植地膜玉米,使亩产提高了几倍。如果没有一定量资金来购买地膜,那么就无法种地膜玉米。再比如说一定量化肥、农药等的投入,都需要一定资金作保证。

以上措施可根据当地实际情况单独使用,亦可几项措施综合使用。总之,要因地制宜。

(三)庭院农业

庭院农业是指充分利用庭院特定的土地资源、环境资源和劳力资源,以家庭为经营单位,所从事的种植业、养殖业以及农副产品加工等农业生产活动。

庭院农业将农业生产从田野耕地上扩展到人们生活息憩的场所——家庭院落。虽是个弹丸之地,但由于它可以向空间发展,多层次利用,可以种、养、加综合经营,使物资循环利用,充分利用剩余劳动力和剩余劳动时间,进行精细化经营,还可以采用较多的现代技术,提高产量等,因而也能闹出“大名堂”。

庭院农业由于受场地限制,规模都比较小,占用劳力、资金和生产资料也少,相对来说成本较低,不需要大量投资,管理方便,一般农户都能经营。正因为庭院农业的规模较小,各农户都可以根据自己的庭院特点和技术专长来选择经营项目。农民还可以根据自然条件和市场需求的变化以及价格高低,随时调整自己的经营方向。在有限的庭院里,能充分发挥自己的知识和才能。

五、精细密集农业的指标体系

传统的农业生产指标体系不尽如人意,需要建立新的适合精细密集农业特点的指标体系。主要包括以下指标:

(一)年单产

年单产即一年内的单位面积产量。这里的产量多是一种综合产量,因为精细密集农业往往是立体分层经营,或一年数熟,因而一年内同一块地上一般不是一种作物,而是几种不同的作物。所以,年单产量是一年内单位面积上数种作物产量之和。

我们之所以没有用常规指标亩产而设立年单产这个指标,是因为精细密集农业追求的不仅仅是一种作物或一茬作物的高产,它谋求的是一年内一亩地上的综合收益。间作套种、立体分层经营以及熟制的提高程度等情况只能用综合收益才能较为准确的衡量。

(二)年总产值

年单产是从实物量上反映精细密集农业的经营情况。但仅有这个指标是不够的。因为年单产是一个综合产量,很难准确反映精细密集农业的收益情况,比如说年单产一吨粮食,但这一吨粮食的价值是多少会因这一吨粮食的构成不同而不同,所以就很难准确估算其价值。另外,因为精细密集农业中包括农副产品加工,农副产品加工的收入只有用价值形式表示才能与其他收入相加,以表示精细密集农业的总体收入状况,因而就需要一个能用价值表示的指标,这就是年总产值。

年总产值,就是一年内精细密集农业所有项目产值之和。

在年总产值中,我们还可以设立以下两个指标:(1)家庭年总产值。农业生产多以家庭为经营单位,为了了解一个家庭一年的收益情况,并进行户与户之间的比较,有必要设立家庭年总产值这个指标。家庭年总产值,就是一个家庭在一年内精细密集农业所有项目产值之和。(2)单位面积年总产值。

它是单位面积上一年内精细密集农业所有项目产值之和。主要反映单位面积上的收益情况,同时也反映土地的利用程度。

农业生产周期一般是一年,但有些农业生产项目周期在一年以上,对于这些项目可以先计算一个周期内的总产值,然后再用周期内的年数去除总产值,以求得平均年总产值。

(三)人均收入(或人均纯收入)。

它指的是在精细密集农业经营活动中,每一个人的平均收入(或平均纯收入)。通常指的是年人均收入(或年人均纯收入),即一年内每一个人平均收入(或平均纯收入)。一般有两种不同的计算方法:

$$①劳均收入(或劳均纯收入)=\frac{总收入(或总纯收入)}{参加劳动者人数}$$

$$②人均收入(或人均纯收入)=\frac{总收入(或总纯收入)}{该生产单位总人数}$$

①主要反映劳动生产率的情况;②主要反映生产经营活动可能给每一个人带来的经济利益。

六、精细密集农业的生物学依据

(一)光合作用规律。绿色植物通过光合作用所形成的生物物质是农作物物质产量的基础。农作物生产中所采取的大部分增产措施都无非是在直接或间接地创造有利于光合作用的条件。一是增加高效绿色植物的数量。二是增加绿色植物能丰产的营养物及相应的多种物质及能量的投入。精细密集农业要靠这两方面来提高土地的利用率,扩大光合作用,提高单位土地的产出,强化光合作用的物质供给。

(二)循环利用规律。生态学为农业开创了新天地,精细密集农业在生态循环的基础上对种养业原来的副产品或废弃物进行循环利用。

如作物秸秆的用途主要有三方面:一是热能,可以做燃料;二是有肥效,可以做农肥;三是有营养价值,可以做饲料。不搞循环利用,只做燃料,就不能再做肥料和饲料。只有通过循环利用,才能把它的三方面价值都发挥出来。又如,一般动物之间生理机能有差异,所能消化的食物营养结构也就有所不同。某一种动物的排泄物,有时还是另一种动物的食物。由于鸡的消化道短,鸡粪中仍含有相当数量的营养物质,如粗蛋白质24% ~33%,纯蛋白质13% ~23%,各种氨基酸8% ~10%,还有粗脂肪、碳水化合物、多种矿物质及各种维生素。因此,鸡粪经过一定方式的处理,就是某些牲畜的好饲料。微生物在物质循环过程中,起了巨大的作用。它不但将动植物残体及排泄物之类的复杂有机物分解成简单的无机物,还能返回到环境中,再供植物利用。而微生物的活动又合成营养物质。据分析,稻草经微生物发酵后,蛋白质可从3% ~5%增加到20%以上,制糖甜菜渣经微生物发酵,蛋白质含量由11%增加到45%。在粪便发酵过程中,有的微生物能利用粪便中的非蛋白氮合成菌体蛋白,当微生物大量繁殖时,粪便中就会增加大量单细胞生物的蛋白质。据测定,猪鸡粪便经微生物发酵,其氨基酸的含量可提高1 ~2倍。所以在排泄物变饲料的过程中,饲料的品质也相应提高了。[①]

(三)媒介体协调规律。生态系统作为能够产出的生产体系,与工业比较,多出了一个给养体,而且在自体和给养体之间,还存在着一个媒介体。我们把凡是不能被自体或给养体直接吸收利用,而对它们的机理和性能又起着影响作用的一切物质,统称为媒介体:如光、温度、土沙(指不含养分),某些微生物、电场、磁场、声波,等等。农业生产的进行,自体与给养体的结合离不开媒介体的作用,精细密集农业利用、强化媒介体的协调。常常是自体和给养体不变,只改善媒介体,就可以大幅度提高个体生产力。当自体和给养体的结合达到一定程度,单方面追加给养体无助于动植物的生长,而最有效的是改善媒介体来刺激和改善自体或给养体的机理和性能,以协调二者的结合。

人类从事农业生产,对媒介体的自觉利用早就有了。如耕作是改善土的物理性状(包括地温),增加了有益微生物的活动,从而为给养体(水份、养料)与自体的结合创造了机会和条件。但是人们对媒介体的新发现和重视,才是现代特别是近年来的研究成果。

"植物离不开阳光"已成为常识,但不是所有的光对植物的作用都相同。科学家们发现,只有特殊波段的光才对植物有特定的刺激作用,有的还能改变植物中营养成份。例如,植物在红光的照射下,可以增加果实内的糖分和

---

① 孙绪森.农户经营学.哈尔滨:黑龙江人民出版社,1987年.

维生素C的含量，同时加快植物的成熟；而蓝色的光能增加植物蛋白质的含量。

声波是能量传递的一种形式，不同频率的音调对植物有不同的刺激作用。实验中发现，强烈、尖啸的噪音能够抑制作物生长，有的甚至造成作物死亡。但轻柔、优美的声音和音乐旋律可以促进作物生长，调节作物的新陈代谢过程。法国有一位业余园艺家，通过给西红柿播放轻柔优美的音乐，使一株西红柿超出正常产量的6倍，最大的一只西红柿重达2公斤。①

地球表面也是一个巨大的电场，这个电场的两极分别是大地地面和高空大气层，大地地面带负电荷，为负极；高空大气层带正电荷，为正极。一切生物都生长在这个巨大的电场中。如果人为地改变这个电场的强度和极性，也会直接刺激植物的生长。美国一位植物生理学家做了一个有名的实验：在植物的上方布上铁丝网，然后将高压直流电源的正极接在铁丝网上，负极接地。在这个高压电场中生长的西红柿、黄瓜、白菜、南瓜、萝卜等蔬菜和豆类，成熟期缩短了一半，重量分别增加了三至五倍。在同样的电场中种植棉花，其产量也增加了50%，而且棉纤维质量有显著提高。②

更为有趣的是，如果改变电场的极性，把正极铁丝网布在植物的下方，则可人为地抑制植物的生长。农艺家们曾用这种方法来控制葡萄、南瓜、萝卜藤蔓的生长，以加速果实的生长、发育，取得了成功。

磁场对植物生长也有相当的作用。美国一位植物学家做过一个实验：将一株生长完好的盆栽植物与磁场隔绝，此时即使给它提供足够的养料，也会枯萎死亡；相反，给植物外加一定强度的磁场，却可加速生长。如果把灌溉用水经过磁场处理后再灌溉农作物，可获得明显的增产效果。近年来，还有将煤炭燃烧以后的灰烬磨细，经过磁场处理，使煤粉带上磁性，再撒到田里，能加快作物的生长。畜禽对上述大部分媒介体也很敏感。比如，挤奶时，给牛放音乐可多产奶；饲料经过磁化处理后，饲喂某些畜禽可以提高饲料报酬。从目前看，多数措施花费太高，尚难推广。但我们可以此管窥精细密集农业的前景。

（四）共栖互惠规律。某些不同种的生物在同一时空生存，可以相互促进

---

① 孙绪森. 农户经营学. 哈尔滨：黑龙江人民出版社，1987年.

② 孙绪森. 农户经营学. 哈尔滨：黑龙江人民出版社，1987年.

其生长发育。这是精细密集农业的又一基础。

养蜂。蜜蜂取食花粉酿蜜的同时也为作物传花授粉,生产了蜂蜜,又促进了作物高产。

稻田养鱼。稻田为鱼提供了虫和草作饵料,同时,鱼在田间游动摄食,可以起松土、除草、灭虫的作用。在我国鱼稻双丰收的事例已普遍出现。

共栖互惠规律在间作套种中表现为异质效应。所谓异质效应,就是利用作物的生物学特性差异,以选配作物结构,使异质之间互利。植物形态的高低,有助于立体用光,生态上的阴阳面,有利于协调生长环境,生理上的喜磷喜氮,可以充分利用养分。玉米大豆间作、玉米洋芋套种等都是异质效应利用的典型。

(五)种内协作效应。某些生物种群在恰当的数量范围内,具有种内协作效应,能够促进或有利于生物体的生长发育。如蜜蜂遇到低温,分散生活时会被冻死,但群聚的蜜蜂由于能够较多地保存热量,可避免死亡;在水中成群的鱼比单个的鱼对毒物抗性大;作物合理密植或间作套种,不但能充分利用太阳能,而且还能抑制杂草。如养鸡,如果采取平养,在寒冷的冬天,需要在鸡舍内增温;而笼养的鸡舍内仍保持较高温度。种内协作效应使精细密集农业成为必需。

(六)空间定位规律。这里的空间,包括空中、地面、地下、水上、水面、水下。自然界的每一种生物在长期的进化中都形成了自己特有的生活习惯和适宜的空间位置。精细密集农业顺应自然,把所经营的各种动植物,配置在一定空间的适宜位置上,形成错落有序的若干层次。如同自然生态系统,扩大了生命繁荣的空间。而动植物的生长发育,反而更为蓬勃有力。

池塘养鱼的空间位置结构是这样的:鲢鱼、鳙鱼在水体的中上层生活,草鱼、扁鱼、青鱼在中下层生活,鲤鱼、鲫鱼在最下层生活,分层使养鱼水面无形中扩大了。

(七)补偿效应。两种作物生长在一起,一为主要作物,一为辅助作物。辅作物能分散或捕获害虫、病原菌,还可使主作物受到的危害较单作时轻,辅作物能充分利用未被主作物利用的生活因素,而照样增产,补偿主作物的产量损失。这就是补偿效应。在陕西关中地区,茄子与玉米套种,则未见茄子有绵疫病发生,而专业菜田里该病感染较重。

“在庄稼地里开个杂货铺”，这家不收，那家收，就是补偿效应在起作用。

以上规律从生物学的角度为我们提供了农业精细密集经营提高土地生产率的理论依据。从这里我们看到了精细密集农业的潜力和希望。

七、精细密集农业的经济学依据

(一)异量投入产出原理

所谓异量投入产出是指在一定条件下，有可能做到投入微量或相对的微量而产出巨量或相对巨量。例如玉米浸种剂，每亩地的种子只用一包，费用3角，就能使产量提高一百斤。其投入产出比约为1∶200。这是异量投入产出原理的最好实例。

(二)绝对收入原理

绝对收入原理是指在劳力、资金、物资的投入上，人们只关心最后的收入量。只要能增加最终收入，就愿意继续投入。

显然，这反映地是自给自足经济或商品经济不发达的情况。在商品经济条件下是不会出现这种现象的，因为人们追求的是利润，而不是一般的总收入。没有利润的生产是不会有投资的。但在自给自足经济或商品经济尚不发达时，生存的本能使人们把最终收获放在首位，而不计较成本得失。人们首先关心生产了多少，是否能满足自己的需要，而不会首先关心自己投入了多少，因为投入与购买的关系很淡薄。所以成本与利润的概念是模糊的。在漫长的自给自足经济时代，绝对收入原理一直在起着作用。而商品经济还不发达时，绝对收入原理依然反映时代和指导时代。当前我国的粮食生产，如果把劳动报酬考虑进去，往往是利润微薄或出现负值。但农民仍然要从事粮食生产，是因为难以找到其他行业的就业机会，故就这样的比较利益看，种粮仍然很实惠。而农民从事粮食生产的目的首先也是满足自己的生存需要。人们只关心最后的收成和一年的温饱。由于种粮的目的和种粮的机会成本十分低下而显得种粮的盈利问题几乎不是问题。我国的粮食生产出现徘徊或小幅度的回落，反映地正好是自给性农业生产力低下的落后性波动，但又不会出现大的回落(自然灾害除外),这仍然是自给性农业的特点,而非市场性的稳定。

绝对收入原理既然因商品经济不发达而在我国农村经济活动中普遍存在,那么在相当时期内,应该因势利导充分予以利用。

可见,把劳动力的闲置变为投入,大量农副产品的可再加工方面看,精细密集农业的发展都是可能的。尽管增加的收入可能是微利,但增加的社会财富是显著的。

可以先由此开始,然后在发展中不断变微利为厚利,变无利为有利。因为精细密集农业必然能加快社会主义非农产业和事业的发展,所以农业因此而最终受惠的机遇就会提前到来。

(三)劳动无成本原理

劳动无成本原理,就是在农业生产中不计算或不考虑劳动成本,并且只要劳动的增量能带来收入的增量,就愿意继续投入劳动。绝对收入原理则不考虑一切投入的成本。二者的共同点在于:只要有收入的增量就继续投入。农业生产中的种植业,更多地符合劳动无成本原理,因为这里虽不考虑劳动成本,但化肥、农药、塑料薄膜等生产资料的投入费用农民还是考虑的,并常以此作为盈亏分析的依据。而养殖业,特别是养猪、养鸡(小规模),更多地符合绝对收入原理。在这里农民几乎不考虑投入,只关心最终收入。

劳动无成本原理是自给自足经济和劳动力过剩的产物。在自给自足经济条件下没有计算成本特别是劳动成本的必要,而劳动力的闲置,使大量劳动力一文不值。既然没有可能去创造财富,这些劳动力的机会成本就只能等于零。崇尚勤劳的惯性和改善生活的本能促使人们只要能获得收入的增量就愿意投入劳动,而不敢去计较报酬的多少。

八、精细密集农业的现实作用

(一)容纳农村剩余劳动力,提高劳动力素质,缓解大城市压力

精细密集农业由容纳部分剩余劳动力开始,而发展的趋势是容纳更多的

劳动力。当劳动力不够时必然会产生对机器的需求。农业内部现在已经分化为多种行业,精细密集农业将使农业内部的行业分工更加精细。这将为农业创造出新的就业岗位。我国农民文化素质较低的情况必然与精细分工发生矛盾,这要由发展教育来解决。所以精细密集农业将成为发展农村教育的动力。剩余劳动力的合理安置把人们引向创造财富的道路,因而有利于培养勤劳上进的美德,减少游手好闲的存在,缓解大城市的“盲流”压力,以利有序转移。

(二)充分利用自然资源

我国是人口大国,人均资源小国。精细密集农业能用较少的资源创造出更多的财富。经济学就应认真研究和解决这个问题。资源有限,但挖掘资源潜力的前景是无限的,科学的进步就是人们利用资源技巧的进步。与古代比,人口不知增加了多少倍,但人们的生活水平却比以前大大提高,其秘诀就在于科学技术的进步,在于寻到了可开发的新资源和新办法。

资源因有限而变得十分可贵。但在现实中,仍有闲置或浪费。比如家庭院落,人们一直认为它是生活憩息的场所,最多是种些花木美化环境。想不到这块巴掌之地现在会有相当大的潜力,能变成“聚宝盆”。

精细密集农业不仅要充分利用庭院,更重要的是要使低产田变中产田,中产田变高产田,高产田变吨粮田;还要充分利用荒山、荒坡、荒水及各种滩涂。

我们曾习惯于把农业向四周扩张看成是发展,现在要把向上、向下及加大自身的容量看成是农业发展的更佳途径。

(三)强化科技应用,扩大科技需求

精细密集农业之所以能容纳较多的劳动力,能充分利用资源,就在于对科学技术的应用。精细密集农业的发展过程就是科学技术特别是生物技术在农业生产上的应用过程。也可以说,精细密集农业将推动科学技术的发展,因为新的经营方式将不断向科学技术提出新课题。应用本身是创造需求的消费。新的经营方式将呼唤高素质的科技队伍。

新经营方式将使科技成果供不应求,农民学技术也会成为自觉追求。

（四）改善投入结构，节约资金投入

精细密集农业既然主要是依靠技术和劳动的投入以取得高产量，相对说能节约资金。精耕细作主要投入的是劳动，集约经营主要投入的是资金，而精细密集农业主要投入的是技术和劳动。投入结构发生变化，效果好而省资金。

（五）以丰裕农产品来支持国民经济的发展

精细密集农业将以丰裕的农产品支持国民经济的发展，从而发挥农业的基础作用。

新的经营方式还有助于农产品出口，赚取外汇。精细密集农业不仅能为社会提供数量丰富的农产品，还能通过农产品加工促进农产品优质化。优质化的农产品在国际市场上具有较强的竞争力。农产品出口不仅给精细密集农业提出发展的需求，而且还为精细密集农业的进一步发展提供了资金保证。

目前，精细密集农业的“星火”已随处可见。从这些“星火”中，我们看到了中国农业的出路和希望：农业在为社会提供丰富的农产品的同时，还能实现农业人口较为充分的就业。但是目前，精细密集农业正处在艰难的启动阶段，需要全社会各界人士取得共识之后，协同努力，克服重重困难和阻力，尽快促成精细密集农业的普及和昌盛。

精细密集农业的产生有其历史条件。随着非农产业的发展，部分农业劳动者必然要转移到非农产业的发展，使农业上的劳动力相对减少，绝对减少；随着国民经济的发展，国家将有力量对农业进行较多的投资；科技的重大突破，有可能使农产品相对人口极大丰富。此时，人们渴求的将不再是农产品最大化，而是生态环境优化。这些条件的变化，精细密集农业将被更新的农业经营方式所替代。但精细密集是中国农业目前条件下的正确选择。精细密集农业将作为一个时代的农业经营方式而永载史册。

本文的前半部分刊于《中国农村观察》1991 年第 4 期，后半部分（与我的导师魏正果合写）刊于《管理世界》1995 年第 5 期。

论新型农业经营体系

一、什么是新型农业经营体系?

2015年中央一号文件以及中共中央办公厅、国务院办公厅颁发的《深化农村改革综合性实施方案》都明确提出要积极构建新型农业经营体系，十八届五中全会也提出要优化经营体系，培育经济发展新动力。构建新型农业经营体系的重要性可见一斑。纵观世界农业发展规律以及我国农业发展现实，构建新型农业经营体系是我国农业经济发展的必由之路。

什么是新型农业经营体系？新型农业经营体系由两部分构成：一是新型农业经营主体；二是新型农业社会化服务体系。这二者组合在一起就是新型农业经营体系。

什么是新型农业经营主体？关于新型农业经营主体有诸多说法，有的人认为是四个：家庭农场、专业大户、农民专业合作社和农业产业化龙头企业；有的人认为是五个：家庭农场、专业大户、农民专业合作社、农业产业化龙头企业和农业园区；有的人认为是三个：家庭农场、专业大户和农业产业化龙头企业。我本人认为是两个：家庭农场和农业企业。专业大户与家庭农场是很难严格区分的，二者的基本特征大体相同：都是以家庭作为经营单位；都是以家庭劳动力为主；都是从事种植业或养殖业，等等。所以，他们应该划归同一类。农民专业合作社是农业经营主体的联盟，是主体间的一种合作方式，而不应划为一种新的经营主体。农业园区只是农业经营的一种方式，园区肯定是由某个主体经营的。如果它由企业经营，那就归入农业企业；如果它由农户经营，就归入家庭农场。所以，我认为新型农业经营主体应该是两个，即家庭农场和农业企业。这二者截然不同：一是经营规模大小不同；二是劳动力构成不同，家庭农场以家庭劳动力为主，而农业企业以雇工为主。根据2015

年中央一号文件以及中共中央办公厅、国务院办公厅颁发的《深化农村改革综合性实施方案》，新型农业经营主体是四个：家庭农场、专业大户、农民专业合作社和农业产业化龙头企业。

什么是新型农业社会化服务体系？新型农业社会化服务体系是指建立以政府、农业科研单位、农民民间组织、农村供销合作社和涉农企业为主的农业服务网络。农民，尤其是新型农业经营主体在进行农业生产的过程中，需要购买化肥、农药、种子、农业机械、地膜等农业生产资料以及农业技术指导，而这些需求仅靠某一个机构来提供是很难满足农业经营主体需要的。因此就需要多种机构和部门联合起来形成一个服务体系共同为农业经营主体服务，这个服务体系就叫新型农业社会化服务体系。新型农业社会化服务体系应该由以下几个方面构成：

一是政府，政府部门中有农技站、植保站、兽医站、园艺站等专门为农业服务的部门，而且这个机构从国家农业部到乡镇政府都存在。虽然这些机构多数已划为事业单位，但他们依然由政府拨款、政府管理，所以他们应代表政府为农业经营主体服务。

二是农业科研单位，如农业大学、各级农科院等，不仅要研究各种农业科学技术，还要将研究出来的农业科学技术推广出去，所以他们有农业科技推广的职责。

三是企业，如各种农资经营企业、农机销售企业、农业咨询企业、庄稼医院等。这些企业多数是民营的，也是经营积极性最高的农业社会化服务机构，也是目前最有动力和活力的农业社会化服务机构。他们为农业经营者提供了化肥、农药、种子、农业机械、地膜等农业生产资料以及农业技术指导。

四是民间组织，如农业科技协会以及一些公益性的社团组织。

五是农村供销合作社，在 20 世纪六七十年代，它曾是农业社会化服务的主力军，不仅为农业生产者提供农资，还收购农民生产的农产品。后来这两项功能都弱化了，尤其是收购农产品的功能几乎没有了，现在只剩下销售农资的功能了，而且由于民营农资企业的迅速发展，它的市场份额也缩小了。

二、新型农业经营体系替代旧体系的缘由

(一)旧的农业经营主体已经严重阻碍了农业生产的发展

所谓旧的农业经营主体是指20世纪80年代初期实行家庭联产承包责任制后形成的经营主体——农户,这种农户在我国有2亿多,也就是说旧的农业经营主体有2亿多。旧主体的突出特征是经营规模小。这些旧主体已经严重阻碍了农业的进一步发展,主要表现在以下两个方面。

1. 旧的农业经营主体缺乏经营积极性

旧的农业经营主体之所以没有经营积极性,主要是因为对于大部分农户来说其收入的主要来源已经不是农业了,而是农业之外的收入。农业之外的收入主要有三个方面:(1)打工。中国的农民工目前有2.8亿,平均每个农户有一个打工者。每个打工者每个月工资按2 500元计算,一年可以收入3万元。而我国户均6亩地,3万元是6亩粮食利润的10倍左右。也就是说,一个农户只要有一个打工者,其农业收入就只占其家庭收入的十分之一左右,农户咋可能对经营农业有积极性?!(2)经商。这里包括开办商店、酒店、工厂等,农民开办的各类企业约4 000万个。(3)财产性收入。如郊区附近农民的房租收入、土地租金收入等。(4)转移性收入,如政府的各种补贴,在外工作的子女给农村父母的赡养费等。

由于农业收入只占家庭收入的一小部分,所以,很多农户不愿意在农业投入过多的时间和精力,也不追求产量和质量,导致土地资源不能得到有效利用,实际上是浪费了大量土地资源。

20世纪80年代,农户之所以经营积极性很高,农户经营成为农村改革成功的主要标志,是因为当时农民的主要收入来源主要来自农业,打工、经商的机会很少,其他收入来源也很少,农民只能一心一意搞农业。而30年后的今天,社会环境发生了重大变化,农民的收入结构也发生了重要变化。所以,农民没有了经营农业的积极性。

2. 旧的农业经营主体对农业科技没有兴趣

农业的竞争靠科技,但绝大部分小农户对现代农业科技很漠视,在农村

搞个技术培训班,常常要给农民发一袋化肥或两袋洗衣服,甚至五十块钱吸引他们参加培训。因为规模小,是否采用科学技术对收入都没有太大的影响。我曾经问一个农民为什么不参加村里举办的“鸡的科学饲养培训班”,她反问我:“我才养了三只鸡,再科学饲养,三只鸡一天能下四个蛋不?”

我国耕地面积在不断减少,人口却在不断增加,如何用越来越少的耕地养活越来越多的人口?只有一个办法——提高单产水平,而提高单产水平,一靠科技,二靠农民的积极性。那么,如何才能激发农民的积极性以及使农业科技得到推广呢?只有实现规模化经营,才能解决这个问题。假如让一个农民养5万只鸡,种300亩地,他肯定全身心投入经营活动,并且千方百计寻找科学技术。因为,养5万只鸡有没有科学技术,经济效益会有巨大差异。

中央提出了四个新型农业经营主体:家庭农场、专业大户、农民专业合作社和农业企业。这四个主体表面上看,是完全不同的,但有一点是共同的:经营规模都比较大。只要规模大,农民就会认真经营并乐于采用先进的农业科学技术。基于此,我们要用新主体逐渐替代旧主体。

(二)旧的农业社会化服务体系已经不能满足农业生产经营者的需要

旧的农业社会化服务体系是指在20世纪50~70年代建立的从国家到乡镇的农业科技推广体系,也就是各级农业部门分管的农技站。这种农业科技推广体系在人民公社时代曾发挥了良好的农业科技推广作用。主要是这种体系能够和生产队的集体生产相对接。后来实行农户经营后,这种体系与农户很难对接。作为农技人员,付出了劳动,既无法从农户收取费用(因为农户不愿付费),政府也无法给予相应的经济报酬。起初是政府财力不足,没有足够的经费支付报酬;现在虽然有资金了,但农技人员给农户的服务数量和质量难以考核,因此也难以支付报酬。因为缺乏有效的激励机制,农技人员没有服务的积极性。虽然这个体系至今依然存在,但不能为农业生产经营者提供有效的服务。然而,农业生产经营者需要在新品种、新技术方面给予指导,需要在农产品市场信息和农产品市场营销方面给予帮助,因而就需要建立新的农业社会化服务体系,以满足农业生产经营者对农业服务的需要。

新的农业经营主体需要替代旧的农业经营主体，新的农业社会化服务体系需要替代旧的农业社会化服务体系。总而言之，新的农业经营体系需要替代旧的农业经营体系。

三、新型农业经营体系中新型农业经营主体的培育

新型农业经营主体是新型农业经营体系的重要构成部分，所以要构建新型农业经营体系，必须培育新型农业经营主体。根据2015年中央一号文件以及中共中央办公厅、国务院办公厅颁发的《深化农村改革综合性实施方案》，新型农业经营主体是四个：家庭农场、专业大户、农民专业合作社和农业产业化龙头企业。下面分别阐述一下如何培育这四个新型农业经营主体。

（一）家庭农场的培育

要培育家庭农场，必须要明确家庭农场设立的条件，这样农民才有为之努力的方向。我们认为，家庭农场应该具备三个条件：

1. 适度规模

规模过小，就依然属于旧的经营主体。规模过大，家庭劳动力就不够用，因为家庭农场必须以家庭劳动力为主；另外，规模过大，管理难度也增加了，多数农民不具备这样的管理能力。那么，适度规模应该是多大呢？我本人认为适度规模应该符合两个条件：一是家庭农场中主要劳动力的纯收入等于或大于城镇职工的平均收入；二是依靠家庭主要劳动力能够让农场正常运行。这两个条件是确定家庭农场规模的依据。我们查看了陕西省家庭农场规模的条件：种植粮食，关中和陕南100亩以上，陕北200亩以上；种植果树30亩以上；种植蔬菜20亩以上；养猪300头以上；养羊200只以上；养牛100只以上。以每个家庭农场夫妻两个劳动力计算，按以上产业五年的平均利润核算，这样的规模能够使家庭农场中夫妻的纯收入等于或大于城镇职工夫妻的收入，而且这样的规模，夫妻两个劳动力基本可以使其正常运行。

2. 家庭劳动力为主

家庭农场，顾名思义，应以家庭劳动力为主。根据农业部对家庭农场的

解释，家庭农场不允许有长期的雇工，但可以有短期雇工。陕西省规定：家庭农场可以有短期雇工，也可以有长期雇工，但长期雇工的数量不能超过家庭主要劳动力的数量，比如，家庭农场自己有两个劳动力，那么雇佣长工的数量最多为两个，不能超过两个。

3. 一业为主

根据农业部的要求，一业为主指 1 ~ 2 个产业，一般不超过 3 个产业。因为产业过多，势必无法精通，农产品的数量和质量都无法保证，必然造成农业资源的浪费，这将与设立家庭农场的初衷相违背。如果只经营一个产业，必然精通这个产业，就能提高农产品数量和质量，使农业资源得到充分利用。

农业部对家庭农场有指导性的意见，但由于我国幅员辽阔，各地自然条件差异很大，所以，允许各地制定本地区的家庭农场标准。当地农民只要符合本地区家庭农场标准，就可在当地有关部门注册家庭农场。

如何培育家庭农场呢？一是及时公布当地家庭农场标准，让农民有据可依，并有努力的目标；二是基层政府应在土地流转方面给予协调和帮助，促进有建立家庭农场意愿的农民能够获得足够的土地；三是为家庭农场提供公共服务，如道路的铺设、水电的配套、农业科技的指导等等；四是资金扶持，对于发展好的家庭农场应给予项目资金支持，并鼓励银行在贷款方面给予家庭农场一些优惠政策。

（二）专业大户的培育

专业大户是指从事某一农业产业且规模较大的农户，而且所从事的农业范畴一般在种植业和养殖业。如何培育专业大户呢？

1. 科学选择农业项目

相对于小农户，专业大户在选择项目方面应坚持以下几个原则：(1) 人无我有，如五彩土豆、微型黄瓜、双矮苹果等。因为这些农产品市场上没有或者很少，上市后往往能获得较好的收益。(2) 人有我优，比如有机大米、红心猕猴桃、薄皮核桃等。因为只有你的产品比普通农户优质，价格才能高于普通农户。如果专业大户的农产品价格与普通农户一样，往往难以逃脱亏损的命运，因为普通农户土地没有租金，自己的劳动力不计算报酬，而专业大户土地是租来的,还要雇佣许多劳动力,其成本比普通农户高的多,如果在农产品价格方面不能高于普通农户就有可能亏损。

政府或者农民专业合作社应在农业项目选择方面给予专业大户指导和帮助。

2. 科学营销农产品

市场营销已成为一门体系化的科学。而农民对诸多的科学方法基本上都不了解,更谈不上掌握和运用。落后的营销方法严重制约了农产品的销售和农民增收。

作为小农户,是否科学营销影响不是很大,因为他们的农产品数量较少。但专业大户就不同了,农产品数量多,且成本高,如果不科学营销,收入就比较少,甚至亏损。那么如何帮助专业大户科学营销农产品呢?

一是对专业大户进行农产品营销技能的培训,政府聘请市场营销专家或市场营销经验丰富的职业经理为专业大户进行营销知识和技能培训,提高他们科学营销的能力。

二是政府邀请营销专家帮助专业大户进行农产品营销策划,或者由专业大户聘请专家策划,政府给予一定资金补助。

三是学习典型案例,由政府组织或专业大户自己到农产品营销做的比较好的企业或地方学习。如陕西省武功县农产品电子商务做的很好,就可以学习人家的先进经验,提高自己的农产品营销水平。

3. 科学管理

专业大户由于有一定量的雇工,所以如何管理雇工就显得比较重要。但大部分专业大户缺乏科学管理的能力,所以政府或合作社就应该在科学管理方面对专业大户进行培训,或者组织他们到管理较好的企业、农场去参观、学习,提高他们的管理水平。

(三)农民专业合作社的培育

在各级政府的积极支持下,目前农民专业合作社的数量已经不少了,截止 2018 底,全国的农民专业合作社已经达到 207 万之多,但关键是运行良好的合作社很少。那么如何让农民专业合作社健康持续发展呢?

1. 农民专业合作社应提高服务的数量和质量

社员们参加合作社是奔着利益而来的，如果合作后不能获得更多的利益，那么合作社对社员就没有吸引力。那么如何才能让社员获得更多利益呢？从目前来看，最直接和简洁的方法是在农产品品牌建设和农产品市场营销方面入手，能把农产品卖个好价钱，让社员获得更多利益，合作社就有吸引力和凝聚力。这是合作社发展的持久动力。

2. 完善农民专业合作社的民主机制

（1）最高权力机构。会员大会是农民专业合作社最高权利机构，一般每年召开一次。成员较多的农民专业合作社可以召开会员代表大会。在表决机制上，一般应规定会议必须由全体成员的 2/3 以上参加，决定事项需要参加人数的过半数通过，对于重大事项需要 2/3 以上参加人员通过。

（2）管理机构。一般规定设立理事会，作为合作社的经营管理决策机构。

（3）监督机构。一般设立监事会，代表全体成员监督和检查理事会的工作。

（4）日常运行管理部门。对于规模比较小的组织，一般由理事会负责日常的各项工作。但对于规模比较大、业务内容较多的组织，则在理事会下设立总经理及若干个部门，负责日常事务。

3. 完善农民专业合作社的利益分配机制

对外来资本和社会资本实行按股分红，合作社内部则实行按交易额返还。让每个社员，包括合作社负责人获得合理的收益。利益的不合理分配，可能导致合作社解体。中国人有“不患寡而患不均”的思想，其实，这里的均，不是一定要平均，而是要合理。

4. 提高合作社管理水平

对农民专业合作社主要负责人进行管理能力培训，提高他们管理合作社的水平，尤其是提高他们对社员的凝聚力。

5. 对合作社分级管理

对农民专业合作社应分级管理，事后激励，鼓励农民专业合作社升级晋档，对发展好的合作社进行奖励，引导和激励更多合作社朝好的方向发展。

（四）农业企业的培育

农业企业分为三种：一是直接从事种植业、养殖业的企业；二是农产品加工企业；三是将第一、二、三产业融合在一起的企业。

对于第一类农业企业，政府应该采取“不支持、不反对”的政策。不反对的理由是：企业按照市场法则从农民手里流转到土地，并按市场法则经营和获取利润，我们没有反对和限制的政策依据，每个个人和企业都有经营农业的权利和自由。不支持的原因是：一是企业的大规模经营，剥夺了更多农民经营农业的可能性，比如笔者曾调查了一家种植玉米和土豆的农业企业，其种植规模达22 000亩地，占到了一个乡镇50%以上的土地。如果按照一个家庭农场100亩计算，22 000亩地可以培育220个家庭农场，一家企业剥夺了220户农民成为家庭农场的可能性。所以，不应该鼓励这样的农业企业。二是农业企业规模过大，就为劳动力转移带来巨大压力。如果一个乡镇4万亩地，由两个企业全部耕种了，那就意味着该镇数万农民必须转移出去，这显然是不现实、不可能的。三是能够有资金经营几千亩地、甚至几万地的人，已经是社会上的富裕阶层了，政府不应该再以项目资金的形式几百万、几千万支持他们。政府有限的资金应该支持目前还不富裕、而且勤勉劳动的农民，这部分农民主要是家庭农场主。

第二类和第三类农业企业，政府应该给予支持。一是这两类企业所做的事情，一般农民是做不了的，因为投资很大，技术要求比较高，所以只能由他们去做；二是农产品加工企业的发展有利于带动第一产业的发展，从而有利于农民所生产农产品的销售以及农民增收，所以应给予他们支持。那么如何支持他们的发展呢？

1. 项目资金支持

政府设立相关的项目资金，对于优秀的农业企业给予资金扶持，帮助其做大做强。所谓优秀的企业，一是发展前景好，具有持续发展的潜力；二是管理规范；三是对农民增收致富具有较好的带动作用。

2. 信贷优惠

对于这类企业，一是降低贷款条件；二是政府担保，帮助企业从银行获得贷款;三是政府可以以贴息的办法,达到“四两拨千斤”作用,撬动更多金融机构资金,满足企业发展所需要的资金要求。

3. 税收优惠

这类企业的发展往往不仅仅关乎它们自身的生产和盈亏,还关乎农业的发展和农民增收,所以政府应积极扶持。扶持的方法之一就是税收优惠,通过税收优惠,让利于企业,促进企业发展壮大,然后企业对农业、对农民增收就有了更大的带动作用。

4. 配套设施建设

企业的良好发展还需要相关配套设施建设,如道路建设、水电和网络配套,甚至包括企业的社会治安环境建设等。

四、新型农业经营体系中新型农业社会化服务体系的构建

新型农业社会化服务体系是指建立以政府、农业科研单位、农民民间组织、农村供销合作社、涉农企业为主的农业服务网络。新型农业社会化服务体系是新型农业经营体系的重要组成部分。目前,农业社会化服务体系的单位和建制都有,只是缺乏活力和创新,无法满足农业经营主体的需要。所以,构建新型农业社会化服务体系,其“新”的内涵主要是激发其活力,从而形成有效的农业服务体系和网络。

(一)激活政府农业科技推广体系

各级政府都有农技站以及植保站、兽医站、园艺站、林业站等农业服务机构,但目前最大的问题是缺乏有效的机制调动农技人员的积极性,他们为农民提供的服务不多,质量不高。许多地方政府也做过积极尝试,如陕西省宝鸡市的“农业专家大院”、海南的“农业110”等。但至今仍没有一个在全国普适的,而且行之有效的机制。如何激活农业科技推广体系呢?笔者认为,应该把农业科技推广分为两类:一是便于市场化的服务,交给市场,把这部分服务从政府的服务中剥离出来,把相应的机构变成企业。他们与其他社会企业一样,公平参与市场竞争,由被服务者根据服务数量和质量给予服务者一定

的服务费；二是不便于市场化的服务，如动物防疫等，尽快研究考评细则，并制定出相应的奖惩措施。

（二）激励农业科研单位从事农业科技服务

农业科研单位主要指农业大学和各级农科所。我国大约有六十多所农业大学，每个省都有一个农业科学研究院，全国共30个，每个地市都有一个农业科学研究所，全国共300多个。目前农科院和农科所做的农业科技推广工作还比较多，但农业大学主要致力于教学和研究工作，对推广重视不够。应从以下几个方面激发农业科研单位为农业生产服务的积极性。

1. 设立农业科技推广专项经费和专项课题

在农业科研单位的经费预算中，专门单列出一部分经费，只能用于农业科技推广，敦促农业科研单位从事农业科技推广工作。另外，设立农业科技推广专项课题，鼓励有兴趣的科研人员申报，从经费上支持科研人员从事推广工作。

2. 给予农技推广人员应有的待遇

农业科研单位、尤其是农业大学的研究人员多数不愿从事推广工作的主要原因是待遇得不到保障。比如推广人员由于发表论文少，很难晋升职称；推广课题不能与研究课题享受同等奖励，等等。为此，我们认为应改革目前的机制。一是在职称晋升方面应向推广人员倾斜，单独制定晋升标准，不能用科研人员的条件衡量推广人员。西北农林科技大学每年从晋升指标中专门划出一部分指标给予农技推广人员，让推广人员与推广人员竞争，而不是与善于发表论文的科研人员竞争。二是对待农业推广成果应与农业科研成果同样的待遇。三是给予条件保障，如推广人员经常下乡，应在交通补助方面给予更多补贴等。

3. 鼓励和支持农业科技推广人员转让农业专利或参与农业经营

从政策上鼓励和支持农业科技推广人员转让农业专利，获取合理报酬。鼓励农技人员参与农业企业经营，或者为农户服务时收取服务费。

（三）鼓励民间组织为农民服务

民间组织包括农业科技协会、社会上的公益组织等。为了充分发挥民间组织的作用，应从以下几方面着手：

1. 经费支持

民间组织本来是自我服务、自我运行的组织，但对于能够积极开展活动，明显促进农民增收的民间组织，政府应给予资金扶持，帮助民间组织发展壮大，使其为社员提供更多、更好的服务。

2. 合理引导

有些民间组织缺乏合理引导，服务定位不明确，应该加以合理引导。如西北农林科技大学约有 100 多个学生组织，很多都是公益性组织，但他们常常不知道应该干什么？怎么干？老师们应该引导他们为农民服务。比如我指导的三农协会，12 年来为农民推广彩色红薯，帮助农民防治病虫害，在淘宝网帮助农民卖枣，等等，深得农民称赞。该协会被评为全国高校十佳社团。如果各个大学，尤其是农业大学的老师们能够合理引导公益性学生组织为农民服务，这将是很有潜力的一股力量。

3. 良性机制

民间组织是非营利性组织，为了保持其活力和动力，应有良好的运行机制。如农业科技协会内部，应实行积分制度，明确每个人的贡献大小，起码应对贡献大的人给予尊敬和给予某些方面的优惠政策。对于大学里的公益性学生组织，学校应给予荣誉奖励，至少给予一定的证明文书，鼓励更多的学生参与公益活动。

（四）焕发农村供销合作社的活力

农村供销合作社有场地、有人员、有网络，具有较好的体系基础，只是活力不足，服务内容萎缩了。农村供销合作社在农业现代化的过程中，应该再展风姿。

1. 构建农资营销网络

农村供销合作社应该在省、市、县、镇、村构建自己的农资销售体系和网络，实行统一门头、统一定价、统一配送、统一服务，把农村供销合作社打造成农资领域的“国美”“苏宁”。这样，不仅农民购买农资很便利，而且可以保证买到货真价实的农资，避免农资小店经常出现的坑农、骗农现象。

2. 构建农产品营销体系

农村供销合作社可以与农民签订农产品收购合同，打造农产品品牌。未来十年，将是农产品品牌化的十年。农村供销合作社可以利用自身实力较强，以及较好的网络系统，让农民按照农村供销合作社的要求生产农产品，并通过自己的网络体系将品牌化的农产品销往全国各地。这样既可以帮助农民销售农产品，自己也可以获得适当的利润。

3. 构建现代企业制度

农村供销合作社应按照现代企业制度建立自己的管理体系和机制。把每个人的贡献与自己的收入挂钩，调动职工工作积极性。对于新进员工实行聘任制，能者留，劣者淘汰，用大浪淘沙的办法选拔优秀人才。

农村供销合作社的目标是：把农民需要的农资送下去，把农民生产的农产品收上来，形成农资、农产品双向服务的模式。

（五）拓展涉农企业服务范围

涉农企业多数为民营企业，如卖种子、卖化肥、卖农药、卖地膜的企业，其优点是服务的积极性高，但目前最大不足在于服务范围狭窄。目前非常缺乏咨询类企业，尤其是市场行情分析类的咨询企业，导致农民常常盲目生产，形成“采蜜效应”，造成价格波动。而在国外就有许多市场分析和管理类咨询企业，如美国的兰德公司、麦肯锡公司等，帮助涉农企业。所以，我国急需培育和塑造一批服务于农业的咨询类企业。为了促进此类企业诞生和发展，政府应在资金、税收等发面给予优惠政策，弥补此方面的不足。

五、新型农业经营体系耦合

（一）新型农业经营主体与新型农业社会化服务体系的耦合

新型农业经营主体与新型农业社会化服务体系是新型农业经营体系的

两个重要组成部分,这两个部分能不能有效耦合,是新型农业经营体系成败的关键。

新型农业经营主体与新型农业社会化服务体系耦合的主动方应该在新型农业经营主体,如果经营主体不需要服务,服务方再热情也无济于事。只有经营主体需要服务,甚至愿意付费接受服务,新型农业经营主体与新型农业社会化服务体系才能有效耦合。那么,新型经营主体是否有接受服务的积极性取决于它是否有较多的盈利,而盈利的多少取决于经营的规模和农产品价格,所以新主体必须是规模化经营,并有较好的市场营销方法,或者政府在农产品价格方面给予保护。

(二)新型农业经营主体内部的耦合

新型农业经营主体家庭农场、专业大户、农民专业合作社和农业产业化龙头企业之间需要配合和协作,如家庭农场、专业大户需要与自己的合作社合作,才能在购买农资方面享受优惠;合作社社员之间有效合作才能建立农产品品牌;在病虫害防治方面相互合作,才能更有成效;家庭农场、专业大户与龙头企业合作,才有利于获得企业的服务。尤其是在农产品收购方面更是如此,如果他们能与企业签订农产品收购合同,则能解决家庭农场和专业大户销售农产品的困惑。所以,新型农业经营主体之间需要有效耦合。

(三)新型农业社会化服务体系内部的耦合

新型农业社会化服务体系包括政府、农业科研单位、农民民间组织、农村供销合作社、涉农企业为主等多个服务主体,这些主体之间也需要良好耦合。比如作为民间组织的农业科技协会就需要与农业科研单位建立良好的沟通和合作机制,只有这样,农业科技协会才能获取源源不断的农业科技新成果,更好为社员提供服务。政府与农业科研单位也需要密切联系,这样才能把农业科研机构的人才和成果引进到本地区,为本地区农业经营者服务;反过来,农业科研机构也需要政府牵线搭桥,才能更好为农业经营者服务。所以,新型农业社会化服务体系中的诸多主体也需要相互配合、相互协作。

刊于《理论探索》2016 年第 1 期

我国为什么要进口那么多粮食？

——《供给侧结构性改革背景下我国粮食进口问题研究》序

【这篇文章是我为王锐的专著《供给侧结构性改革背景下我国粮食进口问题研究》做的序。王锐为武汉轻工大学经济与管理学院副教授。】

古人云“民以食为天”。从古自今，“吃”一直都是人们的第一需要，也是头等大事。但是不同时代面临的具体问题不同，解决问题的方式也不同。

在漫长的自给自足经济时代，常常困惑人类的是食物不足，而我们解决的方式是勤劳劳作。人们通过劳作，尽可能生产出更多的粮食及其他食物，所以勤劳成为一种崇尚和美德。

在近代的商品经济时代，由于科技的飞速发展，土地的亩产水平以及农业生产效率极大提高，农产品变得相对充足甚至过剩，而我们面临的问题变成：农产品是自己生产还是购买别人生产的？别人卖给我们的农产品是否安全？

王锐的专著《供给侧结构性改革背景下我国粮食进口问题研究》就是探索和研究在我国农产品充足条件下为什么还要进口大量的粮食。不容置疑，目前我国的农产品是充足的，尤其是近三年（2015～2018），绝大部分农产品滞销，价格下降，甚至有人认为我国农产品已经过剩或严重过剩。但与此同时，我国却每年要进口大量的农产品，尤其是粮食。根据王锐在这本书中所提供的资料：2017 年我国小麦进口了 442 万吨小麦，大米 403 万吨，玉米 283 万吨，大豆进口量高达 9 553 万吨。

为什么我们要进口这么多粮食？主要有三个方面的原因：

一是价格因素，比如国外的玉米、大豆比我们的便宜，这对国内的加工企业来说，是非常有诱惑力的。每个企业都想降低成本，增加利润。所以，国内以粮食为原料的加工企业，如饲料企业、加工豆油的企业等，都很想进口国外的原料。

二是质量因素，比如我们进口的硬小麦做饼干等食品就比较好，而我国生产的小麦多数为软小麦,加工出来的饼干质量就差一些。所以,国内一些食品加工企业为了生产出高质量的食品,就需要进口小麦。大豆也是如此,国外大豆的含油量明显高于国产大豆。

三是资源因素,即进口国外粮食可以减少对我国土地资源的压力。就拿大豆来说,我们每年进口大约 9 000 万吨大豆,如果这些大豆要自己生产,按每亩地产量 1 000 斤计算,就需要 1. 8 亿亩耕地;如果按每亩 500 斤产量计算,就需要 3. 6 亿亩耕地。而我国多数地区,大豆亩产就是 500 斤左右。所以,进口 9 000 万吨大豆,可以节约土地资源 3 亿亩左右。

关于粮食进口带来的风险,历来是政府和专家关注的焦点。在《供给侧结构性改革背景下我国粮食进口问题研究》一书,对粮食进口风险也做了详尽阐述:进口风险既有内部风险也有外部风险。国内风险主要表现在是否能买得起,即外汇支付能力以及国内运输能力等;国外风险因素较为复杂,既有政治风险也有经济风险,政治风险主要表现在两国关系变化以及国外的经济政策等,经济风险主要是粮食价格波动、石油价格波动、主要产区的气候等,但是有些市场因素可以直接反映在国际粮食价格波动上。因此我国粮食进口的风险来源主要包括:外汇支付风险、国际禁运风险、来源地风险、价格风险等。

我认为粮食进口最大的风险是政治风险。如果一个国家尤其是一个大国大量粮食依靠进口,很容易受制于人,成为别人要挟的把柄,常常以此提出苛刻的条件。所以,中国人的饭碗要牢牢的端在自己的手里,尽量自给自足。如果不进口不行,也要尽量避免受制于人:一是要控制进口的数量,不能进口太多,更不能依赖进口;二是进口的国家不能单一,要多元化。

由于我国耕地面积的不断减少以及粮食需求的不断增加,粮食要完全自给还是有一些难度,尤其是农民种植粮食的积极性不高,这也就是我国近几年进口较多粮食的原因,尤其是大豆进口量每年达 9 000 万吨之多。但我们也在探索一些新的解决办法,如国家鼓励一些企业,尤其是国有企业在国外租地进行粮食生产,实际上就是利用国外的土地资源为中国生产粮食。当然,从经济效益的角度看,往往是亏损的,但从政治效益来看,是有必要的。

王锐在《供给侧结构性改革背景下我国粮食进口问题研究》一书中,更多地是从供给侧结构性改革背景下探索我国粮食进口问题，也就是说我国农业经营者如何进行农业生产结构性调整以应对粮食进口问题。比如，我国进口硬小麦比较多，原因在于国内硬小麦少，不能满足加工企业的需要，那么作为国内农业生产者就应该进行结构性调整，减少软小麦生产，增加硬小麦生产，这样就可以减少进口。再比如，我国大米数量充足，但还要进口泰国、日本的大米，原因是我国缺少优质大米，不能满足高端消费者的需求，这就给我国农业生产者一个重要的信息：我们也要生产优质大米，减少劣质大米的生产，即农业生产结构的调整。王锐在该书中多次提到：我国近几年每年进口大豆9 000多万吨，占到国内大豆需求量的80%左右。如何能减少大豆的进口？主要的方法是要提高国内大豆的竞争力，即提高单产和质量，这同样是农业供给侧改革的问题。王锐的这本书不仅对我国粮食进口问题进行了分析，更重要的是从农业供给侧角度指出了我国农业生产者发展和改进的方向。

关于粮食要不要进口？答案是显而易见的，适量的调剂余缺、优势互补是必要的。能不能大量进口粮食？答案也是显而易见的：不能。一是世界上没有那个国家能为近14亿人口的大国提供充足的粮食；二是即使有国家能为中国提供足额的粮食，我们也不能依靠进口，受制于人。所以，问题的核心是要控制粮食进口的度。到底控制到什么度比较好呢？许多专家一直在研究这个问题。有的说：粮食进口量应该控制在国内需求量的10%以内；有的说12%；也有的说7%。至今尚无统一的定论。也许要算得特别精确根本就是不可能的事情，就像我们个人吃饭一样，谁能把每天吃的饭计算得十分精准呢?!

我与王锐的相识是源于我2008～2013年在武汉轻工大学经济与管理学院担任特聘教授。王锐作为该学院的教师，经常主动到我办公室与我交流学术问题，包括对一些社会热点问题的思考，课题如何申请，论文的撰写，甚至一些人生哲学问题，最后变成了非常要好的朋友，所以时至今日我们依然保持联系和交流。她的执着和睿智让我了解到她是一批有追求、有思想、有智慧、有品德的老师。2014年王锐获批国家社科基金青年项目“基于风险与收益分析的我国粮食‘适度进口’问题研究”。她发表论文多篇，有的论文被中国人民大学复印资料《农业经济研究》全文转载。其实，大家看完这本《供给侧结构性改革背景下我国粮食进口问题研究》就能感受到她思考的深度以及严谨的研究态度。

包括粮食问题在内的中国“三农”问题是中国持续发展关键和瓶颈，也是世界顶尖级的难题。谁站在了中国“三农”研究的顶峰，也就站在了世界“三农”研究的顶峰。我认为中国“三农”问题研究是应该出几个诺贝尔奖的，因为它太难，因为它关系数亿农民。

基于机会成本视角下
蔬菜产销差价巨大的原因分析

一、引言

近几年来，蔬菜零售价格一直居高不下，虽然个别蔬菜价格也有波动，但总体来看，零售价格还是比较高的，这是从消费者的角度看的。而从菜农的角度看，蔬菜价格并不高，菜农的收入依然比较低。笔者调查发现，蔬菜的产销差价确实比较大。2014 年 2 月 16 日，西红柿在西安郊区菜地里的收购价为每公斤 4 元，而在西安市区蔬菜市场的零售价为每公斤 16 元；小青菜在西安郊区菜地里的收购价为每公斤 1 元，而在西安市区蔬菜市场的零售价为每公斤 6 元；大葱在西安郊区菜地里的收购价为每公斤 0.8 元，而西安市区蔬菜市场的零售价为每公斤 5 元。在南京市调查也是同样的结果。2014 年 3 月 10 日，韭菜在农民菜园子的价格为每公斤 2 元，而在南京市蔬菜市场的零售价为每公斤 5 元；空心菜在农民菜园子的价格为每公斤 2.4 元，而在南京市蔬菜市场的零售价为每公斤 8.4 元；苋菜在农民菜园子的价格为每公斤 5.8 元，而在南京市蔬菜市场的零售价为每公斤 17 元。其他各地的情况也大同小异。那么蔬菜价格产销差价为什么如此之大？本文将从机会成本的角度探究其内在根源。

二、蔬菜经营者的机会成本及其研究假设

（一）蔬菜经营者的机会成本

蔬菜经营者包括蔬菜生产者、收购商、运输商、批发商和零售商。批发商有一级批发商和二级批发商，有时还有三级批发商。蔬菜的每个经营者都有多种投资机会，从事蔬菜经营并非他们惟一的选择。就拿蔬菜生产者来说，他们可以种植蔬菜，也可以种植花卉，也可以栽果树、种粮食、打工，等等。如果他种植蔬菜，就放弃了打工的机会，而放弃这个机会是有代价的，这个代价就是他打工有可能获得的收入。假如打工一年可以获得3万元收入，那么他放弃打工机会的损失就是3万元。他放弃打工机会的损失也叫付出的代价或成本，所以这3万元也可以称为他放弃打工机会的机会成本。菜农在种植蔬菜之前，他肯定要做一番权衡和比较，种植蔬菜与打工以及种花卉、种粮食、栽果树等相比，哪个收入更高？如果种植蔬菜的收益明显偏低，那他绝不会选择种植蔬菜。只有他认为种植蔬菜的收益高于或至少等于从事其他行业的收益，他才愿意种植蔬菜。所以，菜农是否种植蔬菜，是以从事其他行业的收益作为参照，也就是以其他行业的机会成本作为参考。

蔬菜的收购商、运输商、批发商和零售商同样受机会成本规律的支配。比如蔬菜的收购商，他们专门负责把菜农的蔬菜收购后，卖给批发商，获取其中的差价。但是他们可以收购蔬菜，也可以收购水果或其他产品，同样的投入，他自然要比较相互的收益。如果他收购蔬菜的利润低于其他产品的利润，他就会放弃收购蔬菜。只有收购蔬菜的利润高于或等于收购其他产品的利润，他才愿意收购蔬菜。

蔬菜的运输商、批发商和零售商都有其机会成本，他们对经营蔬菜也有其预期收益，而预期收益的参照系就是他们的机会成本。

由于蔬菜供应链中每个环节的经营者都以其机会成本作为预期收益的目标，他们在给蔬菜加价时，又是以其预期收益为标准加价的。所以，蔬菜每经过一个环节，就被加价一次，使蔬菜价格越来越高，与最初菜农的销售价格比较，差距愈来愈大。

（二）研究假设

从理论上说，蔬菜经营者有多种选择的机会，也就有多种机会成本，但实际上，任何一个经营者并不是可以随意转行的，因为一个经营者在某一行业经营一段时间后，就积累了从事这个行业的经验和人脉关系，他要转到一个陌生的行业，没有经验和人脉关系，起初经营是很困难的。因而，虽然从理论上说，如果经营蔬菜的收益低于其他行业的收益，那么他就会转向其他行业。但实际上，只有经营蔬菜的收益过低，或低收益持续较长时间，他才会选择改行。如果只是短时间收益不高，或者只是比其他行业收益略低，他一般是不会选择转行的。

为了研究问题的便利，也为了更简明地说清楚机会成本对蔬菜产销差价的影响，我们做出如下几种假设：

1. 蔬菜经营者转向其他行业是没有技术难度的

只要他愿意，他随时可以转向其他行业。实际上，蔬菜零售商要转向其他行业，如转变成衣服零售商是有技术难度的，一是他对蔬菜了解，但不一定了解衣服；二是他要经营服装，不一定能立刻租到摊位，等等。

2. 蔬菜经营者转向其他行业不受人脉关系的影响

蔬菜批发商具有蔬菜行业熟悉的人脉网络，与谁联系、如何联系、诚信如何等，他是很了解的。如果转向其他行业，需要重新建立人脉关系，这需要一个过程。

3. 只要蔬菜经营者的收益低于经营其他行业的收益，他就会马上转向其他行业

在以上的假设条件下，蔬菜经营者自然要求经营蔬菜的收益不低于经营其他行业的收益，否则他就会转行。蔬菜经营者在蔬菜流通的每个环节的加价幅度必然是以其机会成本作为依据和参照，而加价的目的就是使他们经营蔬菜的收益不低于经营其他行业的收益。

三、蔬菜零售商的机会成本对蔬菜产销差价的拉动

2014年4月笔者曾对陕西西安、咸阳、宝鸡、杨凌等市区的200多位蔬菜零售商进行了调查，探寻蔬菜产销差价巨大的原因。结果发现：蔬菜零售商较高的机会成本是导致蔬菜产销差价巨大的主要原因。

下面是笔者在陕西杨凌一个蔬菜市场与一个芹菜零售摊贩的交谈，以此可窥蔬菜产销差价巨大的秘密。

问：“我们昨天在附近的菜地里调查发现，芹菜的收购只有每公斤0.8元，为什么你这里的零售价竟然高达每公斤4.2元？”

商贩：“其实我们并不关心蔬菜的产销差价翻了几倍，我们只关心我们每天能赚多少钱。就拿我来说，主要卖芹菜，每天的销售量大约为60~80公斤，而我每天赚的钱必须要超过200元，所以，每公斤大体要赚3元多，因此收购价0.8元，零售价就变成4.2元。”

问：“你为什么给自己制定的赚钱目标为每天200元？”

商贩：“因为我们村的青壮年劳动力外出打工的收入大约为每天200元。如果我卖菜赚不了200元，那我就不卖菜了，我也会跟他们去打工。如果卖菜的人少了，蔬菜市场的菜价自然会提高，直到有人愿意留下来卖菜。当然，菜价也不可能太高，如果卖菜的人每天能赚400~500元，那些打工者也会回来卖菜，卖菜的人多了，菜价自然就会下降。只有卖菜的人与打工的人收入基本持平，卖菜的人数就会保持基本稳定。”

问：“如果你的菜卖的太贵，卖出去的数量就会减少，会不会影响你的利润？”

商贩：“价格当然会影响销售量，但不会影响我的总利润。比如，我的芹菜曾卖到每公斤8元多，销售量由每天60~80公斤下降到30~40公斤，但每公斤的利润由3元涨到6元，总利润还是每天200元。”

问：“这200元利润是否包含市场管理费、运输费等费用？”

商贩：“我们这个市场管理费不高，每天10元左右。蔬菜的运费也不高，基本上都是用自己家的机动三轮车运输蔬菜，三轮车耗油也就20元左右。

200 元是除去市场管理费、运输费等费用以后的利润。我们村也有人在西安蔬菜市场卖菜，由于市场管理费、运费高比较高，中间还有几道批发商，蔬菜的产销差价就会更大。”

通过对其他蔬菜商贩的访谈，其结果基本是相同的。蔬菜零售商在批发价基础上加价时，其原则就是要获得他们的目标利润，至于加了多少钱，价格翻了几倍，他们是不考虑的。而他们的目标利润就是他们的机会成本，这个机会成本就是他们村农民工的平均收入，因为他们既可以卖菜，也可以打工，如果卖菜的收入明显低于打工的收入，他们自然会放弃卖菜而去打工。只有卖菜的收入基本等于打工的收入，他们才愿意持续做这个行业。由于卖菜者的机会成本，即打工者的收入不断增加，所以，卖菜者对利润的期求也不断提高，导致蔬菜产销差价不断拉大。

四、蔬菜批发商机会成本对蔬菜产销差价的推动

在一些小城镇，蔬菜零售商往往直接从蔬菜生产基地购买蔬菜，然后自己运到市场销售，中间环节很少，所以蔬菜价格相对便宜。在大中城市，蔬菜从生产基地到蔬菜零售商，一般要经过几道程序：生产基地→收购商→一级批发商→二级批发商→零售商。每一道程序都要加价。他们都要获得他们期望的利润。从一级批发商来看，每公斤蔬菜加价较少，但他们获得的总利润不少，因为他们批发蔬菜的量很大。二级批发商加价较多，因为他们批发的量较少。

无论是一级批发商还是二级批发商，他们加价的原则都是以他们的机会成本为基础。他们在批发蔬菜的过程中，要投入一定量的资金和人力，当然，这些资金也可以投入到别的行业，如餐饮、建材、商铺，等等，这些资金和人力有多种投资机会。如果批发蔬菜赚的钱比别的行业少，那么他们就会放弃经营蔬菜，改行去从事利润更高的行业。所以，他们在给蔬菜加价时，加价的多少是以投资其他行业的利润作为参照，也就是以其机会成本作为参照。假如，把 100 万元投资到酒店，每天可以赚 2 000 元，那么他现在把 100 万元投资都蔬菜批发经营中，自然也期望每天赚 2 000 元或更多，所以他就要计算，

每公斤蔬菜加价多少才能赚够他期望的2 000元。至于加价后蔬菜价格是否过高以及是否会损伤消费者的利益,他们则很少考虑。

在大城市,由于蔬菜从生产者到消费者之间要经过几道批发环节,而每个批发环节的经营者都要获得他们期望的利润,所以蔬菜被不断加价,蔬菜价格便一路飚升。例如,2009年1月,大白菜在内蒙古产地的售价只有每公斤0.24~0.3元,但在内蒙古省会城市呼和浩特的蔬菜市场,每公斤大白菜竟然卖到1.9~2.3元(新农网,2009),是产地价格的8倍。市民根本感觉不到菜农“卖菜难”的困惑以及产地低价带给他们的实惠。作为经销商而言,无论产地的白菜多么便宜,他们都要加一定的价格,这个加价的幅度必须要让他们获得期望的利润。否则,那怕白菜都烂到地里,他们也不会收购和批发白菜。

五、蔬菜运输者机会成本对蔬菜产销差价的助推

对于小商小贩来说,蔬菜的运输一般由自己解决,他们有自己的运输工具,如人力三轮车、机动三轮车、小货车或较大一点的卡车。自己装卸蔬菜,自己开车。当然,运输蔬菜的成本自然要计算在蔬菜经营成本中去。

对于较大的蔬菜经营者,如收购商、批发商等,往往自己不会亲自运输蔬菜,而是把蔬菜运输交给专门的物流经营者。蔬菜的物流经营者基本分三类:第一类是专门的物流公司,拥有庞大的车队,专门负责运输各种物资,包括蔬菜;第二类是运输个体户,自己买一辆或几辆货车,每天把车停放在城市的特定位置等待客户,这些地方往往聚集了大量的货车,运输价格没有统一标准,双方当场议价;第三类是兼职运输农户,这些农户拥有自己的运输车辆,但并不是专门搞运输的。这类农户又分两种情况:一是车辆以自用为主,在自己不用的情况下,为别人运输物资;二是购买车辆就是为了跑运输挣钱,但又不是专门从事运输行业,平时也种地、打工等,有人雇车,就去跑运输,这类农民拥有的运输车辆一般都是小型货车,车辆成本不高,车辆闲置后损失也不大。

对于专门从事运输行业的人来说,他们不在乎运什么,而在乎运什么能获取更大的利润。他们可以运输的物品很多,也就是说,有多种选择。他们

总是选择利润最大的物品去运。当然，蔬菜是他们可以选择的运输物品之一，但在承运之前，他们要做一番权衡：同样的物品吨位和体积，同样的运输距离，谁给的运输费用更高？也就是说，在选择运输蔬菜之前，他们要和他们放弃的其他运输机会的利润进行比较，即与他们的机会成本比较。只有运输蔬菜所获得的利润与运输其他物品的利润相当，他们才有可能选择运输蔬菜。至于蔬菜由于运费增加，蔬菜价格又会涨多少，他们是不关心的。市场经济条件下，每一个人都在追求自己的利润最大化。

由于蔬菜的比重小，蔬菜单位重量的运输费用常常比较高。比如同样是容量10立方米的卡车，如果运输钢板，可以装载78吨。假设运输距离是200公里，运费是1 000元，那么每公斤钢铁的平均运费是0.013元。如果运输白菜，10立方米容量的卡车大约只能装载3吨，假设运输距离和运费不变，那么每公斤白菜的平均运费是0.333元。每公斤白菜的平均运费是每公斤钢铁平均运费的26倍。毫无疑问，高昂的输运费用推高了蔬菜价格，但作为承运商来说，他们也只收了与其他货物同样的运费。

另外，蔬菜价格与其他物品比较，相对较低，因而既是单位产品加上相同的运费，蔬菜价格似乎被提高了很多。比如，一公斤衣服加上2元运费，而一公斤衣服的价值几百元、甚至上千元，几乎对衣服的价格影响不大。如果一公斤芹菜加上2元运费，那么芹菜的价格就会被提高很多。

因此，蔬菜运输商在其机会成本支配下所决定的蔬菜运输费用再次拉大了蔬菜产销差价。

六、蔬菜收购商机会成本对蔬菜产销差价的拉大

蔬菜的收购商专门负责收购菜农的蔬菜，然后转卖给蔬菜批发商，从中赚取差价。当然，有的批发商直接从菜农那里收购蔬菜，收购与批发合二为一。另外，还有一种是委托当地的经纪人代收，给予一定的代收佣金，代收佣金一般是以每公斤蔬菜多少钱计算，如土豆的代收费用一般为每公斤0.1元，芹菜的代收费用为每公斤0.04～0.1元，西红柿的代收费用为每公斤0.08～0.12元等（蔬菜商情网，2014）。

无论是专门的收购商还是代收的经纪人，他们都有其机会成本，因为他们都有多种选择。比如收购商，他们可以收购蔬菜，也可以收购水果，甚至可以收购废纸等等。他们选择收购蔬菜，就放弃了收购其他物品的机会，也就放弃了收购这些物品可能带来的收益。如果收购蔬菜所获得的利润远远低于收购其他物品所带来的利润，那么他们是不会选择收购蔬菜的。只有收购蔬菜所获得的利润高于、至少与收购其他物品利润相当，他们才会选择收购蔬菜。所以，他们收购蔬菜的利润期望值是以收购其他物品可能获得的利润作为参照，以他们放弃其他经营机会的机会成本作为参照。

由于蔬菜收购商是按照其机会成本来决定收购每公斤蔬菜加价的幅度，因此，蔬菜价格又被收购商再次加高了。

七、菜农零机会成本是蔬菜产销差价巨大的根源

菜农有两个机会成本，第一个是蔬菜种植之前的机会成本，第二个是蔬菜种植之后的机会成本。菜农在种植蔬菜之前，他有多种选择，可以种植瓜果，也可以养猪养鸡，他可以打工。因为他有多种选择，也就有多个机会成本。此时，他的机会成本还是比较高的。如果他最终选择种植蔬菜，那肯定是他认为种植蔬菜的预期收益高于、至少等于从事其他行业的收益。然而，一旦他种下蔬菜，他的机会成本就迅速变成零了。因为蔬菜种上以后，无论价格如何，都无法更改，只能依照市场行情卖出去。如果恰逢该品种蔬菜供过于求，价格低迷，他也只能低价出售。据 2011 年 12 月 20 日《三秦都市报》报道，西安市长安区农民刘占文 2011 年种植萝卜 200 亩，等到萝卜成熟时，收购价只有每公斤 0.24 元，已经严重亏损，但他还在销售，毕竟还会有些收入；然而，过了两天，收购价降到每公斤 0.16 元，这样的价格不仅无法收回萝卜的生产成本，连萝卜采运成本都无法收回，所以，他便放弃采收，让村民和市民免费在自己的萝卜地里拔萝卜，约 50 万公斤萝卜被免费拔光。这时，他的机会成本已经降到零了，因为如果他放弃采收，收益是零，如果他采收和卖萝卜，所卖的钱还不足以补偿雇佣采收工和运输萝卜的费用，收益反而是负值了。二者相互权衡，“两害相权取其轻”，他最终选择放弃采收。

蔬菜及其他农产品与工业品比较，最大的特点之一就是不能长时间存储。比如，蔬菜今年的价格不好，就不能把蔬菜存放到第二年销售，一是存储这么长时间在技术上有难度，二是即使技术上没有问题，存储成本也很高，无法与第二年的新鲜蔬菜竞争。而钢铁、煤炭、服装等工业品，存储技术简单，如果现在价格不好，可以存放几个月、甚至几年，等价格涨高了再销售。由于蔬菜及其他农产品的这种独特性，蔬菜一旦生产出来了，就必须销售，无论价格高还是低。在供过于求的状态下，菜农的心理预期甚至低到机会成本为零的程度。他们不敢期求能收回生产成本，只要卖菜的收入扣除采收的费用之后，还有盈余，哪怕这个盈余只比“零”多那么一点点，他就愿意采收和销售。

由于菜农种植蔬菜之后的机会成本很低，且无力改变。所以，蔬菜在菜田的价格有时非常低，但终端的零售价格往往依然较高，造成产销差价十分巨大。

那么，为什么蔬菜在菜地的价格很低，而在零售市场的价格却并不低呢？原因在于菜农的机会成本虽然降到零，愿意低价销售蔬菜，但批发商、零售商和运输商的机会成本并没有改变。如果他们经营蔬菜得不到他们期望的收益，他们就会放弃经营蔬菜而去从事其他行业，他们始终有多种选择。只有蔬菜购买者愿意接受他们层层加价之后的蔬菜，他们才会继续经营蔬菜。作为消费者来说，无论蔬菜价格高低，都必须购买，因为人不吃菜是不行的。当然，价格比较高时，可能会减少购买的数量。作为蔬菜经营者，发现销售量少了，他们的利益受损，他们会再次抬高价格，直到达到他们期望的收益。

八、结论与对策

（一）结论

蔬菜产销差价之所以很大，是因为菜农的机会成本为零，无论蔬菜价格高低，都必须出售，而蔬菜的收购商、运输商、批发商和零售商的机会成本依然较高，因为他们始终都有选择的机会：经营蔬菜或不经营蔬菜，其机会成本就是他们经营其他行业的收益。如果经营蔬菜所获得的利润明显低于经营其他产品所获得的收益，他们会毫不犹豫放弃经营蔬菜。只有经营蔬菜所获得的利润至少与他们放弃其他经营机会所获得利润相当，他们才愿意经营蔬菜。蔬菜经营者在按照他们的机会成本不断给蔬菜加价，导致蔬菜价格不断升高，从而使蔬菜零售价与产地出售价之间的差距愈来愈大。

（二）对策

1. 农超对接

为了缩小蔬菜产销之间的差价，农超对接是比较有效的方法之一。农产品与超市直接对接，可以减少中间环节。每减少一个环节，就减少一个通过加价获取利益的牟利者，从而使蔬菜的产销价格差额缩小。菜农可以获得相对较高的收益，消费者可以买到比较便宜的蔬菜。

另外，通过农超对接，也可以减少菜农生产的盲目性，因为农超对接后，超市为了保证蔬菜供应的稳定性和连续性，一般要与菜农签订供应合同，这样菜农就可以按照合同生产，避免了生产的盲目性。

2. 农社对接

农社对接，指的是由农户向社区的消费者直供农产品的新型流通方式。由于减少了收购商、一级批发商、二级批发商、零售商等中间环节，流通环节的成本明显减少。据笔者调查，农社对接后，菜农的收入大约增加20%，而蔬菜的零售价下降25%～30%。

社区居委会及业主委员会应积极为农社对接提供有利条件。如为蔬菜销售提供场地、农户在办理相关手续时给予协助和便利等，促进农社对接销售模式的发展。

3. 农校对接

“农校对接”即农产品与高校食堂直接对接，高校食堂需要什么，农民就生产和供应什么，既可避免农民生产的盲目性，稳定农产品销售渠道和价格，同时，又可减少流通环节，降低流通成本，为高校节省开支。

目前，农校对接的难点在于高校后勤部门积极性不高。所以，高校主管部门及高校的主要负责人应积极推进农校对接工作，从而提高农民收入，降低大学生生活费开支。

【王恒、王征兵、彭洁三人合著】

刊于《农村经济》2015年第9期

机会成本下水稻种植的合理规模

——以江西省抚州市临川区何岭村为例

一、水稻种植者的机会成本

所谓机会成本就是放弃某种机会所付出的代价。作为水稻种植者的农民，有多种赚钱谋生的路径或机会，例如他们可以进城打工，可以经商等。如果他们放弃打工的机会，而选择种植水稻，那么他们的机会成本就是打工的收入。农民择业的机会越多，他们的机会成本也越多。

2009 年初，我们对江西省抚州市临川区荣山镇何岭村水稻种植者的机会成本做了调查。选择该村做调查的主要原因有两个：一是该村绝大多数农民要么种水稻，要么打工，只有两种择业机会，机会成本只有一种。相对来说，容易进行比较。二是该村越来越多的农民选择进城打工，愿意种植水稻的农民越来越少。因此有必要研究水稻种植规模需要扩大到什么程度，种植水稻的农民才与进城打工农民的收入就相当。种植水稻的农民能安心种植水稻，把种植能手稳定在水稻生产上。

何岭村 200 多户，人口接近 1 000 人，青壮劳动力近 500 人，其中外出务工人员 240 余人。耕地面积 2 000 余亩，主要种植水稻。2008 年全村农民人均收入 4 270 元。

随机抽取 100 名打工者调查，他们的平均收入为 16 250 元/年。作为该村的水稻种植者而言，他们放弃打工机会的代价是损失了一年收入 16 250 元，也就是说他们的机会成本是 16 250 元。让他们不能安心种植水稻的根本原因也在于此。

二、水稻种植者的收入

何岭村的水稻种植主要是早稻和晚稻两个品种，何岭村种植的早稻主要是早籼稻，在 2008 年的国家粮食中心的最低收购价格是 92 元/100 斤，企业的收购价格基本与粮库的收购价格持平。在 2009 年初早籼稻的收购价格是 95 元/100 斤，而企业的收购价格则已经涨到了 97 元/100 斤。何岭村的晚稻种植品种主要是粳米稻，粳米在 2008 年和 2009 年的收购价格都是 97 元/100 斤，国家粮库的价格和企业的收购价格基本都在这个水平①。除了种植早晚稻外，何岭村还零星的种植了一小部分的优质稻，但是其数量只占种植水稻总数的一小部分，因此在这里就不做考虑。所以何岭村的水稻价格主要是分早晚稻的不同，在收购价格方面，国家和私人的收购价格基本保持了同步，因此水稻价格的测算按照国家的最低保护价格进行测算。

表 1　何岭村水稻成本—效益详表(2008 年)

指标(亩)	单位	数量
主产品产量	千克	500
产值合计	元	950
主产品产值	元	900
副产品产值	元	50
总成本	元	435
生产成本	元	435
化肥、农药、农机费用	元	110
人工成本	元	325
雇工费用	元	0
土地成本	元	0

① 朱险峰. 2008 年前三季度国际市场粮食价格情况及第四季度展望. 农业展望，2008 年第 10 期.

流转地租金	元	0
自营地折租	元	0
净利润	元	515
现金成本	元	110
现金收益	元	950
成本利润率	%	46
每50公斤主产品		
平均出售价格	元	97
总成本	元	435
生产成本	元	110
净利润	元	515
现金成本	元	110
现金收益	元	515
附		
每月用工数量	人	4
每亩主产品出售数量	公斤	500
每亩主产品出售产值	元	950
商品率	%	53
每亩补贴收入	元	15
每亩成本外支出	元	10

经过调查,2008年何岭村水稻平均每亩产量500公斤,水稻平均售价为90元/50公斤,每亩稻草价值50元,合计每亩产值950元。每亩成本435元(其中化肥、农药、农机费用110元,人工费用325元),每亩纯利润515元,详见表1。

以上是按一季稻计算的,该村一般为两季稻。两季稻的纯利润为:

$$515 \times 2 = 1030 \text{ 元}$$

三、水稻种植合理规模测算

1. 基本假设

（1）假设农民只有两种择业机会：种植水稻和打工，而且在二者之间必选一个。

（2）假设农民择业的考量因素只有经济收入，不存在其他非经济因素。

（3）本次测算以 2008 年数据为依据，所以测算结果假设农民打工收入和种植水稻收入不变。

2. 合理规模的界定

所谓水稻种植合理规模是指：种植水稻的规模使种植水稻农民的平均纯收入与打工农民的平均收入相等时的规模。

如果种植水稻农民的纯收入与打工农民的收入相当，那么种植水稻的农民就能安心种地，也就可以将种粮能手稳定在农业生产中。现在很多农民进城打工，主要是种粮收入太低，但要提高种粮农民的收入，主要是两条途径：一是扩大土地经营规模；二是提高粮价。短期内大幅度提高粮价是不可能的，因而只有扩大土地经营规模。通过土地流转的方式，将土地集中到种田能手的手里，并使经营规模达到一个合理的度，这个合理的度就是种粮与打工所获得的收入基本相当。

3. 合理规模计算

2008 年何岭村打工农民的平均收入为 16 250 元，种植水稻农民的亩平均纯收入为 1 030 元，要让种植水稻农民的平均纯收入与打工农民收入相等，那么水稻的种植规模就应该是：

$$\text{合理规模} = 16250/1030 = 15.8 \approx 16\text{（亩）}$$

也就是说，当种植水稻的规模达到 16 亩时，种植水稻农民的纯收入与打工者的平均收入相同，种植水稻的农民就能安心种地，这样就把种田能手稳定在农业生产中了，粮食安全才有了保障。

需要说明的两个问题：

一、16 亩的规模是按一个劳动力计算的，就是说一个劳动力一年种植 16

亩水稻所获得的利润与一个打工者一年所获得的收入相同。如果一个农户有两个劳动力,那么这个农户的合理种植规模为32亩。如果这个农户家有3个劳动力,那么这个农户的合理种植规模为48亩。以此类推。

二、以上计算并没有考虑土地成本,我们假设土地是农民自己的承包地,不需要付租金。如果土地是租来的,必须要考虑土地的成本,那么每亩的纯利润就会显著下降。这时,一个种植水稻的农民如果还想获得与打工者同样的收入,就需要更大的规模。

四、确定水稻合理规模的意义

1. 为土地流转指明了目标

土地流转是农业发展的方向,但土地规模集中到多大比较合适呢?这是一个在理论上尚未解决的问题。本文以何岭村为例,确定的水稻种植合理规模16亩,为土地流转集中明确了目标。土地流转集中的目的是提高种田者的经济效益,将种田能手留在土地上。水稻合理规模的确定指明了达到此目的方法就是让水稻种植规模到达16亩。

2. 使农村人力资源各尽所能

过去,由于种田收入比打工低,农村人力资源盲目流向非农行业。如果种田与打工收入相当,那么农民在选择职业时,将重点考虑自己的特长,擅长种田的留在土地上,擅长打工者进城打工,而不再是利益的盲目驱使,这样就使农村人力资源各尽所能。

3. 粮食安全得到保障

如果将种田能手稳定在土地上,就能提高土地的使用效率,粮食产量就能不断提高,粮食安全问题就能得到解决。

4. 对其他农业产业合理规模具有借鉴价值

本文虽然以水稻种植为例测算合理规模,但对其他农业产业合理规模的确定也具有借鉴价值。其他产业或其他地区,可以按照本文的计算方法测算其他产业或其他地区的合理规模。

刊于《农村经济》2011年第3期

农业规模化经营,是天堂也是地狱!

最近几年,许多人看好农业发展前景,纷纷投资农业,而且经营规模比较大。这些人中包括房地产老板、煤老板、油老板等工商界企业家以及农村的种田能手。那么,农业真的是投资者的天堂吗?

其实,许多农业规模化经营者已经掉入农业的地狱。那么,他们为什么赚不到钱,反而赔钱呢?起初,他们发现一些农户经营某个项目赚钱了,就认为这是个好项目,如一个农户种了两个大棚的西红柿,每斤卖 3 元,一年赚了 6 万元,于是许多老板认为种植大棚西红柿是个好项目,纷纷投资大棚,种植西红柿。我就看到一个老板投资建了 300 个温室大棚种植西红柿,结果赔得很惨。

为什么同样是种植西红柿,农户能赚钱,而老板就赔钱了呢?农户之所以能赚钱,是因为农户不计算土地成本,土地是自己的,更重要的是不计算劳动力成本,夫妻两个人自己劳动,没有雇工。如果夫妻两个人每人每月按 2 500元计算工资,那么仅劳动力成本就 6 万元,那么农户种植西红柿也就没有利润了。而种植 300 个温室大棚的西红柿,土地要付租金,而且必须雇佣劳动力,因为仅靠夫妻两个人,劳动力是远远不够的,而雇佣劳动力是要付工资的,而付了土地租金和劳动力工资后,你的西红柿还是和农户一样,每斤卖 3 元,那你就很难赚钱了,难以逃脱进入地狱的命运。

那么,农业规模化经营如何才能获得利润,享受经营农业的快乐呢?其实只有一条:你的农产品价格要高于普通农户。然而,自己的农产品价格咋样才能高于普通农户呢?

一是你的农产品是优质的。如何才能使自己的农产品是优质的呢?第一,采用优良品种;第二采用科学的栽培技术,如生产有机农产品等。通过优质优价,使自己的农产品卖个好价钱。

二是进行科学营销。运用巧妙而科学的营销手段使自己的农产品卖个好价钱,比如爱情苹果、圣诞节的平安果等,其价格比卖给收购商高了许多倍。

所以,农业规模化经营,经营的好,就是天堂;经营不好,就是地狱。

蔬菜交易中不在意资金规律研究

——以杨凌蔬菜交易市场为例

一、引言

在蔬菜市场,经常发现一种奇特的现象:买菜的市民与卖菜的商贩常常针对某一种蔬菜的价格进行讨价还价,甚至唇枪舌剑,争论得很激烈。当然,这很正常,也符合经济学中“经济人”的假设;但是,当价格谈妥了,所交易的蔬菜也已称量,并计算出应付的金额,买菜者付款时,还常常会舍去应付金额的零头,例如,应付金额为30.2元,常常会舍去0.2元的零头,只付30元。舍去零头的提议,有可能是买者提出来的,也可能是卖者提出来的。2012年通过我们在杨凌康乐路蔬菜市场的调查,在200个舍去零头的案例中,68%是由卖者提出来的,32%是由买者提出来的,详见表1。但无论是买者还是卖者提出来的,多数情况下都能得到对方的同意。从逻辑上讲,只要卖者提出舍去零头的提议,买者肯定会同意的,因为减少了买者的开支,但在我们调查中发现,情况不完全如此。在卖者主动提出舍去零头的136个案例中,133个购买者欣然接受了卖着的提议,但仍有3个购买者坚持按全额支付,不愿舍去零头,他们认为卖菜者很辛苦,应得到他们应该获得的全部货款。在买者提出舍去零头的64个案例中,卖者同意的58例,不同意的6例。在调查的200个提议舍去零头的案例中,191例双方达成一致意见,同意舍去零头,按整数支付菜款;9例未能得到对方同意,仍按全部货款支付。

表 1　蔬菜交易中舍去零头金额提议者统计表

	买者提议	卖者提议	合计
提议数量	136	64	200
提议数量占总提议数量比例	68%	32%	100%
提议得到对方同意数量	133	58	191
得到对方同意的提议占提议数量比例	98%	91%	96%

为了便于研究,我们把交易中双方舍去的零头,称为不在意资金,因为它是双方都不在意或不在乎的资金。

对蔬菜交易的进一步观察,发现了以下三个规律:

1. 不在意资金与其本身的绝对量无关，而与交易额的相对量有关

在蔬菜交易中,零头可否舍去,与这个零头本身的多少无关。例如,10 元钱,能否称为不在意资金被舍去,不在于这 10 元钱本身,而是取决于交易额的大小。如果交易额只有几十元钱,那么 10 元钱是不可能被舍去的,也就是说,它不能成为不在意资金,而是在意资金。如果交易额达到几百元,甚至几千元,那么 10 元钱就成为零头,就成为不在意资金,可以被舍去。所以,一笔资金能否成为不在意资金,不是取决于它本身的大小,而是取决于它与交易额之间的比例,即与交易额的相对量。

2. 不在意资金与交易双方的贫富无关，只与不在意资金占交易额的比例有关

尽管在蔬菜市场上,买卖双方既有收入较高的人,也有收入比较低的人。但我们发现在蔬菜交易中,一笔资金能否成为不在意资金被舍去,与行为人的收入状况无关,而与这笔资金占交易额的比例有关。比如,1 元钱能否舍弃,就看交易额有多大,如果交易额比较大,让卖菜者少收 1 元钱,或者因没有零钱给买菜者少找 1 元钱,都是没有问题的。但是如果交易额只有 4 元钱,让双方任何人损失 1 元钱都比较困难。这与他们本身是富人还是穷人没有关系。

3. 不在意资金有转折点

根据边际效用递减规律理论,连续 1 元钱的效用是逐步递减的。但在蔬菜交易中发现,交易额的零头随着交易额的不断增加,越来越成为不在意资

金,更容易被舍弃。然而,总有一个转折点,也就是舍弃与不舍弃的分界线。尽管人们不清楚这个分界线到底在哪里,但在实际交易中,却无意中确立了这个分界线,因为当零头资金占交易额的比例达到一定程度,人们就舍弃零头了。

实际上,以上三点最终归为一点:在蔬菜交易中当零头资金占交易额的比例达到一定程度,这笔资金就成为不在意资金了。然而,这个一定比例到底是多大比例呢?这正是本文要探索的规律。

二、不在意资金概念的界定

在经济活动中,人们不在乎或愿意忽略的那部分资金,我们称之为不在意资金。最初,我们发现在商品交易中,买卖双方对一部分资金不在乎或愿意忽略,例如购买商品的金额为1 003 元,那么其中的3 元,双方均不在乎,可给,也可以不给。我们称这部分资金为不在意资金(或不在意价值)。当然,人们在购物时,双方一般要讨价还价,双方磋商的部分,即购买者要求降低的额度或商家要求增加的额度,是双方关注或在意的部分,我们将其称之为在意资金(或在意价值)。比如购买1 000 元价值的商品,买卖双方讨价的部分为百元单位,即一百元到数百元,这部分及以上的部分,我们称之为在意资金。一般不可能在元的单位上讨价还价,因为一元到数元的额度,相对交易的总金额1 000 元来说,是可以忽略的,或者说将这部分无论划拨于谁,双方均不在意。

后来,我们发现在意资金与不在意资金不仅存在于购物,还存在于慈善捐赠、友情招待、利益分配等方面。比如在慈善捐赠时,人们所捐的金额,一般是其不在意资金。如果捐到“伤筋动骨”的状态,那他是会很痛惜和懊悔的。友情招待也一样。当朋友来了,你自然需要接待,然而用多少钱来接待呢?花十几元钱买一份水饺可以招待,花几十元钱要几样小菜也可以,花几百元吃一桌大菜也行。方案有许多种,但你最后选择的方案一般都是你不在意资金所能达到的方案。当你与他人合伙做生意赚了一笔钱,最后分配利润时,如这笔钱与参加分配的人相除,不能整除,参加分配者一般不会要求精确到角、分,甚至不要求精确到元、十元或百元。不要求精确的部分,就是大家不在意的部分,谁拿都行。

在意资金和不在意资金是人们内心的一种不自觉的感受。人们总是无意识地来确定在意资金和不在意资金。当你买一个西瓜,价款为十元零一分,卖者往往会说这一分钱不用付了,这时买者如果恰好有一分钱,他也许会付给卖瓜者,尽管卖瓜者已允诺可以不付,这与买卖初期双方唇枪舌战的讨价还价形成明显的反差。这说明双方对这一分钱均不在意,付与不付均可。然而这一分钱的不在意资金不是有意识确定的。双方在交易前、交易中及交易后,均没有有意识地把一分钱作为不在意资金,而是无意识做出的反映。作为交易双方虽然是无意识的,然而不在意资金的大小却有其内在的规律。这个规律就是不在意资金的额度与交易额之间的比例。

三、不在意资金的影响因素分析

不在意资金到底受哪些因素影响呢？我们在蔬菜交易中选取了交易应付额、交易实付额、性别、年龄、婚姻状况、文化程度、民族、工作、月收入(月支出)、宗教信仰10个影响因素,对这10个因素分别进行方差分析以及回归分析,建立它们之间的内在关系:

$$Y = F(X_1, X_2, X_3, D_1, D_2, D_3, D_4, D_5, D_6, D_7)$$

表2　相关变量及变量特征

变量	定义
不在意资金(Y)	在交易中商家忽略的那一部分资金
交易额应付(X_1)	本次交易中应支付的金额
交易额实付(X_2)	本次交易中顾客实付的金额
性别(D_1)	被调查对象的性别,男取1,女取2
年龄(D_2)	被调查对象的年龄,20岁以下取1,20~30岁取2,30~40岁取3,40~50岁取4,50~60岁取5,60岁以上取6
婚姻状况(D_3)	被调查对象的婚姻状况,已婚取1,未婚取2

续表

变量	定义
文化程度(D_4)	被调查对象的文化程度，小学取1，初中取2，高中及中专取3，大学及大学以上取4
民族(D_5)	被调查对象的民族，汉族取1，回族取2，壮族取3，维吾尔族取4，蒙古族取5，其他取6
工作(D_6)	被调查对象的工作，学生取1，教师取2，企业工人取3，公司管理层取4，个体取5，农民取6，国家人员及事业单位人员取7，其他取8
月收入(月支出)(X_3)	被调查对象的每月收入(若没有收入，则为月支出)
宗教信仰(D_7)	被调查对象是否有宗教信仰，是取1，否取2

其中各变量的含义及取值特征参见表2。

本次调研共收回100份问卷，有效问卷100份，问卷的有效率为100%。

本文从交易应付额、交易实付额、性别、年龄、婚姻状况、文化程度、民族、工作、月收入(月支出)、宗教信仰10个影响因素研究不在意资金这种行为，通过方差分析以及回归分析得到如下结论：

(1)不在意资金的产生虽然是一种无意识的行为，但这种行为却在无形中受交易应付额、交易实付额的显著影响，这种影响可以通过线性回归模型：$Y=0.011+0.799X_1-0.795X_2$ 体现出来，这与市场中有一只无形的手在调控相一致。

(2)交易者的性别、年龄、婚姻、文化程度、民族、工作、月收入、月支出以及宗教信仰并没有对不在意资金的产生具有显著影响，这与我们在现实生活中观测到的相一致。

以上研究说明：不在意资金只与交易额有关，而与其他因素无关。那么，不在意资金与交易额是什么关系呢？下面将对此做进一步测算。

四、蔬菜交易中不在意资金规律测算

为了研究一笔资金占商品交易额多大比例时，这笔资金就成为不在意资金，我们选择陕西杨凌蔬菜市场进行调查分析。

（一）数据来源

2013 年先后 5 次对陕西省杨凌农业高新技术产业示范区康乐路蔬菜市场、西农路蔬菜市场、邰城路蔬菜市场和神农路蔬菜市场等 4 个蔬菜零售市场做了调查，通过随机抽样的方法，获取有效样本 500 例。

样本的选取原则是：如果一笔蔬菜交易金额为 7.2 元，经过买卖双方协商，实付 7 元，另外 0.2 元舍去未付，则此样本为 1 个有效样本，因为此交易中存在 0.2 元的不在意资金现象；如果交易金额为 7.2 元，实付金额也为 7.2 元，则此样本为无效样本，因为此交易中无不在意资金现象。

（二）数据分析

对调查获得的 500 个有效样本进行统计分析，500 个样本交易总额为 7 235.6 元，实付金额为 7 162.5 元，舍去而未付金额为 73.1 元，即不在意资金总额为 73.1 元，详见表 3。不在意资金占交易总额的比例为：

$$73.1 \div 7\,235.6 = 0.0101$$

表 3　杨凌蔬菜市场不在意资金统计表　　　单位：元

序号	交易金额	实付金额	未付金额（不在意资金）
1	12.3	12	0.3
2	8.1	8	0.1
3	15.2	15	0.2
4	6.4	6	0.4
5	31.1	31	0.1
6	7.3	7	0.3
7	50.1	50	0.1
8	22.2	22	0.2
9	74.2	74	0.2
10	4.3	4	0.3
….	….	…	…
500	7.1	7	0.1
合计	7 235.6	7 162.5	73.1

通过计算得知，不在意资金约为商品交易额的1%，也就是说，在商品交易中，人们可以忽略或不在意的资金一般为交易额的百分之一，我们将此规律称为“百分之一定律”。

（三）结论

1. 不在意资金为蔬菜交易额的百分之一。当然，小于百分之一，更是不在意资金了。所以，不在意资金≦商品交易额×1%。

2. 不在意资金与在意资金的区别不在于资金的绝对额，而在于该资金占交易额的比例。该资金小于或等于交易额的百分之一，则为不在意资金；该资金大于交易额的百分之一，则为在意资金。

五、不在意资金规律与边际效用递减规律的区别

有人可能会认为不在意资金规律就是边际效用递减规律，其实二者有着本质的区别。

（一）两个规律的内涵不同

边际效用递减规律是指消费者连续消费某一物品时所获得的边际效用递减，而不在意资金规律则是研究某一笔资金在什么条件下人们就会不在意或忽略它。虽然这两个规律都是在研究人们对某物或资金的心理感受和评价，但前者规律的特点是连续递减，强调连续性，而后者规律的特点则是寻求分界点，例如不在意资金规律描述说：当一笔资金等于或小于其交易额的百分之一时，这笔资金就成为不在意资金。

如果将这两个规律的表现画在一张图上，那么前者在图像上表现为一条连续下滑的曲线，而后者在图形则表现为一个点。

（二）二者研究对象不同

边际效用递减规律研究对象是连续经济行为，如消费者连续吃苹果的行为、消费者连续吃面包的行为等，并以此研究其规律。而不在意资金规律研究对象是一次性经济行为，如一次商品交易、一次捐赠、一次购买彩票的经济行为，并以此探究其这些经济行为中的不在意资金规律。如不在意资金理论

认为:在一次捐款中,捐款人一般捐出个人资产的千分之一。所以,前者是研究连续经济行为的规律,而后者则是研究一次经济行为的规律。

(三)研究范畴不同

边际效用递减规律的研究范畴是消费者的消费行为,所以在经济学课本里,边际效用递减规律是被安排在“消费者行为理论”这一章里的,而不在意资金规律研究的范畴要大得多,它不仅包括消费者的商品交易行为,而且还包括消费行为以外的经济行为,如慈善捐赠行为等。

六、不在意资金规律应用案例

西安市某公司(甲)与西安市另一个公司(乙)商谈一个绿化项目,甲公司负责为乙公司绿化某区域,甲公司的责任包括设计、植树(树种有规定)以及95%的成活率、三年内的维护。双方经过4次谈判,交易额初步定为2 200万元。第五次谈判时,甲公司负责人认为再提高交易额的可能性不大了,于是,他根据不在意资金定律,提出如果乙公司能将价值10余万元的小轿车赠送给他们公司,则他愿意结束长达数月的谈判,马上在合同书上签字。乙公司负责人马上允诺。于是,双方在合同书上签了字,甲公司也开走了乙公司价值10余万元的汽车。几日后,两公司办理了汽车的过户手续。

为什么甲公司能不费吹灰之力就要走了乙公司价值10余万元的一辆汽车?因为10余万元相对2 200万元来说,已经是不在意资金了。

七、关于不在意资金规律的几点说明

(一)不在意资金定律适用于一般人

不在意资金定律具有一般的普适性,但并非适合所有人,生活中难免有一些不符合常规的特例。比如特别慷慨和特别吝啬的人,他们感受的不在意资金会大大超过或低于百分之一。经济规律往往只是研究和阐述一般普通人的经济行为,那些极少数视金钱为粪土或过于吝啬的人,常不按经济规律行事,但这并不影响经济规律的正确性,因为其人数所占比例极小,因而对经济的运行影响也极小，常可忽略不计。

其实，社会科学的大部分规律都会有反例，社会科学研究的是大部分人的行为规律，个别反例，不影响规律的存在。如个别同性恋的存在不影响异性相吸的基本人性规律和恋爱法则。

（二）不在意资金定理是一个大数定理

个人支付或舍弃的不在意资金并不是每一次正好等于百分之一，而是常常在百分之一上下波动，当然这个波动的幅度不可能太大。一个人的多次平均或一群人的平均数接近百分之一。次数愈多，愈接近百分之一。

（三）人们往往无意识遵循不在意资金规律

当人们在处理不在意资金时，并不是先知道百分之一定律，然后再按此去做，而是无意识地去做，在无意识中遵循了百分之一定律。百分之一定律是隐藏在经济行为背后人们无意识的一种规律。

八、探索不在意资金规律的意义

（一）用经济理论指导人们的经济行为

研究和了解不在意资金，有助于人们自觉地利用经济规律，指导自己的经济行为，使各项开支更符合心理规律。从而使钱花得舒心、愉悦。

如果运用不在意资金理论能测算出人们的捐赠规律，则可以根据一个人或一个群体的资产状况测算人们捐赠的潜力。依据人们捐赠的潜力，慈善机构可制定募捐工作目标和计划。

（二）丰富了经济学理论

对不在意资金的研究扩展了经济学的研究领域，丰富了经济学理论的内容。我们不但可以研究商品交易中不在意资金规律，还可以研究人们在捐赠中不在意资金规律以及在购买彩票中不在意资金规律，等等。

【西北农林科技大学经济管理学院本科生王楠楠参与本文的调查和研究】

刊于《西北农林科技大学学报（社会科学版）》2014 年第 2 期

农业"第六产业"探论

关于农业第一、二、三产业融合,2015 年中央一号文件在第二部分第 12 条做了专门论述。笔者结合自己在农村的调研,谈谈对第一、二、三产业如何融合,才能实现农业"第六产业"协调发展的看法。

一、同一主体的"第六产业"

农业"第六产业"中的第二、三产业,指的是农产品加工业和农产品销售、服务业。而我们通常所说的第二、三产业指的是整个加工业和服务业,其范畴要大得多。

应特别强调的是,这里所说农业的"第六产业"协调发展即第一、二、三产业的融合互动,是由同一经营主体完成的。过去我们的第一、二、三产业也是相互紧密衔接的,只不过是由不同的主体完成的。如奶农负责生产牛奶,加工企业把牛奶加工成各种奶制品,超市专门进行奶制品的销售,这一过程由三个独立的主体完成。第一产业的奶农根本拿不到第二、三产业加工销售的高利润,奶农是整个产业链中最贫穷的阶层。

二、农业"第六产业"案例

长期以来,第一产业经营者的收入一直偏低,导致农民成为收入最低的人群之一。尽管国家出台了一系列惠农政策,从 2004 年至 2019 年连续颁发了 16 个有关三农的中央一号文件,2018 年的各种支农资金也高达 1.7 万亿元,农民收入有了改善,但农民还是不十分富裕,大批农村青年为了获得更高的收入,逃离农村,进城打工。然而,14 亿人要吃饭,地必须有人种,而且耕地在减少,人口在增加,因此不但必须有人种地,而且必须由高素质的人来种地。把高素质的人留在农业的办法,就是提高他们的收入,让他们的收入与城镇居民收入持平、甚至高于城镇居民收入。而2018年农民人均纯收入只相当于城镇居民收入的三分之一左右。

如果让农民延长产业链,把第一产业延长到第二、三产业,农民的收入就会提高。

如陕西的杨凌天成家庭农场,饲养了700多头猪,按照2014年低迷的生猪行情计算,这个农场肯定是要赔钱的,但实际上这个家庭农场不但没有赔钱,反而赚了。主要原因就是农场主刘天成同时经营第一、二、三产业。他不但养猪(第一产业),而且还屠宰加工猪肉(第二产业),还办农家乐(第三产业)。虽然第一产业效益不好,但第二、三产业的收益较好。

只有通过发展"第六产业",延长农业产业链和价值链,提高经营者的收入,社会上的优秀人才才愿意从事农业,农业也才能持续稳定发展。这是农业经营方式和农业发展方式质的变化和飞跃。

三、农业"第六产业"发展的条件

农业要由单一的第一产业转变到"第六产业",实现农业第一、二、三产业的融合,必须具备一定的条件。

首先,农业生产要有一定的规模。如果一个农民养了3只鸡,他会把养鸡作为一种副业,不会关心延长产业链和新饲养技术。这也是我国农业科技推广困难的原因之一。目前我国有几亿农户,规模过小,无法把第一产业延长到第二、三产业。改变这种状况应满足三个条件:(1)经营者全身心投入,没有精力再干别的行业,实现经营的专业化、职业化;(2)经营者对科技有兴趣,有主动寻求科学技术的意愿和动力;(3)能基本满足第二、三产业对原料的需要。这就需要通过土地流转,集中生产。当然,政府在土地流转中应做好服务工作。

其次,培育新型农业经营主体。新型农业经营主体主要有四个:家庭农场、专业大户、农业企业和农民专业合作社。农业第一、二、三产业要融合,就要求农业经营者有较强的管理能力、信息获取能力以及融资能力,因为产业链延长后,需要的资金就多了,参与的人员也多了,而且产品要直接面对终端市场,自然对经营者有了更高的要求。农业经营者必须由这四种新型农业经营主体,替代数以亿记的小规模农户。这四个新主体的共同特征就是经营能力强,对市场信息敏感,具有一定的融资能力。

再次,政府须为农业“第六产业”的发展提供必要的环境条件。一是提供农产品加工区必要的路网、水、电、通讯等基础设施。二是农业经营者在申报第二、三产业生产许可证时,给予可能的便利与优惠;三是在发展方向和科技服务方面,给予必要的指导和帮助。

四、促进农业“第六产业”发展的路径

要实现第一、二、三产业融合,促进第六产业发展,应从以下几个方面积极推动和促进。

1. 农业第一、二、三产业融合的模式很多。有的是种植业与休闲农业的融合;有的是养殖业与加工业的融合;有的是种植、养殖、加工的融合;有的是产、加、销的融合等。可以先树立一些典型样板,让其他经营者去模仿。也可以组织到“第六产业”做得好的地方去参观、学习,引导农业经营者确立自己的经营思路。

2. 要延长农业产业链,发展农业第二、三产业,资金的需要量是比较大的。一是银行应降低贷款门槛;二是政府提供贷款担保;三是允许组建农民资金合作社。通过多种途径解决“第六产业”发展中的资金需求。

3. 农业“第六产业”经营者全身心地投入农业产业链,将成为农业产业的主力军,政府应给他们优惠的政策支持,如更优惠的农机补贴政策,力度更大的粮食补贴,以及税收减免政策等。同样的补贴标准,规模大的农户比规模小的农户更有积极性。

4. 农业“第六产业”的每个环节都需要技术,尤其是第二产业中的农产品加工,对技术要求更高,而第三产业对市场营销能力要求较高。通过培训,不仅要提高他们的技术能力,而且要提高他们的管理能力和市场营销能力。

刊于《中国社会科学报》2015 年 7 月 24 日

水果滞销困局问答

【2015 年我国水果出现了滞销和价格下降现象。为了解答果农的关切以及为果农提供一些解决思路。2015 年 8 月 5 日 13:00 ~ 13:30,陕西广播电视台“今日点击”栏目对本人进行了采访。以下内容是根据播出后的录音整理的。】

主持人:水果滞销的原因是什么?

王征兵:一是今年的五六月份阴雨天气比较多,一些早熟水果因为阴雨天气的原因推迟上市了,和中熟的水果碰在了一起,上市比较集中,导致价格下降和滞销。二是今年一季度的进口水果量是去年的 319%,也就是增加了 3 倍多,这毫无疑问地冲击了国产水果。三是政府采购大幅度下降,大约下降 80% ~90%。从深层次原因来看:一是这几年水果经济效益比较好,农民盲目扩大规模,某些水果供过于求;二是我国整体经济由高速发展变为中速发展,即经济进入新常态,社会购买力下降。

主持人:截至目前,我省果业发展状况如何呢?

王征兵:陕西省水果总产量已达 1 500 万吨,为全国第一,其中苹果年产量 1 000 万吨,占全国四分之一,占世界七分之一,猕猴桃产量 100 万吨,占世界三分之一。苹果、猕猴桃产量均为全国第一,樱桃、葡萄、梨、红枣的种植面积和产量都位居全国前列。

主持人:你认为解决当前的水果销售的难题,关键在哪里?

王征兵:一是要改变经营观念,由只注重生产变为生产与销售并重,不能只坐等客商,而是主动开拓市场,果业合作社应该有专人思考和筹谋市场营销问题;二是水果生产要标准化和品牌化,只有这样才能开拓国际市场,目前我省水果出口量不大,国际市场潜力巨大;三是水果要拉开档次,满足不同需求层次需要;四是要不断创新,运用新品种、新技术,创造新需求;五是要控制规模,提高品质,因为产量已接近饱和,规模不宜再扩展。

主持人:以往面对滞销,先是果农求助,随后政府部门出手相助,暂时缓解困境。这不禁让我们思考,每次遇到滞销,究竟是找政府还是找市场。你们对此有哪些感受?

王征兵:政府不应越俎代庖直接替果农卖水果,而是要为农民开拓市场提供帮助和支持。政府应该通过以下几种方式帮助果农:一是在大学里寻找市场营销专家对果农或经纪人进行市场营销培训,提高他们市场营销的能力和技巧;二是对勇于开拓市场者给予奖励,如对在大城市开办水果专卖店者给予补助、对注册水果品牌者给予补贴、对水果电子商务经营者给予税收等方面的优惠等等;三是举办水果展销会或客商洽谈会,积极搭建各种平台;四是对水果加工企业给予优惠政策,吸引水果加工企业来本地投资办厂。

主持人:今年过后,明年生产种植还要继续,果农该如何调整自己的发展思路、方向和步伐呢?

王征兵:一是提高质量,虽然目前水果产量很大,但真正的优质水果,尤其是能让消费者信赖的高品质水果不多,所以果农应提高果品质量,优质优价,开拓高端市场;二是塑造水果文化,如近两年贴了“我爱你”三个字的爱情苹果销量和售价都很不错;三是延长产业链,将第一、二、三产业连在一起,就有可能取得较好的经济效益。

苹果营销十大策略

市场营销是一门系统科学,营销策略和方法也很多,但种植苹果的农民以及苹果经销商对此的了解和掌握还很不够,为了普及营销知识,促进果农增收,特列举出十大苹果营销策略,希望能开拓苹果经销者的销售思路,促进苹果销售。

一、文化诱导法

如果给苹果附加一些文化色彩,那么苹果就会身价倍增。例如,果农可以生产“生日苹果”，提高苹果的销售价格。如某人想给自己的女朋友杨雪梅送“生日苹果”作为生日礼物，就可以预定7个苹果，并要求这7个苹果上印上7个字“杨雪梅生日快乐”，果农在收到定金后，就可按要求在苹果上帖字，苹果采收后，装入精美的礼品盒，并按顾客的要求时间，由快寄公司送达顾客指定的收货人。当女朋友在生日这天意外收到男朋友特意定制的“生日苹果”，一定会很欣喜和高兴。

还可以把苹果做成“爱情苹果”，即在苹果上贴上“我爱你”三个字，每三个苹果一排装进礼品盒，礼品盒正面可用塑料等透明材料去做，顾客从盒子外面就能看见一排排写着“我爱你”的苹果。这种苹果尤其适合热恋中的男女相互赠送，特别是在情人节、七夕节、三八妇女节以及对方生日等特殊节日作为礼品赠送。如果把这种苹果放在各大学门口附近的商店销售，效果会更好。

二、转变用途法

苹果园有多种用途，其第一个用途就是生产苹果，但当苹果销售不畅时，可以开发苹果园的其他用途。例如，多年前西安郊区一果农发现自己的秦冠苹果售价很低，几乎没有利润，他就把自己的苹果园变成中小学生学习生物知识、陶冶情操的场所。他把自己的苹果树租给城里的中小学生，让学生利用课余时间来苹果园浇水、施肥、疏花疏果，观察果树的生长，了解果树的特性，丰富学生的生物知识。一株果树一年租金100元，每亩苹果园110株果树，收入就达11 000元，是原来收入的四到五倍，而他连苹果都不用卖了，因为苹果都归学生了。

西安市灞桥区一果农将自己苹果园改造成“果园茶社”，让城里人利用闲暇时间到果园来喝茶，尤其是在花香四溢的春天和果实累累的秋天，坐在果园喝茶，别有一番滋味。

三、狐假虎威法

借助名人或著名事件，提高苹果的身价。例如，2011年4月，陕西省白水县邀请许晴作为该县苹果代言人，这样就把白水苹果与明星联系在一起，通过名人引起消费者对白水苹果的关注，尤其是明星的粉丝会对白水苹果情有独钟。据报道，在2011年苹果采收季节，前往白水县收购苹果的客商明显多于往年，明星代言效果初显。

2008年，白水县一个苹果专业合作社，通过多方努力，获得了北京奥运会特供苹果的资质。这个苹果专业合作社通过这种方式将自己的苹果与世界著名的大事件联系起来，极大提高了自己苹果的声誉。从此，苹果的售价和销量均大幅增加。

四、对比法

人常说：不怕不识货，就怕货比货。把不同档次和质量的苹果放在一起销售，通过相互对比，不仅能衬托出高档次苹果的质量，还能满足不同层次消费者的需要，从而销量和利润都会增加。例如，一个果农有300公斤苹果，如果不分档次，好坏混在一起销售，按照2011年的平均价格每公斤4元，该果农可获销售收入1 200元。如果将苹果按质量分类，一类苹果100公斤，二类苹果100公斤，三类苹果100公斤。一类苹果每公斤20元，二类苹果每公斤4元，三类苹果每公斤2元，那么其收入就可达2 600元（$100\times20+100\times4+100\times2=2\,600$）。分类的最大好处是优质优价，质量高的产品价格可以很高，满足高端客户的需要，而果农从中可以获得丰厚的利润。我们发现市场营销中有一个法则：“质量好一倍，价格高十倍”。所以，我们在市场上经常发现一瓶酒卖几千元，一个皮包卖到几万元，实际上它们只是比普通的产品质量略微好了一些，但价格却是普通产品的十几倍、甚至几十倍，遵循的正是这个法则。果农可以利用这一法则，提高自己的收入。

五、礼品法

中国自古就有礼尚往来的习俗。当今，随着社会交往需求的增加，礼品的需求量与日俱增。如果把苹果通过包装做成礼品销售，那么其收入比直接卖给收购客商要高许多。

一些福利待遇较好的单位，逢年过节总要给职工发放一些实物福利，而苹果是许多单位常发的福利之一，从而使礼品苹果有了更多的市场需求。如果礼品苹果有更高的档次或知名的品牌，其价位就更高了。

六、品牌法

中国有一部分人已经先富起来了，这些富起来的人要求享受高质量的生活，其中就包括高质量的农产品消费。如果果农和苹果经销商，能够建立苹果品牌，并保证质量的稳定性，那么品牌化的苹果将是有钱人的首选。当然，品牌也有档次高低之分。普通品牌的苹果则可以满足普通消费者的需要。

给苹果建立品牌还有另一个重要的作用，就是可以满足不同消费者不同嗜好的要求。比如，有的消费者喜欢吃甜苹果，那么消费者只要记住甜苹果的品牌，就可以买到甜苹果；有的消费者喜欢吃酸苹果，那么消费者只要记住酸苹果的品牌，就可以买到酸苹果。

苹果品牌化有利于稳定客户，而且一旦出现质量问题，也便于消费者追溯，因而更能得到消费者的青睐。

七、品尝法

苹果是一种水果，其口感优劣往往能直接影响消费者的购买决策，所以，优质苹果，尤其是口感好的苹果，可以通过让消费者直接品尝的方法，来诱导消费者购买。陕西红星软香酥食品集团有限责任公司在创业初期就是通过选派大批营销人员到城市的大街小巷让市民免费品尝该公司生产的红星软香酥糕点，而使其产品得到消费者认可，最终在竞争激烈的糕点市场杀出一条血路。如今其产品的市场占有率在陕西省已位列前茅，并开始向其他省份扩展。苹果的营销完全可以借鉴这种方法，通过让消费者品尝，使消费者切身感受到优质苹果的与众不同之处。品尝法不仅能使现场的消费者下定决心购买此苹果，而且这些消费者还会通过口口相传的途径，把优质苹果的美名宣传到更多的消费者那里去，从而使该苹果的销售量不断增加。

八、信息法

通过发布信息或搜集信息的方法进行苹果销售。例如,几年前,陕西省合阳县一农民通过网络获知越南、泰国、俄罗斯等国家的一部分消费者对秦冠苹果情有独钟。在获知信息后,便设法与国外联系,最终获得了国外的大订单,仅当年就向越南、泰国、俄罗斯销售秦冠苹果 7 600 吨。不仅解决了当地秦冠苹果销售难的问题,而且自己也获得了可观的经济收入。

如今是信息化的时代,信息传播方式越来越多,获取信息的方式也日新月异。发布信息和搜集信息日渐成为人们生活不可或缺的一部分,所以,苹果销售一定要充分利用当今发达的信息平台。从发布信息的角度来说,除了传统的报纸广告、电视广告、路牌广告外,还要积极利用新型的信息平台,如苹果博客、苹果微博、苹果 QQ 群等,这些信息平台,不仅传播速度快,而且不用花钱。一部分青年农民已经利用自己的苹果博客、苹果微博、苹果 QQ 群,为自己开辟了良好的苹果销售渠道。从信息搜集的角度来说,苹果销售者,要及时通过网络搜集各地的苹果收购信息;苹果收购者,应及时搜集各地苹果的生产和销售信息。

九、守株待兔法

“守株待兔”,就是农民将苹果收获以后放在家里,等着客商上门收购的一种苹果销售模式。目前果农生产的苹果绝大部分采取这种销售方法。这种方法的优点是比较简单,但缺点是果农的收入不高,更多利润往往被中间环节拿走了。

采用这种方法销售苹果还应注意两个问题:一是应扩大宣传,吸引更多客商来收购苹果。当然,这种宣传,可以是政府去做,也可以是苹果专业合作社去做,或者果农通过博客、微博等去做。二是交易中应诚实守信,不要欺瞒客商,不能以次充好,更不能强买强卖。否则,就会搬起石头砸自己的脚,客商以后都不来了。

十、提篮小卖法

“提篮小卖”，就是农民走街串巷销售苹果的一种方式。采用这种方法销售苹果一般是两种情况：一是销售苹果者是终端销售者，他们从批发商或果农那里以批发价购买一定的苹果，然后在大街小巷叫卖，获取批零差价；二是果农将自己的苹果拿到市场去卖，因为零售比卖给客商价格要高一些，这样果农可以获得较高的收入。

即使采用这种简单的方法销售苹果，也是有一定学问的。一是销售地点的选择很重要，一般要选择人流量比较大的地方，人流可以带动物流；二是要善于与购买者沟通，和颜悦色，和气生财；三是要善于总结和介绍自己苹果的特点和优点。

漫谈天价大米

最近市场上有一种“翠草碧叶”牌大米，每袋 1.5 公斤，但售价高达 1 000 元，平均每斤大米卖到 300 多元，被人们称为“天价大米”。

2015 年 7 月 12 日，“天价大米”的生产者李治民来到西北农林科技大学，与本人进行了座谈和交流。对于如何进一步开拓市场，我们计划做更深入的探讨和合作。

“翠草碧叶”牌大米产自陕西省汉中市南郑县黄官镇，生产过程全部采用传统工艺，不施化肥，不打农药。另外，这种大米经过检测，具有富硒、高钙、低糖的特点，适合糖尿病人及老年人食用。本人吃了几次以后，感觉这种大米劲道，香味浓郁。

那么，“翠草碧叶”牌大米该不该卖这么贵呢？

最近在《经济日报》、陕西电视台等媒体以及各种报告会上，我反复阐述一个观点：农产品应该品牌化并拉开价格差距。手机有 200 元、500 元、2 000 元的、6 000 元；皮包有 20 元、100 元、3 000 元、30 000 元的；汽车有 5 万元、20

万元、100万元、甚至上千万元的；为什么西红柿没有一斤20元、50元、100元、甚至200元的？为什么黄瓜没有一斤10元、30元、100元的？为什么苹果没有一斤300元的？应该有。农产品应该像其他产品一样，有不同的档次，有不同的价位，以满足不同收入人群的需要。

其实，农产品也很容易分开档次。就拿苹果来说，品种不同，质量就不同；品种相同，种植的区域不同，质量也不一样；品种相同，种植的区域相同，但栽培技术不同，如是否使用化肥、农药，修剪技术的差异等，都导致质量不同。质量不同，档次就不同，价格就应该不同。优质优价是市场的基本法则。也是对优质农产品生产者的褒奖。

农产品是特殊商品，是人们生活的必需品，不能都卖高价，这是政府应该监管的，但应该允许一部分优质农产品卖高价，只有这样，才有人愿意生产优质农产品，市场上的优质农产品才会越来越多。最终引导整个农业朝优质化方向发展。

人们说：搞农业不挣钱，种粮食更不挣钱，而李治民说：他要成为通过种粮变成亿万富翁的农民。我们希望他早日成为亿万富翁。希望他成为富裕农民的标杆，希望他引导更多优秀人才从事农业生产。14亿人的吃饭问题是头等大事，农村的优秀人才都跑光了，甚至不是人才的人都跑光了，谁来给我们种地？谁来解决14亿的吃饭问题？

农产品电子商务：一场富人的盛宴

如果说工业品电子商务是穷人的盛宴，那么农产品电子商务则是富人的盛宴。

之所以数以亿计的人乐于在网上购买衣服、鞋帽、化妆品等工业品，其主要原因是网上的东西比实体店便宜，因此收入较低的穷人便乐此不疲，它便成为穷人的一场盛宴。

而网上的农产品常常比实体店贵，原因有三：

第一，像苹果、梨、葡萄等生鲜农产品要常年供应，必须存放在冷库，而不像衣服等工业品随便找个仓库就可以存放了,而冷库的费用要比普通仓库高许多,所以农产品贮藏费用比工业品高。

第二,农产品包装成本比工业品高几倍、甚至几十倍。一件衣服用几毛钱的塑料袋包装就可以了,而要把新疆的葡萄寄到北京,并保证其完好无损,技术上是没有问题的,但一个包装盒一般需要十几元钱,甚至几十元钱。

第三,一件衣服只有几两重,邮寄费自然比较少,而要邮寄 5 斤或 10 斤苹果,费用就高了,因为快递公司是按照物品重量收费的。

因为农产品在以上三个方面的费用都比工业品高,所以导致网上的农产品价格往往比实体店贵,甚至贵很多。穷人是不愿意在网上买农产品的,只有富人才肯在网上买。

那么,富人为什么愿意在网上购买比实体店贵的农产品呢?

原因之一:网上的东西比实体店好,或者在实体店买不到,如广州人想吃新疆吐鲁番的葡萄,如果在当地实体店找不到,可以通过网购吃到中国最好的新疆吐鲁番葡萄。

原因之二:图便利。虽然实体店也可以买到同质量的农产品,但去实体店没有时间,或者花费时间太多,于是富人愿意用金钱换时间,网购虽然贵,但节省了时间。

所以,农产品电子商务是一场富人的盛宴。因为富人不多,所以农产品电子商务不会像工业品电子商务那样具有庞大的交易量。

农业大学教授都为买不到好猕猴桃发愁

2016 年 12 月 5 日,在西北农林科技大学会议室,20 多位教授在激烈讨论学科发展问题,会议中场休息发生的一件事,与农民有关,与农业经营者有关。

会议休息期间,教授 A 说:“我最近去北京出差,见到一位朋友,他说他从网上买的猕猴桃开始硬的吃不成,好不容易放软了,又变成了水泡,特别难吃。听说咱们陕西盛产猕猴桃,我们又是农业大学教授,希望为他代买些好猕猴桃,价格高低无所谓。”

于是，大家开始热议猕猴桃。教授 B 说：“咱们虽然是农大教授，但我们是研究经济学的，对如何挑选好猕猴桃，其实也是一无所知。”

教授 C 说：“我去年买了一箱猕猴桃，特别好吃。尤其是猕猴桃皮都皱了，里面的肉质还有硬度，没有呈现水泡现象，我专门记下这个品牌，但第二次买的质量就很差。放软后，许多出现了水泡，不能吃了。”

教授 D 对 C 说：“那个卖猕猴桃的，也是收购了许多农民的猕猴桃，但农民种的猕猴桃，各家质量差异很大。”

教授 E 说：“听说，没有喷膨大剂的猕猴桃放不坏，既是皮皱了，肉质还有硬度，不会变成一包水。而喷了膨大剂的猕猴桃，放软后就变成一包水，就坏了。”

教授 F 说：“也有人说，容易放坏的猕猴桃与施化肥有关，也与猕猴桃进冷库之前喷保鲜剂有关。”

教授 H 说：“我也想买几箱好猕猴桃邮寄给外地的朋友，谁能告诉我去哪儿能买到好猕猴桃？价格高点无所谓，千万别丢了我的脸，丢了农大教授的脸。”

这个教授想买几箱，那个教授想买几箱，一会儿就有了 100 多箱的需求量。

教授 Y 说：“谁能告诉大家在哪儿能买到好猕猴桃？质量一定有保证。”

顿时，一片沉寂。没人敢承担推荐的责任。万一质量不好，情何以堪！这不能不说是一种悲哀，连农大教授都苦于买不到优质猕猴桃。我给他们推荐了几个我认识的，而且我品尝过确实不错的猕猴桃种植户及经销商。

我们知道，手机、汽车等工业品都有大家公认的名牌，只要你愿意掏高价钱，基本上就能买到好东西。但农产品的著名品牌还是很少。

我们不知道质量最好的西红柿是什么品牌？

我们不知道质量最好的黄瓜是什么品牌？

我们不知道质量最好的草莓是什么品牌？

……

当然，我知道一些有梦想、有志向、有良心的人在做优质农产品，但在规模化和宣传力度上还需努力，仍有许多人不知道你的品牌。当然，以此也可看到中国农产品发展潜力和发展方向。

为什么大部分休闲农庄是亏损的?

每逢长假,城市人就蜜蜂离巢一样,从城市蜂拥而出,说明城市人有强烈的旅游休闲的愿望,而且这种愿望会随着人们收入水平的提高以及工作节奏的加快日趋强烈。

然而,令许多人不解的是:休闲农业的需求如此旺盛,为什么多数休闲农庄冷冷清清,亏损严重? 本人认为是因为这些农庄缺乏休闲农庄之魂。

绝大部分休闲农庄只重视两个方面的建设:美景和美食。毫无疑问,美景和美食是休闲农庄必须有的,但仅有美景和美食是不够的。

最近,我去农村调查,访问了一个农村老太太。

我问她:“平时打麻将不?”

她说:“不打麻将。”

我又问:“跳广场舞不?”

她答:“不跳。”

我再问:“那你除了做家务外,业余时间主要干什么?”

她说:“我最感兴趣的事情是去庙里念经,或者听别人讲经。”

我问:“今年(2016 年)去庙里有几次?”

老太太看看了墙上的挂历,数了数挂历上画的圈圈。老太太说她那天去庙里,都会在挂历上做个标记。数完后,老太太说:“今年已经去了 21 次了。”

我突然想到一个问题:庙里有美景吗? 没有。庙里有美食吗? 没有。为什么一个老太太一年能去 21 次?

我还想到我在国外时,看到那些基督徒每周都要去教堂礼拜。教堂同样没有美景和美食,为什么基督徒一年去 52 次?

九寨沟很美,为什么我们一辈子都去不了 21 次? 袁家村的农家乐不错,为什么我们一年去不了 52 次?

原来,能够长久吸引人的不是美景和美食,而是精神。精神才是休闲农庄之魂!!!

那么如何塑造休闲农庄之魂呢?

通过国外的成功经验看，有以下几种方式：

一是专题讲座。如爱情农庄，经常举办一些有关爱情方面的讲座，如“人为什么会好色?”“未来家庭”“夫妻沟通的技巧”等，化解人们情感的困顿。

二是举办主题活动。如家庭主妇农庄，每周免费教大家一种菜的做法。如果你能学会几十种菜的做法，将有效提高家庭的饮食质量和水平。

三是承揽各种活动。为同学会等各种聚会免费提供场地。每逢节日免费为各种小商小贩提供摊位。免费为婚礼提供场地等。而且，农庄会把游客聚会的照片永久保留在农庄，当游客下次再来，看到这些照片就会感到特别亲切。

虽然这些活动都是免费的，但增加了人流，提升了人气。这些人经不住农庄新鲜农产品的诱惑，就会纷纷购买。尤其是农庄精彩的演讲，常常让游客流连忘返，一住数日。

所以，休闲农庄之魂不是美景和美食，而是精神。

中国苹果，路在何方？

2019 年中国苹果总产量已达 4 300 万吨，占全世界苹果总产量的 50% 以上。从 2014 年至今，苹果价格持续低迷。那么，中国苹果，到底路在何方？

一、苹果品牌化

未来十年苹果产业最大的变化是什么？我认为是品牌化。现在我们到水果市场去买苹果，只要告诉老板“买 2 斤苹果”，我们就可以顺利地买到苹果。十年后，这样告诉老板是买不到苹果的，因为苹果有几十个品牌，价格差异也很大，你必须告诉老板什么牌苹果几斤，如“黄陵牌苹果 2 斤”，老板才能给你服务。苹果由于品种不同、地域不同以及栽培技术不同（施有机肥还是化肥，是否打过农药等），质量也截然不同，自然品牌不同，价格不同。未来肯定有一斤 1 元的苹果，但也会有一斤 20 元、50 元、100 元、200 元、甚至价格更高的苹果，就如同手机有200元的、500元的、1 000元的、5 000元的；汽车有5万元的、10万元的、50万元、200万元、1 000万元的一样。

那么，品牌如何形成呢？一是通过像华圣、海升这样的大公司形成品牌，他们按照统一标准进行生产，能够保证品牌质量的稳定性，并且由于规模大，树立起来自己的品牌；二是组织能力强的苹果专业合作社，组织社员按统一标准生产，形成自己的品牌。

谁的品牌能率先得到消费者的认可，谁将在苹果产业中获取更多的利润，谁就能将成为苹果界的明星并被载入史册，就如同乔布斯创造了苹果牌手机，他成了人们追逐的明星，并载入手机史册一样。

二、苹果种植规模化

我在农村调查时发现，小规模经营带来两个致命问题：一是经营者积极性不高，不愿意为果园投入较多的资金和劳动力，导致苹果产量低，质量差，这部分农民其主要收入来源靠打工或做生意；二是对农业科技没有兴趣，这些农户对村委会或合作社举办的技术培训班没有兴趣；举办方为了吸引更多的人来听课，常常给参会者每人发两袋洗衣服、一袋化肥或三十元钱等，让人感到啼笑皆非！但仔细一想，一切又都在情理之中。一个种半亩苹果的农民咋可能投入全身心种植苹果？咋可能会关心苹果最新的栽培技术？只有种几公顷、十几公顷、甚至更大规模苹果的经营者才会全身心投入经营，才会千方百计寻找科学技术。

那么，苹果规模化从何而来？当然是依靠土地流转。由于现在许多人、尤其是青年人都已离开农村进城打工，这就为土地流转创造了条件。我们看到农村许多土地已经流转，种田能手的经营规模在慢慢扩大。也有一部分企业家从城市来到农村进行规模化经营。

三、苹果营销科学化

目前，果农所采用的苹果营销方法基本上有两种：一种是“守株待兔”，就是农民将苹果收获以后放在家里，等着客商上门收购；另一种是“提篮小卖”，就是农民走街串巷地销售苹果。实际上,市场营销的方法成千上万种。市场营销在大学里是一个专业,本科生要学习四年。有些大学的硕士研究生都有市场营销专业,看见其方法之多,内容之丰富。在过去短缺经济时代,只要能生产出来,就能卖出去,而现在逐步进入过剩经济时代,需要花费更多的精力筹谋苹果的营销。

那么,如何才能做好苹果的市场营销工作呢?一是果农应积极参加市场营销方面的培训班,提高自身的营销水平;二是组建苹果专业合作社,以合作社的名义聘请营销方面的专业人才,这里的关键问题是合作社的规模要大,因为只有规模大,才能有足够的会费聘请营销方面的高手。如果合作社社员少,就很难筹集聘请营销高手需要的高昂费用。

未来,不仅比苹果的质量,更要比苹果营销的水平。只有营销做的好,才能站在苹果产业的巅峰。

苹果产业是人类永恒的产业,永远不会消失,但谁能成为苹果产业的王者?在战场上是狭路相逢勇者胜,而在苹果产业,是大浪淘沙智者胜。

中国苹果真的过剩了吗?

从 2014 年起,中国的苹果价格明显下跌,果农的苹果也出现了难卖问题,于是关于苹果过剩的观点弥漫全国,绝大部分人也都认可这个观点。中国苹果真的过剩了吗?

我本人并不认同这个观点。

2019 年中国苹果总产量 4 300 万吨,全世界苹果总产量 7 700 万吨,中国占世界总产量的 56%。从总量看,中国苹果产量确实很多了。但中国有 14 亿人口,人均苹果 30 公斤,每公斤大约 5 个苹果,也就是说,人均每年 150 个苹果,而一年 365 天,平均每天 0.4 个苹果。如果中国人每 2.5 天吃 1 个苹果,或者说每 5 天吃 2 个苹果,中国苹果将销售一空。从这个角度分析,中国苹果并不过剩。

造成目前苹果过剩表象的原因有以下几个方面:

一、优质苹果缺乏，不能满足高端客户需求

我国每年进口鲜苹果几万吨到几十万吨，而且这些苹果在中国的零售价每公斤 60 ~ 500 元。主要是满足高端消费者需要，因为他们认为在中国买不到好苹果。就像很多人认为在中国买不到好奶粉而要买国外奶粉一样。毫无疑问，进口苹果影响了国内苹果的销售。

二、中国苹果不能满足消费者个性化的需求

中国苹果品质和口感比较单一，品种以红富士为主，口感以甜为主，虽然也有其他品种，但比较少。消费者需求是多样化的，有的人喜欢吃甜苹果，有的人喜欢吃酸甜苹果，有的人喜欢吃酸苹果，有的人喜欢吃脆苹果，有的人喜欢吃绵苹果，等等。由于一些人买不到他们想吃的苹果，他们就不吃苹果了，或者少吃苹果了。

三、苹果销售服务不到位

过去，果农将主要精力放在了种植上，对销售环节重视不够。即使苹果经销商，多数人销售方法也比较简单。没能为消费者提供周到和人性化的服务，导致部分消费者在某些时段买不到苹果，或者买苹果不方便，影响了他们对苹果的正常消费。

四、个别人吃不起苹果

虽然中国人大部分收入水平比过去提高了，但不可否认，仍有一少部分人比较贫困，吃不起苹果，或者不能随心所欲的吃苹果，影响了苹果的销售量。

由于以上几个方面（也许还有别的因素）的原因，导致苹果出现了“过剩”假象。

那么如何破解这一难题呢？我认为应从以下几个方面去努力：

一、打造优质苹果

我们知道,不是任何地方、任何人都能生产出优质苹果。所以,有条件的地方或者有条件的果农,应生产优质苹果,占领高端市场,甚至出口占领国际市场。

二、建立苹果品牌

不同品牌,有不同品质和不同口感,可以满足不同消费者的不同需求,逐渐形成稳定的客户群。所以,果农应有品牌意识,并按标准化生产,使同一品牌有相对稳定的质量。

三、建立完善的销售网络

线上、线下结合,形成完备的销售网络体系,并提供周到的销售服务,增加苹果的销售量。

四、让人人都吃得起苹果

积极落实脱贫计划,提高贫困户收入,让更多人能吃得起苹果。

愿想吃苹果的人能吃到他们想吃的苹果,愿种苹果的果农能劳有所获,早日富裕!

二十年后中国农业的八大巨变

二十年后,中国农业将会变成什么样呢?最近,我经常思考这个问题。尽管预测未来是很困难的,但不妨碍我们大胆畅想,权当作茶余饭后的谈资和调侃。我认为二十年后,中国农业将有八大巨变:

一、农产品品牌化

当你去菜市场买菜,告诉卖菜者:“我要一公斤西红柿”时,卖菜者会问你:“你要什么牌西红柿?”而且由于品种、地域及栽培技术的差异,不同品牌的西红柿价格差异很大。到时,所有农产品均有品牌,不同品牌有不同价格,就如同今天不同品牌手机有不同价格一样。

二、农民高素质化

当今绝大部分农民学历和知识水平较低,基本上是文化素质最低的人在从事农业生产。二十年后,绝大部分农民将是高素质的人。他们来自三个方面:一是大学毕业生,二是工商企业家,三是农村种田能手。传统农民将通过自然死亡和进城务工而消亡。

三、农业经营规模化

二十年后,每户经营三五亩地的小农户将变得很少,而中等规模的农户将成为主流:种粮 100 亩左右;种果树 30 亩左右;种蔬菜 20 亩左右;养猪 500 头左右;养牛 100 头左右。

而种植几千亩、甚至上万亩地的大规模经营者,会有,但不会太多。

四、农产品价格大幅上涨

二十年后,农产品平均价格与 2015 年平均价格相比,大约会上涨 5 ~ 10 倍,当然这是指名义价格,即未扣除通货膨胀因素。现在的农产品价格与 20 年前比,上涨幅度已经超过 5 倍了。

五、农民收入超过市民收入

尽管现在农民人均纯收入只相当市民收入的四分之一左右,但二十年后，因为规模化经营以及农产品价格上涨等因素，农民收入将大于或等于市民收入。

六、农业机械化

二十年后，农业生产主要环节如播种、灌溉、收获等，实现机械化，农业生产变成比较轻松、优雅的过程，农民将从繁重的体力劳动中被解放出来，这也是许多高素质者愿意当农民的重要原因之一。

七、农业生产科学化

施肥时，不再是凭经验确定一亩地施多少肥，而是通过对土壤的精确化验和检测，准确计算出每亩地需要的肥料。灌溉时，不再是大水漫灌，而是根据作物的需要精确供给。农业生产大部分环节，均按科学技术要求进行。

八、农业经营组织化

部分农民专业合作化规范健康运行。合作社将在农产品品牌建设、生产标准化、农资供应、农产品市场营销等方面，组织社员统一进行，实行农业经营组织化，以提高经营效率。

农业产业化的核心在于农产品商品化

农业，本身就是一个产业，而且是人类最古老的产业，为什么当今还要再次倡导农业产业化呢？目前所说的农业产业化主要指农业商品化，而过去几千年的农业主要是自给自足的农业，也就是自己生产满足自己需要。非商品化的农业，或商品化农业的份额很少。商品化的农业与自给自足农业是截然不同的两种状态。

商品化的农业因为其目的主要是销售，所以就要千方百计提高农产品质量，因为在自由竞争的市场中，只有优质的农产品才能销售出去，才能卖出好的价钱，劣质的农产品价格很低、甚至卖不出去，所以，商品经济是一个优胜劣汰的市场经济。而自给自足经济因为是满足自己需要，没有竞争的压力，所以质量很难提高。一个家庭主妇几十年做饭质量不高，都淘汰不了，因为是自给自足；而城市里的一个饭馆三个月做饭不好，可能就关门了，因为是市场经济。过去农村妇女做的布鞋，几千年都没有什么变化，而市场经济下的今天，鞋的品种和质量日新月异。

农业产业化的核心在于商品化，而商品化的核心在于规模化。如果农业生产经营规模很小，就没有多余的农产品可以出售，那只能满足生产者自己需要，肯定只能是自给自足的农业经济。如果规模大了，除了满足生产者自己需要以外，肯定会有较多的剩余，必然要出售，那么农业就商品化了。所以，农业要产业化，必须商品化；而要商品化，必须规模化；而要规模化，必须进行土地流转。所以，在中国，农业产业化的前提是土地流转。通过土地流转，发展规模化的家庭农场。

土地规模化的另一个好处是能提高农业经营者对农业科技的需求。如果是小规模经营，那么是否采用科学技术对经营者的效益影响不大，经营者也就没有兴趣采用科学技术。一个著名的养鸡专家曾免费到农村做技术培训，可是没有几个村民来听讲座。村干部无奈，只好采取一些激励措施来吸引农民听课。开始，村干部说：凡是来听课的农民，每人发两袋洗衣粉。结果来了十几个人。村干部觉得人还是太少，又说：凡是来听课的农民，每人发一袋化肥。最后也只来了三十多个人。当我问一个村妇：“你为什么迟迟不来听课？”她答：“我家只养了三只鸡，科学饲养后，每天能下四枚蛋吗？”我说：“不能。”她说：“对我来说，三只鸡每天产三枚蛋与产两枚蛋或一枚蛋，没有太大区别。”我在想：如果她养了一万只鸡或十万只鸡，那么她对鸡的科学饲养就会有强烈需求，她甚至愿意花钱请专家给她讲课。

农业产业化的另一个重要特征就是农产品品牌化。农产品品牌化是农产品商品化的必然结果。农产品要销售，就需要区别不同生产者的产品，要区别，就要有品牌。农产品品牌，不但可以使不同生产者的产品区别开来，而且可以满足不同消费者的需要。

农业产业化还能促使生产者提高效率和效益。因为农业产业化的核心是商品化,而商品经济必然是以经济效益为目的的。但在自给自足经济或商品经济尚不发达时,人们把最终收获的多少放在首位,而不计较成本多寡。这就是经济学中的“绝对收入原理”。在自给自足经济阶段,人们首先关心生产了多少,是否能满足自己的需要,而不会首先关心自己投入了多少,所以成本与利润的概念是模糊的。狩猎时代人们关心的是一定要抓获猎物以维系生存,而追逐和搏斗,流血和汗水,只有在捕获到了猎物后才能成为一种美好的回忆。不会有人因猎物耗费了过多的劳动而懊悔。无论为此耗费了多少,只要最终捕获了猎物,都会感到万分欣慰。

所以,农业产业化的核心是商品化,商品化是农业产业化的灵魂。农产品商品化的程度,反映了农业产业化的水平。

一片神奇的桃园

在普通人看来,一个桃园就是一处生产桃的树林,平淡无奇,但我却渐渐认识一片充满神奇和奥妙的桃园。

有一次,我去新疆讲学和调查,偶然碰到了一个桃园。通过对桃园的考察以及与果农的交谈,让我了解到这片桃园依靠科技有效利用资源、生产绿色食品、提高经济效益的发展历程,也感悟到农业发展的巨大潜力。

20世纪90年代,这位果农就开始种桃。那时,全国各地种桃的人还不是很多,桃处于供不应求的状态,所以他获得了较好的收益。然而,由于种桃的经济效益比较好,种桃的人越来越多,桃子的价格也逐渐下降。包括他在内,许多果农开始亏损,甚至个别果农砍掉桃树,改种别的农作物。他不忍心砍掉付出多年心血的桃园,仍艰难维持。一个偶然的机会,他获得了一个桃的新品种。通过嫁接,老桃树结出了新品种的水蜜桃。由于新品种的桃色泽好,含糖量高,不仅好卖,而且价格也比原来高50%。他的桃园不仅扭亏为营,而且每年有几万元的纯利润。

新品种使他的桃园起死回生。

21 世纪初，他看到许多新疆棉农在棉田里搞滴灌，于是，他也想在自己的桃园铺设滴灌设施。在新疆，水是十分紧缺和重要的。新疆人常说：在新疆，有水的地方就有绿洲。如果大水漫灌，既浪费水资源，又要付较多的水费，蒸发浪费很多。这位果农铺设滴灌设施以后，既节约了水资源，也保证了桃树对水的需求。虽然一亩地增加了 300 多元钱的滴灌设施费用，但桃产量比原来增加了 20%，水费节约了 30%，每亩的纯利润比原来还多了 2 000 多元。

科学用水，节约用水，使桃园的收入比过去更多了。

2008 年，他又给自己的桃园实施了一项新技术，就是给桃套袋。即在桃子还小的时候，给桃子套一个纸袋或塑料膜袋子。套袋技术在苹果生产中已使用多年，但给桃套袋在新疆还不多见。他给桃套袋后，不仅桃的果个比原来大了，而且由于袋子避免了树枝对果面的磨损以及风吹日晒对果面的损伤，因而桃的色泽比原来也要好许多，显得洁净、鲜亮。所以，桃的价格再次提升 20% 以上。

科学的套袋技术使他桃园里的桃优质优价。

后来，他又尝试一种新的种桃模式，即在桃树下养鸡。他买了 1 000 只小鸡放养在自己的桃园里，鸡吃掉了果园里的害虫和杂草。这样，既有利于桃树的生长，同时也节省了许多鸡饲料。如果专门养鸡，每只鸡平均日喂粮二两，而果园的鸡平均日喂粮一两，节约了 50% 的饲料粮。在桃园里养鸡，还能为果园提供大量的有机肥。据畜牧专家测算，一只鸡一年可产干鸡粪 50 斤，1 000 只鸡一年就可以产 5 万斤干鸡粪。因此，他又节省了一笔购买肥料的费用。

自从他在桃园里搞起了“果园牧鸡”的生态种养模式，许多消费者主动跑到他的果园购买他的桃和鸡蛋。虽然他的水蜜桃和鸡蛋都比别人要贵一些，但大家还是乐此不疲。吃了他的桃的人都说他的桃香甜。他说这是因为他的桃园施了 1 000 只鸡产的 5 万斤鸡粪，自然比施化肥的桃要好吃得多。消费者喜欢买他的水蜜桃，还有另外一个原因：就是他的桃园是不打农药的，这是无公害的桃。他在桃园养鸡，大家自然相信他不会给桃园打农药的。因为如果他给桃园打农药，那么放养在果园下的鸡就会被毒死。

他的鸡蛋之所以受消费者欢迎，是因为他的鸡是放养的，自然比笼养鸡的鸡蛋要好吃，也更有营养。

“果园牧鸡”的生态种养模式，使他的桃园在当地鹤立鸡群。

我国的人口还在不断增加，而耕地却在不断减少。如何用越来越少的耕地养活越来越多的人口呢？只有运用科学的发展方式才能解决这一难题。也就是依靠现代科技，利用我国劳动力富裕的特点对农业进行精细操作，并在有限的土地上尽可能密集性地设置和安排生产项目，从而达到在越来越少的耕地上生产出越来越多农产品的目的。我们把它称之为精细密集农业。这就是中国农业发展方式转变的方向。

从这一片桃园，我们看到了农业发展的潜力，也看到了我国现代农业的曙光。

朱渭兵的红薯苗为什么这么火？

朱渭兵，杨凌金薯种业公司总经理，主要经营红薯和马铃薯种苗。近年来，一直听闻他的红薯苗卖的很火，但到底多火？一直未亲身体验。最近两天，因为小舅子想买他一些红薯苗，数次联系，都未能买到，才知火到了什么程度。

我与朱渭兵是多年的朋友。2008 年地震，我专门在他的红薯基地住了数日，以防避地震。他基地的黄瓜、草莓，我也曾任意采摘，未曾付一分钱，可见，我们的关系非同一般。小舅子和他的朋友想买 3 万棵红薯苗，我想只要我出马应该没有问题，但得到的答复还是否定的。到他的基地，碰到一个已经在杨凌等了七八天的顾客都没有买到苗子。才知道，他的红薯苗太火了。

其实，朱渭兵还是很给我面子的，他说：你小舅子要的 6 千苗子没有问题，再困难也要给你解决，但你小舅子朋友要的 2 万多苗子无法解决。然而，小舅子非要把朋友的问题也一块解决，这实在让我为难。老婆还开玩笑说：你整天宣传朱渭兵的苗子，结果火得连你也买不到，真是“搬起石头砸自己的脚”。我的确在许多报告会上讲过他的彩色红薯案例，不是因为我们是朋友而是他确实是一个经典的案例。

朱渭兵红薯苗为什么这么火呢？

1. 他的红薯苗质量好。有的客户说，我们知道其他地方也有同样品种的红薯苗，为什么非要买他的呢？因为他的苗子都是脱毒苗，病虫害少，产量高。他苗子的质量是经过多年实践检验的。看来，要把生意做长久，质量是第一位的。

2. 他的红薯苗品种新。他育的红薯苗不断更新换代。他起初主要做秦薯四号红薯苗，后来有了秦薯五号，他开始繁育秦薯五号苗。最近几年，红薯专家们研究出了各种彩色红薯，如紫色红薯、黄色红薯、混合色红薯等，他就开始繁育各种彩色红薯的苗子。

3. 他善于利用新媒体宣传。他开始在 QQ 上宣传自己的产品，后来有了微信，他马上注册了微信账号，在微信上进行宣传。在微信上介绍各种红薯的特性、各种红薯的营养价值、红薯的各种吃法等。

虽然，连我都买不到他的苗子，但对于他的苗子能卖这么火，作为朋友，作为一个农业经济学者，还是很欣慰的。

第三部分

农 村

乡村振兴的困境、前景与对策

一、乡村振兴的背景

中国经过改革开放40多年的发展,经济实力和综合国力都显著增强,许多指标都已经是世界第一:如高铁总里程世界第一,高速公路总里程世界第一,地铁总里程世界第一,外汇储备世界第一,等等。中国许多城市的豪华程度也远远超过发达国家,然而中国农村却与发达国家有较大差距,农民的生活水平虽然有了巨大提高,但仍与发达国家有一定距离。我个人一直认为:衡量一个国家是不是发达文明,不是看富人过得多么奢侈和逍遥,而是看穷人过得是否有保障和有尊严。为了让中国成为一个真正发达和文明的国家,就必须振兴乡村,必须让农民富裕起来。所以,国家提出了乡村振兴的伟大战略。

乡村振兴战略之所以成为国家战略的另一个重要原因是:中国经济持续发展的最大潜力在农村。我们知道,一个国家经济的发展有三驾马车:投资、出口和消费。我们国家经济的飞速发展就是靠这三驾马车。但从投资来看,未来投资的潜力已经不是很大,因为高铁、公路、地铁等大型基础设施建设已基本到位,虽然还会投资,但继续大规模投资的空间并不大。从出口看,我国已经是世界上出口额最多的国家,接近天花板,虽然还有可能继续增加,但增加的空间也不大。所以,我们只有依靠消费来拉动经济持续发展。但在消费中,虽然城市人的消费占主导地位,所占份额较大,但从潜力看,农民的消费潜力最大:一是农民数量庞大,截止2017年底,农民为5.8亿,这还不包括2.8亿农民工,加上农民工,农民为8.6亿;二是与城市人比,农民的消费水平还不高,如城市人每家几台空调,而农民家中多数没有空调,如果农民每家购买2台空调,那就是几亿台空调的需求量;我曾让学生对农村妇女和城市妇女每个月花在买衣服上的钱做过调查，结果发现城市妇女是农村妇女的7.8倍，如果农村妇女的购买力能提高到城市妇女的水平，服装的需求量将是多么巨大。由于农民的消费潜力巨大，所以，未来中国经济最大的拉动力将是农民消费，但要让农民有消费能力，就要增加农民的收入，就要振兴乡村。

二、乡村振兴面临的困境

（一）缺乏人才

有人说：在中国，目前搞农业的是“386199部队”，即妇女、儿童和老人。为什么老村的青壮年劳动力都跑了？无非是两个原因：一是进城打工挣的钱比留在农村搞农业挣的钱多；二是喜欢城市的生活方式。中老年农民工大部分属于第一种情况，青年农民工大部分属于第二种情况。无论属于那种情况，这些农民工从个人的角度看，都付出了三种巨大的代价：

一是付出了耽误子女成才的代价。我国目前约有农民工2.8亿人，留守儿童约5 000~6 000万人。有人曾做过对比分析，同一个班中，留守儿童的学习成绩明显低于其他同学；同一个班中，留守儿童考入一本大学的比例也远远低于父母都在身边的孩子。这些农民工多挣了一些钱，也为国家做出了贡献，但却付出了耽误自己孩子成才的巨大代价！

二是婚变的代价。农民工打工，由于夫妻不在一起，或者虽然在一起，但彼此有了更多接触异性的机会，导致农民工的离婚率居高不下，婚外同居现象频繁发生。我在农村曾经采访了一对老人，他们夫妻都六十多岁了，带了三个孙子。老人感慨的说：三个孙子，三个妈，现在一个妈都没有。老人说，他们为儿子娶了第一个媳妇后不久，儿媳妇就为他们生了第一个孙子。后来由于儿媳妇打工认识了别的男人，看不上他儿子了，与他儿子离了婚，扔下孙子，和别人结婚了。第二个儿媳妇是他儿子在打工时认识的，两人没有领结婚证就同居了，又生了一个孩子。没想到好景不长，第二个儿媳妇扔下孩子，又跟别的男人跑了。过了两年，他儿子在打工时，认识了第三个媳妇。但同居后生了一个孩子，又跟别的男人跑了。现在他的儿子一个人还在外地打工，暂时没有媳妇。他们带的三个孙子是三个不同的妈生的，但现在这三个孩子一个妈都没有。他们的妈妈在哪里,孩子不知道,老人也不知道。老人在谈到她那三个没有妈妈的孙子以及四十多岁还在单身的儿子时,不禁潸然泪下。

三是尊严的代价。一个农民进入大都市打工,有时会受到少数城市人的鄙视。这是农民工付出的尊严代价。

从国家和社会的角度看,农民工进城后导致农业和农村人才缺乏。靠留在农村的老人、妇女和儿童如何振兴乡村?

在2018年中美贸易战中,中国制裁美国的大部分是农产品,美国制裁中国的大部分是工业品。这至少说明两个问题:一是我们过去从美国进口了大量农产品;二是美国农产品与中国农产品比,有竞争优势。为什么我们的农产品竞争不过美国?从表面看,是质量和产量的差距,而背后是人才与科技的差距。

乡村振兴最急需的首先是人才,无论是产业发展、乡村治理还是乡风文明,都需要人才支撑,没有人才,就无法振兴乡村。

(二)产业兴旺之困

产业兴旺是乡村振兴的核心,只有产业兴旺了,才能谈到生活富裕以及农村其他条件的改善。目前农业产业从数量看已经非常丰富,非常充足,甚至充足到滞销和连续数年价格下降,当前产业兴旺的最大困局是农业效益低下,利润太低,甚至亏损,严重影响了农民增收。导致更多的农民对农业悲观,不想继续从事农业生产经营活动。

为什么农业产业效益低下、难以兴旺呢?

一是普通农产品太多,优质农产品太少。比如我国的苹果和梨价格连续三年(2015~2017年)下降,而且滞销;与此同时,我们每年却要进口大量的苹果和梨,仅2017年就进口90万吨。另外还进口了新西兰的猕猴桃、车厘子;进口美国的大豆数量高达每年4 000万吨左右,等等。为什么我们的农产品滞销了还要进口国外的农产品?原因是我们的农产品虽然数量很多,但优质的太少。为了满足国内高端消费者需求,就必须进口国外的优质农产品。所以,从2016年开始,国家就提出要进行农业供给侧结构性改革。其目的就是要压缩普通农产品生产,增加优质农产品以及特色农产品的供应量。

二是农民缺乏农产品营销技巧和方法,导致农产品滞销。农产品滞销和价格下降,除了部分农产品质量不高以外,还有一个重要的原因就是农民不会卖。我有一个观点:中国农业以2015年作为一个分界线,2015年以前,比谁会种,只要你有技术能够种出来,基本上不愁卖,一般都能挣钱。2015年以后,比谁会卖,谁会卖,谁就能挣钱。营销,有成千上万种方法,大学里有一个专业就叫市场营销,但农民对这些方法知之甚少。有的时候,农民还有一些不错的农产品,但就是卖不出,卖不上好价钱,主要是不懂得农产品营销的方法与技巧。而与此同时,消费者有时想买一些好的农产品,却找不到。比如:我想吃好黄瓜,但我不知道最好的黄瓜叫什么品牌?在哪儿买?我想吃好香蕉,但我不知道最好的香蕉是什么品牌?在哪儿可以买到?农民想卖,卖不出去;消费者想买,却买不到。

三是规模太小,农民没有经营积极性。我国农村大部分还是小农户经营的模式,规模小,赚钱少,自然就没有经营的积极性,对农业科技也没有兴趣。政府花钱组织农业专家到农村进行科技培训时,农民经常不愿意来,其根源在于农业经营规模太小。如果一个农民养了10万只鸡,那么他对科技的需求是发自内心的,而且需求是很强烈的,因为是否采用科学技术对他的收入有巨大影响。他甚至愿意花钱寻求和购买科学技术。

(三)村容整洁但不宜居

客观的说,改革开放四十年来,农民的住房条件有了巨大的改善。改革开放以来,我国农村住房发生了四次变革。第一次,土木结构变为砖瓦结构,变革时间大约为1978~1990年;第二次,由砖瓦架构变为钢筋混凝土结构,俗称的楼房。变革时间大约为1990~2000年;第三次,由简单的楼房变成精致的楼房,外面有瓷砖;室内地面由水泥变为瓷砖;窗户由木质变为塑钢。变革时间大约为2000~2015年;第四次,住房结构城镇化,房间功能设置接近城市,房内有卧室、客厅、餐厅等。不仅农民的房子越来越漂亮,而且农村的街道也干净、整洁了,甚至有了垃圾桶和保洁员,街道两边也有花,有树。

但这还不能称为宜居,距离宜居还有一定距离。一是绝大部分农村还是旱厕。旱厕的弊端显而易见,夏天滋生蚊虫,臭气熏天。晚上去厕所极为不便,尤其是在冬天。二是冬天洗澡不便。由于太阳能热水器的普及,农民夏天洗澡问题已基本解决，但冬天在家洗澡依然非常困难，尤其是在北方地区。三是没有暖气。由于农村没有暖气设施，农民取暖主要靠烧煤炉。由于煤炉的污染问题，目前许多村正在改装天然气取暖设施，但依然难以达到理想的取暖效果。

由于以上诸多原因，农村还不能称得上正真的宜居。由于不宜居，就很难吸引城市优秀的人才来农村，没有人才，乡村振兴就很困难。

（四）农民生活宽裕但不富裕

虽然经过改革开放四十多年的发展，农民的收入水平和生活水平有了显著提高，但与城市人比仍有较大差距。根据国家统计局公布的数据，2017 年城镇居民人均可支配收入 36 396 元，而农村居民人均可支配收入 13 432 元，农民收入只有城市人收入的三分之一左右。

农民的丰衣足食问题已基本解决，但生活的品位、档次还有待提高。比如城市人旅游的人数和开支额度远远高于农民；城市人户均汽车的拥有量远远高于农民；城市人在饭馆就餐的频率和花费远远高于农民，等等。这些都说明农民还不是很富裕。正因为如此，乡村振兴战略里专门提出了“生活富裕”的发展目标。这个目标比原来新农村建设中提到的“生活宽裕”的目标显然高了一个层次。

由于农民生活不富裕，农村就显得比较凋敝。所以，有人说：“中国的城市像欧洲，农村像非洲。”

（五）乡风文明不足

不容置疑，农村文明有了长足进展，在某些方面甚至是巨大进步。比如四十多年前，农村街道到处是粪堆、草堆，现在几乎没有了，变得干净整洁；四十多年前，很多农村人吃黄瓜是不洗的，而现在几乎没有了，卫生文明有了很大进步；四十多年前，一个农村姑娘与一个城市姑娘站在一起，仅从衣着就能看出谁是农村姑娘，现在几乎很难从衣着上分辨了，衣着文明进步了，等等。尽管农村文明有了很大进步，但仍有诸多不足。

1. 农民精神文化活动贫乏

对于绝大部分农民来说，除了看电视和打麻将，几乎没有别的文化娱乐活动。而文化活动的缺乏将会导致两种结果：一是精神空虚寂寞；二是可能导致年轻人犯罪，因为人的能量不在正常渠道耗散，就有可能在非正常渠道耗散。其实，文化活动是一种正常的耗散能量的途径和方法。我们在农村调查时发现：在婆媳都没有业余爱好家庭中，婆媳发生矛盾的次数是婆媳一方有业余爱好家庭的2.5倍，是婆媳都有业余爱好家庭的4.6倍。

2. 人文关系恶化

(1)邻里关系恶化

导致邻里关系恶化的原因主要有三种：一是由于邻居之间宅基地的界线有争议，而且恶化的时间点一般是其中有一家要盖房或翻新房屋时，两家发生争执、甚至打架；二是邻居之间由于房屋高度差异或者宅基地水平高度差异而发生争执；三是由于农村贫富差距日益拉大而导致的嫉妒。

(2)村民关系淡化

过去，村民之间相互帮助的热情和频次较高，尤其是在盖房以及婚丧嫁娶等活动中，村民之间无偿帮助，而且积极性很高。现在已经将过去的无偿互帮变成了有偿服务，当然，这也许是市场经济发展的必然结果，但让人感到人情的寡淡。

(3)家庭关系恶化

一是农村的离婚率和婚外情的频率持续上升，其原因主要是许多年轻人打工认识了更多的异性，使其有了更多的选择和诱惑。

二是对老人的关心和尊重程度下降，主要原因有两个：一是许多年轻人外出打工，孝敬老人的机会减少；二是农村家庭的重心转移：由以老人为中心转变为以年轻人为中心。当然，这是整个社会变革的结果，年轻人成为家庭收入的主要来源及社会的主宰。

农村家庭最为积极的变化是对女性的尊重程度极大提高。夫妻之间，女性不仅受尊重的程度大大提高，甚至大部分家庭已经由丈夫做主变为妻子做主，妻子的家庭的地位和决策权显著提高。另外，对子女的重男轻女思想也有了很大改变，女童的受重视程度极大改善。

三、乡村振兴的人才来源

乡村振兴必须有人才，没有人才，乡村就无法振兴。从人才的角度看，农村已经触底反弹了。过去，只有从农村逃离的人，很少看到从外面返回的，尤其是优秀人才更是如此。但最近几年，情况已经悄然发生变化。虽然农村的大部分青年人依然在逃离农村进城打工，但是城市的优秀人才也渐渐来到农村，让我们看到乡村振兴的希望和曙光。

（一）工商企业家

最近几年，许多工商企业家纷纷来到农村，从事规模化的农业生产经营活动。他们投资农业的主要原因是认为农业有良好的发展前景：中国越来越多的富裕人群需要优质高端农产品，而目前小农户生产的农产品虽然数量丰富，但质量不高，缺乏优质农产品，不能满足高端消费者需要。许多工商企业家正是看到了这一发展机会，所以投资农业。还有一部分工商企业家投资农业出于对农业的情怀：有的是喜欢田园生活；有的是过去从农村出去的，现在想落叶归根；有的是怀有“衣锦还乡”的情怀，等等。

无论什么理由，他们来到农村，加入到农业这个行业，就会加速农业发展的进程，就会促进农业现代化的发展。他们与传统的农民比较具有以下几个方面的优势：一是具有雄厚的资本，有能力采购现代化的农业机械和使用农业先进技术；二是具有丰富的经营管理经验；三是能够实现农业生产标准化，至少在他经营的范围内是可以做到的；四是具有较强的市场拓展能力。从目前的现实来看，工商企业家所经营的农场其现代化水平和科技水平明显高于普通小农户，正是他们引领着现代农业发展的方向，提高了当地农业发展的水平。

（二）大学毕业生

最近几年，越来越多的大学毕业生（包括本科、硕士、博士）选择到农村去创业，选择农业或者与农业相关的行业去创业。而这一现象也常令许多农民百思不得其解：连我们村的农民、尤其是青年人都不愿意搞农业，纷纷进城打工，为什么这些高学历的大学生却要来搞农业呢？

一是大学毕业生越来越多，许多大学生在城市找不到满意的工作，就想去农村创业，希望能开辟一块事业的新天地。

二是一些大学生不喜欢常规单位的约束，选择自主创业，工作自由。

三是大学生村官。大学生村官，是指应届全日制普通高校本科及以上学历毕业生，担任村党支部书记助理、村主任助理或其他职务。1995 年，为解决“三农”问题，江苏省率先开始招聘大学生担任农村基层干部。2005 年 7 月，中央办公厅、国务院办公厅下发《关于引导和鼓励高校毕业生面向基层就业的意见》；2006 年 2 月，中央组织部、人事部、教育部等八部委下发通知，联合组织开展高校毕业生到农村基层从事支教、支农、支医和扶贫工作。此后，大学生“村官”工作进入大范围试验阶段。2013 年，全国报名当村官的大学毕业生累计达到近 300 万名，共选聘 41 万名大学生村官。截止 2017 年，在岗大学生村官为 102 563 人（数据来源：《2016 ~ 2017 中国大学生村官发展报告》）。

（三）第一书记

第一书记，是指从各级机关优秀年轻干部、后备干部，国有企业、事业单位的优秀人员和以往因年龄原因从领导岗位上调整下来、尚未退休的干部中选派到村（一般为软弱涣散村和贫困村）担任党组织负责人的党员。据 2017 年 06 月 27 日《 人民日报 》报道：目前全国共有 19.5 万名第一书记奋战在脱贫攻坚一线。

农村第一书记，视野开阔，理念先进，经验丰富，他们来到农村为乡村振兴注入活力和生机。

（四）种田能手

在农村还有一部分坚持搞农业并执着追求的农民，他们就是农村的种田能手。由于他们有较好的农业技术，在过去他们常常从村民的称赞中获得满足。改革开放后，许多人都进城打工或做生意去了，而他们扔不下曾经给他带来“荣耀”的土地，对土地有一种特殊的情怀。为了能够收入高一些，他们一般都从别的村民那里租来一些地，规模不会太大，他们没有太多资金，其优势在于非常懂农业，也特别能吃苦，他们往往亲自劳动，可能会有少量雇工。但缺点是不太懂市场，营销能力比较弱。这些人多数已经成为新型农业经营主体中的家庭农场和专业大户。他们勤劳耕作，不断学习和钻研农业技术，成为乡村振兴中一支重要的力量。

四、乡村振兴的动力源:新型农业经营主体

目前,在农村最具活力和能动性的是新型农业经营主体,即家庭农场、农业企业、专业大户。他们竭尽全力、千方百计想把农业做好,是乡村振兴的动力源。所以,我们应积极培育新型农业经营主体。

(一)家庭农场

要培育家庭农场,必须要明确家庭农场设立的条件,这样农民才有为之努力的方向。我们认为,家庭农场应该具备三个条件:

1. 适度规模

规模过小,就依然属于旧的经营主体;规模过大,家庭劳动力就不够用,因为家庭农场必须以家庭劳动力为主;另外,规模过大,管理难度也增加了,多数农民不具备这样的管理能力。那么,适度规模应该是多大呢? 我本人认为适度规模应该符合两个条件:一是家庭农场中的主要劳动力的纯收入等于或大于城镇职工的平均收入;二是依靠家庭主要劳动力能够让农场正常运行。这两个条件是确定家庭农场规模的依据。我们查看了陕西省家庭农场规模的条件:种植粮食,关中和陕南 100 亩以上,陕北 200 亩以上;种植果树 30 亩以上;种植蔬菜 20 亩以上;养猪 300 头以上;养羊 200 只以上;养牛 100 只以上。以每个家庭农场夫妻两个劳动力计算,按以上产业五年的平均利润核算,这样的规模能够使家庭农场中夫妻的纯收入等于或大于城镇职工夫妻的收入,而且这样的规模,夫妻两个劳动力基本可以使其正常运行。

那么为什么家庭农场中的主要劳动力的纯收入要等于或大于城镇职工的平均收入呢? 因为只有这样,他们才愿意留在农村长期从事农业生产。如果他们的收入长期低于城市职工,他们也会逃离农村进城打工或做生意。但没有人种地是不行的,因为 13 亿人要吃饭,所以必须稳定这支农民队伍,而且农村环境艰苦,应该让他们的收入略高于城镇职工,算作对他们的补偿。

2. 家庭劳动力为主

家庭农场,顾名思义,应以家庭劳动力为主。根据农业部对家庭农场的解释,家庭农场不允许有长期的雇工,但可以有短期雇工。陕西省规定:家庭

农场可以有短期雇工，也可以有长期雇工，但长期雇工的数量不能超过家庭主要劳动力的数量。比如，家庭农场自己有两个劳动力，那么雇佣长工的数量最多为两个，不能超过两个。

限制家庭农场雇工数量的主要目的，一是鼓励农民通过自己的劳动勤劳致富；二是雇工过多，管理难度较大，多数农民缺乏管理能力。

家庭农场是否雇工、雇工多少，谁来监督呢？家庭农场在什么部门注册，就由什么部门监管。有的省份，家庭农场在工商局注册；有的省份，家庭农场在农业局注册。但实际上，要监管每个农场到底雇佣多少人，是有难度的。最切实际的办法是控制经营规模。如种植粮食，只要不超过 200 亩，就不可能有太多雇工；如果养猪不超过 500 头，一般夫妻两个劳动力就够了，不需要雇工。所以，家庭农场的规模不仅要有下限，还要有上限。

3. 一业为主

根据农业部的要求，一业为主指 1 ~ 2 个产业，一般不超过 3 个产业。因为产业过多，势必无法精通，农产品的数量和质量都无法保证，必然造成农业资源的浪费，这将与设立家庭农场的初衷相违背。如果只经营一个产业，必然精通这个产业，就能提高农产品数量和质量，使农业资源得到充分利用。

农业部对家庭农场有指导性的意见，但由于我国幅员辽阔，各地自然条件差异很大，所以，允许各地制定本地区的家庭农场标准。当地农民只要符合本地区家庭农场标准，就可在当地有关部门注册家庭农场。

如何培育家庭农场呢？一是及时公布当地家庭农场标准，让农民有据可依，并有努力的目标；二是基层政府应在土地流转方面给予协调和帮助，促进有建立家庭农场意愿的农民能够获得足够的土地；三是为家庭农场提供公共服务，如道路的铺设、水电的配套、农业科技的指导，等等；四是资金扶持，对于发展好的家庭农场应给予项目资金支持，并鼓励银行在贷款方面给予家庭农场一些优惠政策。

（二）专业大户

专业大户是指从事某一农业产业、且规模较大的农户，而且所从事的农业范畴一般在种植业和养殖业。如何培育专业大户呢？

1. 科学选择农业项目

相对于小农户，专业大户在选择项目方面应坚持一下几个原则：(1)人无我有，如五彩土豆、微型黄瓜、双矮苹果等，因为这些农产品市场上没有或者很少，上市后往往能获得较好的收益。(2)人有我优，比如有机大米、红心猕猴桃、薄皮核桃，等等。因为只有你的产品比普通农户优质，价格才能高于普通农户。如果专业大户的农产品价格与普通农户一样，往往难以逃脱亏损的命运。因为普通农户土地没有租金，自己的劳动力不计算报酬，而专业大户土地是租来的，还要雇佣许多劳动力，其成本比普通农户高的多，如果在农产品价格方面不能高于普通农户就有可能亏损。

政府或者农民专业合作社应在农业项目选择方面给予专业大户指导和帮助。

2. 科学营销农产品

目前，农民所采用的农产品营销方法基本上有两种：一种是“守株待兔”，就是农民将农产品收获以后放在家里，等着客商上门收购；另一种是“提篮小卖”，就是农民走街串巷地销售农产品。据我们所知，目前农产品营销的方法至少有一千多种。很多大学都专门设有市营销专业。市场营销已成为一门体系化的科学。而农民对诸多的科学方法基本上都不了解，更谈不上掌握和运用。落后的营销方法严重制约了农产品的销售和农民增收。

作为小农户，是否科学营销影响不是很大，因为他们的农产品数量较少，但专业大户就不同了，农产品数量多，且成本高，如果不科学营销，收入就比较少，甚至亏损。那么如何帮助专业大户科学营销农产品呢？

一是对专业大户进行农产品营销技能的培训，政府聘请市场营销专家或市场营销经验丰富的职业经理为专业大户进行营销知识和技能培训，提高他们科学营销的能力。

二是政府邀请营销专家帮助专业大户进行农产品营销策划，或者由专业大户聘请专家策划，政府给予一定资金补助。

三是学习典型案例，由政府组织或专业大户自己到农产品营销做的比较好的企业或地方学习。如陕西省武功县农产品电子商务做的很好，就可以学习人家的先进经验，提高自己的农产品营销水平。

3. 科学管理

专业大户由于有一定量的雇工，所以如何管理雇工就显得比较重要，但大部分专业大户缺乏科学管理的能力。所以，政府或合作社就应该在科学管理方面对专业大户进行培训，或者组织他们到管理较好的企业、农场去参观学习，提高他们的管理水平。

（三）农业企业

农业企业分为三种：一是直接从事种植业、养殖业的企业；二是农产品加工企业；三是将第一、二、三产业融合在一起的企业。

对于第一类农业企业，政府应该采取“不支持、不反对”的政策。不反对的理由是：企业按照市场法则从农民手里流转到土地，并按市场法则经营和获取利润，我们没有反对和限制的政策依据，每个个人和企业都有经营农业的权利和自由。不支持的原因是：一是企业的大规模经营，剥夺了更多农民经营农业的可能性，比如笔者曾调查了一家种植玉米和土豆的农业企业，其种植规模达 22 000 亩地，占到了一个乡镇 50% 以上的土地。如果按照一个家庭农场 100 亩计算，22 000 亩地可以培育 220 个家庭农场，一家企业剥夺了 220 户农民成为家庭农场的可能性。所以，不应该鼓励这样的农业企业。二是农业企业规模过大，就为劳动力转移带来巨大压力。如果一个乡镇 4 万亩地，由两个企业全部耕种了，那就意味着该镇数万农民必须转移出去，这显然是不现实，不可能的。三是能够有资金经营几千亩地、甚至几万地的人，已经是社会上的富裕阶层了，政府不应该再以项目资金的形式几百万、几千万支持他们了，政府有限的资金应该支持目前还不富裕、而且勤勉劳动的农民，这部分农民主要是家庭农场主。

第二类和第三类农业企业，政府应该给予支持。一是这两类企业所做的事情，一般农民是做不了的，因为投资很大，技术要求比较高，所以只能由他们去做；二是农产品加工企业的发展有利于带动第一产业的发展，从而有利于农民所生产农产品的销售以及农民增收，所以应给予他们支持。

五、农业产业兴旺的突破口

乡村振兴的核心是产业兴旺。只有产业兴旺了，农民收入才能提高，农民有钱了，生活自然就富裕了，乡风文明也就指日可待，因为古人已经说过了“仓廪实而知礼节”。那么农业产业如何才能兴旺呢？在目前农产品普遍供过于求的情况下，很多人感到困惑，找不到产业兴旺的出路。笔者认为农业产业兴旺有三个突破口。

（一）农产品优质化

虽然现在大部分农产品滞销，价格低迷，但优质农产品却很少。为了解决国内对优质农产品的需求，我们每年要进口大量的苹果、梨、猕猴桃、车厘子，等等。所以，农业经营者应该减少普通农产品的生产，通过使用科学技术，生产优质农产品，依靠优质优价，提高收入。只有农业收入提高了，才会有优秀人才愿意从事农业生产，农业才能兴旺。

（二）农产品品牌化

由于农产品没有品牌，准确说是没有知名品牌，导致消费者买不到自己喜欢的农产品，而生产者又卖不出去。比如，我想吃好黄瓜，但我不知中国最好的黄瓜叫什么品牌；我想吃好樱桃，我不知道中国最好的樱桃叫什么品牌。因为消费者找不到自己特别喜欢吃的农产品，导致农产品需求下跌，农产品滞销。我们现在比较多的是区域品牌，比如洛川苹果，周至猕猴桃等，但仅有区域品牌是不够的，还需要企业品牌（或个人品牌），因为一个区域内有许多农业经营者，他们的品种、栽培技术都不尽相同，导致农产品质量也不同。作为一个品牌，其质量应该是大体一致，质量基本稳定。如果农产品品牌化了，消费者能够买到自己喜欢的品牌，需求就增加了，农业收入就提高了，农业产业就可以兴旺。

（三）休闲农业

现在，每到放假，城市人就纷纷往城外冲，毫无疑问，城市人具有强烈的旅游和休闲的愿望。既然城市人有这个需求，作为农业经营者就应该满足城市人的需求，与此同时，农业经营者也能获得丰厚的收入，从而达到产业兴旺的目的。然而，目前做休闲农业者绝大部分是亏损的，甚至看不到赚钱的希望。为什么需求强烈，却又赚不到钱呢？其根源在于经营理念的偏差：几乎所有的休闲农业经营者都认为最能吸引人的是美景和美食，所以他们把巨额资金投在美景和美食的打造上，结果发现美景和美食打造成功了，要么没人来，要么虽然来的人很多，但亦然收入不高。因为真正能吸引人的或者能长久吸引人的根本不是美景和美食，而是精神和文化。而我们所有的休闲农庄基本都没有精神文化，所以不能长久吸引人。我在农村调研时，曾访问过一个老太太，在一个多小时的访谈中，她告诉我一个信息：她 2017 年一年中去庙里烧香拜佛 21 次。2006 ~ 2007 年，我在新西兰做访问学者时，曾遇到几个基督徒，他们告诉我：他们每周都要去教堂一次，一年 52 周，一年去 52 次。大家可以想一个问题：庙里和教堂既没有美景，也没有美食，为什么一个老太太一年能去 21 次?！一个基督徒一年能去 52 次?！九寨沟、黄山、长白山……那么美，谁一辈子去过 52 次或者 21 次？更不要说一年了。庙宇和教堂能多次吸引人去的原因在于那里有精神和文化。国外很多休闲农庄就是因为有文化、有精神内涵，不仅能吸引人多次去，而且每次去了能待较长的时间，这样休闲农庄的老板就能赚钱了。

休闲农业，是目前最有可能迅速让农业产业兴旺的引爆点和突破口。

六、乡村振兴的政策建议

（一）建立有效的乡村人才激励机制

乡村振兴必须有人才，而乡村人才的来源又是多种途径。有的是一直在农村从事农业生产的专业大户；有的是返乡的回流精英；有的是大学毕业生；有的是上级委派的第一书记，等等。必须认真研究他们的需求以及遇到的困难，千方百计创造条件激励他们创业和工作，及时解决他们工作中遇到的困难，不能让他们自生自灭。比如，大学生村官给予丰厚的工资待遇；农业企业家在土地流转方面给予帮助。

（二）积极改进村民住宿设施

农村的房子虽然很漂亮了，但由于厕所还是旱厕，冬天没有暖气等原因，很难称得上宜居。应该积极探索这些设施改进的方法，将农村打造成生态宜居的新农村。只有农村宜居了,更多的优秀人才才愿意长期居住和生活在农村。这也是世界发达国家小城镇建设的成功经验。

(三)努力提高村干部管理水平

乡村振兴中提出要让农村“治理有效”。要做到这一点,就需要通过多种途径提高村干部管理水平。一是应加强对村干部的培训,尤其是脱产培训,提高村干部的认识能力和管理水平;二是组织村干部学习在管理方面成功的村,让村干部有学习的榜样;三是尝试村干部职业化制度,让村干部就像其他政府职业一样,成为专职人员,一心一意为村民工作;四是完善第一书记制度,让第一书记确实能带动和提高村干部领导班子的管理水平。

(四)营造全社会支持乡村发展的良好氛围

乡村振兴是一项十分艰巨的任务,不能只靠政府和农民,必须动员全社会力量支持农业、帮助农民的良好氛围。2018 年 6 月 21 日,国务院宣布从 2018 年起把每年的农历秋分设为“中国农民丰收节”,让全社会关注农民、支持农民、尊重农民,形成全社会共同助力乡村振兴的社会氛围。这是一个非常好的举措。笔者从 2010 年起,就呼吁设立“农民节”,不仅在网上呼吁,并多次给国家领导人写信阐述此观点。八年的呼吁终于实现,深感欣慰。另外,笔者近三年来无偿接待农户、专业大户、农民专业合作社和农业企业咨询达 200 多人次。这也是笔者对乡村振兴的一点贡献。只有全社会共同努力,才能加速乡村振兴的步伐,乡村振兴才能早日实现。

(五)通过多种途径建设乡风文明的新农村

乡村振兴不仅要物质文明,还需要精神文明。一是政府要积极鼓励和支持农民开展各种形式的文化活动,如跳广场舞、耍社虎、自乐班等;二是设立专项经费建设各种文化活动设施;三是表扬尊老爱幼的先进人物和事迹,建立乡风文明的机制;四是探索传播文明的新载体和新途径,如宁夏固原市科学技术协会通过手机为农民传播乡风文明的典型事例和致富故事,取得了良好效果。

刊于《新疆农垦经济》2018 年第 11 期

问答乡村振兴：“谁来兴”“兴什么”“如何兴”？

实施乡村振兴战略，谁来兴？兴什么？如何兴？就此问题，西北农林科技大学经济管理学院王征兵教授与《陕西日报》记者齐卉进行问答式讨论。

记者：面对新形势、新发展，实施乡村振兴战略有哪些现实意义？

王征兵：和发达国家比较来看，我国的大中城市和发达国家已经没有什么差距，某些方面的发展水平甚至已经超过了发达国家，比如高铁、城市地铁等。但在农村，农民生活水平和城市居民的生活水平有较大差距。过去，中国经济发展靠投资和外贸，要进一步发展，还要靠第三驾马车，即消费。彩电、冰箱、汽车等产品，现在最大的消费潜力在农村。以空调来说，城里一个家庭有两三台空调很常见，而在农村并不多。有调查显示，城市妇女一年买衣服的花费是农村妇女的7倍还要多，不是农村妇女不爱美，而是要增加他们的收入，才能有钱去买东西，才有更多的物质需求。

其次，农业收入低，年轻人都进城，农村出现了“空心村”的情况。实施乡村振兴战略，不仅要产业发展，更要产业兴旺。发展，是有所进步；兴旺，是要做好、做强、做大，是要把农业做成让人羡慕的产业。2016年中国进口了6.7万吨苹果，70万吨梨，还有大量的新西兰猕猴桃，还有澳大利亚的橘子等高端产品。如果我们能生产出更多的优质农产品，这个钱农民可以赚，收入会提高，产业就会兴旺。

记者：乡村振兴要靠谁来发展？谁才能成为乡村振兴的主体？

王征兵：未来乡村振兴的主体，一是农业企业家，过去他们经营工业、煤矿、房地产等企业，如今回归农村，觉得农业是一个有前景的行业，他们会带动农业产业的发展。首先，他们有资金。其次，有市场营销的能力和非常丰富的经验和团队。除此以外，他们具备企业管理能力，有可能把农业做大做强，有把农业产业做到兴旺的可能性。在我们陕西，已经有许多这样的农业企业家。比如，杨凌有一个农业企业家王小铁，原来在北京做企业，五年以前对农业产生了兴趣，来杨凌种植了500亩猕猴桃。园区管理规范，资金投入多，起点高，标准高。他的猕猴桃在市场上卖价10元至25元一个。由于他的带动，周边村民也种了很多猕猴桃，种植都比较规范。第二类，大学生。大学生振兴农业农村有两类，一是大学生村官，比如蓝田县巨一村的大学生村官宋博，带领村民种植优质草莓，经济效益很好，通过产业让村民收入提高了。二是到乡村去创业的大学生。如西北农林科技大学经济管理学院本科生田义，对苹果销售有兴趣，把陕西很多地方的滞销苹果卖到国外。第三类，一些有志向有奉献精神的村干部。他们有想做一番事业的雄心，能够沉下心来搞好农村基础设施建设，给村上想一些致富项目，带动村民致富。第四类，家庭农场，他们也是产业兴旺的经营主体。

记者：乡村振兴，振兴什么？重点问题是什么？

王征兵：乡村振兴的重点问题是产业振兴。如何振兴农村产业，把产业从低迷的状态变成兴旺的状态？首先，要科学选择产业项目。农民靠自己的能力很难找到有市场前景的项目。跟风种植养殖的比较多，市场把控能力差。这个怎么办呢？地方政府要请专家进行论证，多给农民提供项目信息。其次，科学种植优质的农产品。会种猕猴桃的人很多，但优质的猕猴桃不多。要告诉农民，施什么肥，什么时候施肥，什么时候修剪、如何修剪。对新型经营主体进行农业科技培训，提高农产品的科技含量。第三，做好农产品的市场营销，让好产品卖出好价钱。通过学习，让农民建立自己的营销团队。合作社可以先朝这个方面发展。只有这样，农产品卖个好价钱，有了好收入，才能长期扎根农村，振兴乡村。

记者：乡村振兴我们还需要在哪些方面下工夫？

王征兵：除了让产业兴旺，我们要更多地关注乡风文明。很多农民的业余生活就是打麻将、看电视、玩手机，缺乏自己的精神家园。在农村，集资修路不容易，集资修庙却很容易，这给我们一个启示，要去引导农民做合理的文化娱乐活动。今年，耍社火的多了，点亮工程在乡村也多了，政府对广场舞更加提倡和支持，农民的精神文化生活更丰富了。在生态宜居方面，我认为也包括村容的振兴。现在农村住房有了很大改进，住房水平有了很大提高。但相比较"宜居",还有较远的距离。比如,旱厕问题,冬天无法洗澡问题,垃圾处理不彻底。这几个问题是难题,需要我们下更大的工夫。

贫困问题探索及我们对脱贫所尽的绵薄之力

——《贫困识别、演进与精准扶贫研究》序

【高帅的专著《贫困识别、演进与精准扶贫研究》2016年9月由经济科学出版社出版。本人应邀为该书做了序。高帅,西北农林科技大学经济管理学院博士毕业,现在山西大学经济与管理学院任教。】

由于中国经济的飞速发展,更多的人,尤其是年轻人对贫困的感知比较表面。作为20世纪60年代出生的人,我亲历了贫困,许多贫困的记忆至今仍历历在目。

记得上小学时,学费只有五角钱,但就是这五角钱,让父母搜肠刮肚,不知从何处筹措。父亲低着头,在家中痛苦的徘徊。上高中时,家距离学校十几里路,坐公交只需1角钱,但三年时间几乎没有坐过公交,更买不起自行车,硬是步行了三年!父母在六十岁以前几乎没有进过医院,生病时,豆大的汗珠不停往下流,为了省钱不去医院诊治。后来我工作了,父母才做到了病有所医。

当今,多数人都过上了衣食无忧的生活,但仍有少数人由于种种原因依然贫困。如果一个国家仍有一部分人食不果腹、病无所医、居无其所,那么无论其他人多么富有,这个国家都不能称为一个真正文明的国家。一个国家是否文明,不是看富人过得多么奢华和逍遥,而是看穷人是否过得有尊严和保障。所以,中华民族要实现伟大复兴,就必须消灭贫困。到2020年,全面消除贫困已成为国家战略和全社会的共识,但如何识别贫困并实施精准扶贫是一个理论难题和现实困惑。无数仁人志士都在探求和摸索。山西大学高帅博

士就是众多求索者之一。

早在2010年，他在西北农林科技大学攻读博士学位期间，就开始了对贫困问题的探索和研究。六年来的思索和研究都集中体现在他撰写的这本书《贫困识别、演进与精准扶贫研究》里。

本书立足于贫困地区农村人口生产生活实际，应用经济学的理论和方法，从宏、微观的不同视角分析了贫困地区贫困人口现状，探讨了粮食生产能力与贫困、粮食消费与贫困、基于营养摄入安全的贫困和基于能力剥夺和主观福利感受的多维贫困，进而对贫困地区贫困人口贫困状况进行综合评价。通过研究得出以下几个结论：

(1)农村人口年龄、从事农业活动时间、区域差异、受教育程度、绝对收入、社会地位及相对收入等，均对农村人口持续多维贫困产生显著影响。

(2)能力剥夺是多维贫困的根源，也是构建精准扶贫机制的抓手，做好多维贫困识别与精准扶贫的有效衔接是减少多维贫困的关键。社会地位每提高一个等级，3维、4维和5维贫困人口脱贫可能性将分别增加3.8%、5.3%和5.6%。绝对收入对多维贫困演变产生积极显著影响，而相对收入的作用不显著。

(3)对贫困地区农村人口而言，粮食生产能力对其粮食消费产生积极影响；粮食获取能力提高有助于其粮食消费实现由“量”安全到“质”提高的转变；粮食供给水平提高对其粮食消费产生正向显著影响。

(4)收入不确定性对居民食物安全产生的负面影响要明显强于收入水平提高产生的促进作用。

这些研究结论揭示了贫困现象背后的一些规律，这些规律对精准扶贫具有重要的指导价值。

最近，我在农村做了一些调查，惊喜的发现各级政府以及社会各种组织和群体都投入到精准扶贫的洪流中，有钱的出钱，有力的出力，有智的出智。我和我的学生也积极投入到精准扶贫的工作中。2015年11月，为了帮助陕西省杨凌示范区揉谷乡姜嫄村脱贫致富，我和我的博士研究生为该村免费编制了《姜嫄村产业转型方案》；在这之前，就曾免费为陕西省咸阳市秦都区双照街道办消渡村编制了《消渡村产业发展规划》；从去年至今年，我指导西北农林科技大学学生组织“创行团队”义务帮助陕西省周至县红旗村销售蜂蜜；

最近,我和我的学生又深入秦岭深山,来到陕西省镇安县月河镇太白庙村调查,诊断和寻找这个贫困村的发展之路,我们撰写了两万多字的《太白庙村产业扶贫发展规划》。

高帅,是一个对农村充满眷恋而又对农民富有深情的青年人。他在西北农林科技大学用九年时间从本科读到博士,我作为他的导师,对他比较了解、熟悉。他以对农村和农民的热爱,执着地选择了研究贫困问题。为了获得第一手资料,他多次到陕西的镇安县、洛南县等地的贫困户调查调研,思考探索农民脱贫之道。

高帅对贫困识别和精准扶贫做了长期思考和研究,这本书集中反映了他的研究成果。只有更多的人加入到精准扶贫的探索和行动中,贫困户才会早日脱贫,中国才会早日进入“众乐”的文明社会!

“精准扶贫”中的那些奇葩事

到2020年,中国要让7 000万人脱贫,毫无疑问,这是人类历史中最为浩大的脱贫工程。

目前,各级政府已经将巨大的人力和物力投入到“精准扶贫”这项伟大的工程中,并取得了良好的效果:

一是让那些没有劳动能力的人通过政府“兜底”的政策,生活有了基本保障;二是产业扶贫让干部为民所想、为民所急,密切了干群关系;三是让领导干部对农村的真实情况有了切身体会和了解。

然而,在“精准扶贫”中也出现了一些令人啼笑皆非的奇葩事,我把自己亲眼看到和听到的这些事情,记录下来与大家分享,希望我们能完善“精准扶贫”工作,把“精准扶贫”做的更好。

一、羊变成了酒

有一个贫困户,帮扶干部给其送了5只羊羔,让他好好养,养大后,可以天天靠卖羊奶赚钱。本来这是一个几乎没有任何风险的致富项目，因为当地有专门收购羊奶的公司，帮扶干部也专门与该公司沟通了，公司答应优先收购贫困户的羊奶。饲草也不成问题，而且帮扶干部是一位农业技术人员，愿意无偿进行技术指导，尤其是羊疾病的预防和治疗。

然而，当这位帮扶干部第五次来到贫困户时，却发现羊不见了。帮扶干部问："羊咋不见了？"贫困户说："羊丢了"。后来从周围群众那里得知，这位贫困户有嗜酒的恶习，由于没钱买酒，就把 5 只羊廉价卖了，卖的钱拿去喝酒了。致富的羊变成了贫困户的口中酒。

二、并不孤独的孤独老人

有一个 82 岁的老太太，因无人赡养且没有收入来源，被列入贫困户。但后来通过详细了解调查，老太太有四个子女，两个女儿已经嫁到外村，两个儿子都已儿孙满堂。按照农村乡俗，女儿嫁出去后，不再承担对父母的赡养义务。两个儿子中的大儿子很早就与父母分家了，并以没有继承家产为由，不承担对父母的赡养义务。小儿子一直与父母生活，并继承了父母的房产。老太太的老伴十几年前去世，老太太一直与小儿子一家生活。但"精准扶贫"开始后，改变了老太太的生活。

小儿子的媳妇为了骗取政府的补助，硬要与老太太分家，并把老太太的户口单独列开，还把老太太赶出他们新盖的楼房，让太太重新搬回过去的老屋，制造老太太孤独一人的假象，这样老太太就可以列入贫困户，领取政府的补助。为了做的形象逼真，小儿子一家很少过问和照顾老太太。

一个拥有四个子女的老太太却要靠政府补助过着孤苦伶仃的生活。悲哉！

三、好心没有好报

2017 年中秋节来临之际，两位帮扶干部先后看望了各自帮扶的贫困户。这两个贫困户不仅在一个村，而且还是邻居。于是，两个贫困户就聊起了帮扶干部中秋节给他们送来的礼物。

贫困户甲说：帮扶干部给我送来一盒月饼，一桶 10 斤装的菜籽油，一袋 20 斤装的面粉和一箱葡萄。

贫困户乙义愤填膺的说：帮扶我的干部咋给我只送了一盒月饼?！这狗 R 的把给我买礼物的钱贪污了。

后来我了解到，政府并没有专门的资金为贫困户购买月饼。给贫困户送月饼是帮扶干部的个人行为，送礼物的钱也都是自己掏的。由于每个干部经济能力不同，家庭经济负担不同，给贫困户送的礼物多少也有差异。然而，无论礼物多少，这都是一份心意，都应怀有感恩之心。

如果贫困户的对话让帮扶干部听到了，毫无疑问，只有两个字能描述他们的心情：伤心！

四、有时间看贫困户，却没有时间看望病榻上的父亲

2017 年 11 月 18 日，我在陕西省渭南市调研农村“三变改革”。碰到几个扶贫干部在车上聊天。一个干部说：我每周都要到贫困户家去一次，这是硬任务，但是我的父亲已经住院快一周了，还没去过一次。单位的工作每天都要干到晚上十二点左右，此时总觉得不方便打扰已经在医院入睡的父亲，总想着明天抽时间早点去，但天天都忙到晚上十二点以后。愧疚啊！

五、为了贫困户，几十个婴儿嗷嗷待哺

2017 年 9 月某夜，一个县正在召开全县千人大会，部署下一步的“精准扶贫”工作。会议从晚上七点开到凌晨十二点还没有结束。正在开会的干部中有几十个女干部是正在哺乳期的母亲，孩子又不吃奶粉，于是，有的丈夫把孩子从家里抱到会议室外，希望妻子能在会议间隙给孩子喂口奶；有的是爷爷奶奶把孩子抱来的；有的是保姆把孩子抱来的。

会议室里，上千名干部在商讨如何让贫困户脱贫，过上好日子；会议室外，几十个帮扶干部的孩子却没有奶吃，嗷嗷待哺，哭成一片。有人把外面的情况汇报给了主持会议的县委书记，县委书记临时休会 20 分钟，让这些母亲给孩子喂奶。

这些故事让我无法忘记,久久难以释怀。我希望所有贫困户能早日脱贫,也希望扶贫干部能得到基本的人文关怀。

村干部工资标准研究

村干部的收入有三部分:一是因担任村干部所获取的工资报酬,准确说,叫补贴;二是利用职务便利获取的非法收入,即“灰色”收入;三是从事与村干部角色无关的生产经营活动(如养猪、种粮)所获取的正当收入。本文所要探讨的是第一种情况。第二种和第三种情况另文研究。

一、村干部工资收入现状

1. 村干部工资水平调查

村干部工资收入,因各地经济发展水平的不同,差异较大。为了便于研究,2005 年我们选取了陕西省兴平市进行调查。在该市随机调查了 200 名村干部。其工资收入状况见表 1。

表 1　村干部工资统计表

月工资(元)	50 以下	50 ~ 70	70 ~ 90	90 ~ 110	110 ~ 130	130 ~ 50	150 ~ 170	170 ~ 190	190 以上	合计
人 数	8	12	20	32	56	20	12	8	32	200
%	4	6	10	16	28	10	6	4	16	100

这 200 名村干部的平均工资为 125. 85 元/月。年平均工资收入为 1 510. 2 元。而 2003 年陕西省农民人均纯收入为 1 675 元,这些村干部的工资收入比陕西省农民人均纯收入低 164. 8 元。有人可能会认为村干部的“灰色”收入较多,没有必要关心其“工资”收入的高低,这一观点是不对的。一是由于各村经济状况的差异,村干部“灰色”收入差异较大。有些村的村干部“灰色”收入

很少或没有，“工资”收入又太低，从而影响了其工作积极性，甚至有些村没有人愿意当村干部。二是农村费改税后，村干部的“灰色”收入来源大大减少，如果正常工资收入仍然过低，将会导致无人愿意当村干部，特别是优秀人才不愿当村干部；三是村干部的“灰色”收入，已影响了干群关系，必须采取有效措施限制其“灰色”收入，但同时必须提高其合法的工资收入，才能使村级政权正常运行。

2. 村干部对工资水平的满意程度

在被调查的200名村干部中，当问及对自己“工资”的满意程度时，仅有8人表示满意，占4%；比较满意的16人，占8%；不满意的136人，占68%；很不满意的40人，占20%，详见表2。满意和比较满意的只占12%，不满意和很不满意的高达88%。由此可以看出，大多数村干部对“工资”不满意。对“工资”的不满意，使一些村干部心灰意冷，对工作没有激情，得过且过，严重影响农村经济的发展。

表2　村干部对工资满意程度调查表

满意度	满意	比较满意	不满意	很不满意	合计
人数	8	16	136	40	200
%	4	8	68	20	100

在调查中，出乎意料的是，对“工资”收入满意的8人，却不是“工资”最高者，而是接近平均数。问其为什么满意，理由主要有两点：一是他们认为虽然“工资”不高，付出的劳动也不多，相对付出的精力，认为是满意的；二是他们认为村上的民办教师，天天要上班，而每月只有70元工资，与民办教师相比，他们知足了。

对“工资”很不满意的40人中，多数是“工资”较高或最高者。不满意的原因主要有三方面：一是他们虽然比其他村干部“工资”高一些，但付出的时间和精力太多；二是他们认为自己和村上的一些致富能手相比，智商和能力差不多，而收入比他们少；三是村干部工作难度很大，为了完成工作经常要和自己熟悉的人打打闹闹，争争吵吵，如此艰难地工作一年，也只有两三千元收入。

3. 村民对村干部工资收入的评价

笔者随机调查了200名村民，询问他们对村干部工资收入水平的看法，有148人认为高，有22人认为较高，有8人认为一般，有6人认为低，有16人因对村干部收入高低不清楚，未作判断。详见表3。

表3　村民对村干部工资水平判断表

评价	高	较高	一般	低	不清楚	合计
人数	148	22	8	6	16	200
%	74	11	4	3	8	100

当问到他们是否知道村干部一年的工资具体是多少时，竟然没一个知道。那么他们凭什么判断村干部工资收入的高低呢？他们一致的回答是凭感觉。所以，表3所反映的是村民的一种臆想判断。由此可以看出，村民对村干部工资收入的判断存在误区，而且这一误区会影响干群关系，阻碍农村经济发展。

当村民看到笔者调查到的村干部“工资”收入表即表1时，只有11人相信其真实性，其余189人均不相信，他们认为村干部工资收入比表中所反映的水平要高得多。村民们之所以认为村干部的工资收入高，是因为他们把村干部的“工资”收入和“灰色”收入加在一起考虑的。尽管这两项收入具体是多少他们均不清楚，但大多数村民均凭猜测认为村干部收入高。

当问到，假如村干部没有“灰色”收入，所获得的“工资”收入就如表1的水平，你认为村干部收入高还是低时，有6人认为高，12人认为较高，16人认为一般，162人认为低，4人认为不清楚，详见表4。81%的村民认为村干部“工资”水平低，一方面说明村民能做出客观公正的判断，另一方面说明村干部的“工资”收入的确太低。

表4　村民对村干部实际工资收入评价表

评价	高	较高	一般	低	不清楚	合计
人数	6	12	16	162	4	200
%	3	6	8	81	2	100

通过对村干部和村民的调查，双方均认为村干部的“工资”水平偏低。

二、村干部对工资水平的期望

1. 村干部的期望

假如在没有“灰色”收入的条件下，多高的工资收入村干部才能满意呢？在被调查的200名村干部中，8人认为200～300元即可，占被调查人数的4%；12人认为应为300～400元，占6%；20人认为是400～500元，占10%；40人认为是500～600元，占20%；52人认为是600～700元，占26%；40人认为是700～800元，占20%；16人认为是800～900元，占8%；8人认为是900～1 000元，占4%；4人认为是1 000元以上，占2%。详见表5。

表5　村干部工资水平期望表

月收入（元）	100以下	200～300	300～400	400～500	500～600	600～700	700～800	800～900	900～1000	1000以上	合计
人数	0	8	12	20	40	52	40	16	8	4	200
%	0	4	6	10	20	26	20	8	4	2	100

2. 平均期望值

将每档收入的人数百分比做为权重，可以计算出村干部的平均期望值。首先，按每档收入的上限计算，可计算出上限平均期望值$E_{上}$为680元。

$$E_{上} = \sum_{i=1}^{n} R_i O_i = 0\times0 + 300\times4\% + 400\times6\% + 500\times10\% + 600\times20\% + 700\times26\% + 800\times20\% + 900\times8\% + 1000\times4\% + 1000\times2\% = 680(元)$$

$E_{上}$——上限平均期望值；R_i——第i档收入上限；Q_i——第i档收入人数百分比；i——第i档；n——分组数。

最后一组的上限值按1 000元计算。

按每档收入的下限计算，可计算出下限平均期望值$E_{下}$为582元。

$$E_{上} = \sum_{i=1}^{n} R'_i O_i = 0\times0 + 200\times4\% + 300\times6\% + 400\times10\% + 500\times20\% + 600\times26\% + 700\times20\% + 800\times8\% + 900\times4\% + 1000\times2\%$$

$= 582$(元)

$E_{下}$——下限平均期望值;R'_i——第i档收入下限;Q_i——第i档收入人数百分比;i——第i档;n——分组数。

村干部的平均期望值 $E = (E_{上} + E_{下}) \times \frac{1}{2} = 631$(元)

3. 村干部期望与农民收入的对比

村干部的月平均期望值为631元,年平均期望值为631×12=7572元。2003年兴平市农民人均纯收入为1 830元。村干部的平均期望值比当地农民人均纯收入高出5 742元。村干部平均期望值是农民人均纯收入的4.1倍。

2003年陕西省农民人均纯收入为1 675元,被调查村干部的平均期望值比陕西省农民人均纯收入高5 897元,是陕西省农民人均纯收入的4.5倍。

三、村民对村干部工资水平的定位标准及村干部的态度

1. 村民对村干部工资的定位标准

如果村干部工资收入过低,则会影响村干部的积极性;如果村干部工资收入过高,则会引发村民的不满,那么村民认为村干部拿多少“工资”算比较合适呢?

在被调查的200名村民中,有6人认为村干部的“工资”收入100元为宜,42人认为应为200元,106人认为应为300元,34人认为应为400元,6人认为应为500元,4人认为应为600元,2人认为应为700元。在调查表中虽然设置了700元以上的标准,但无人选择,即没有人认为村干部的“工资”应超过700元。详见表6。

表6　村民对村干部工资的定位标准

工资标准(元/月)	100	200	300	400	500	600	700	合计
调查人数	6	42	106	34	6	4	2	200
%	3	21	53	17	3	2	1	100

把人数百分比作为权重,可计算出村民对村干部“工资”定位标准的加权平均数。

$$E = \sum_{i=1}^{n} R_i Q_i$$

E—— 工资加权平均数；R_i——第 i 档工资收入水平；Q_i——第 i 档赞成人数；n—— 分档数。

通过计算，E = 306 元即村民对村干部“工资”定位标准的加权平均数为 306 元。也就是说，村民认为村干部每月工资 306 元比较合适。

2. 村干部对村民定位标准的态度

我们把村民对村干部“工资”定位标准，反馈给 100 名村干部，征询他们对“标准”工资的意见。有 70 人表示不满意，认为“标准”太低；25 人满意；5 人认为无所谓，表示自己当村干部不是为了收入，主要是精神需要，见表 7。这一调查结果表明，村民给村干部定的“工资”标准过低，因而大多数村干部不满意。所以，不能把这一标准作为村干部的“工资”标准。

表 7 村干部对工资标准的反映态度

态度	满意	不满意	无所谓	合计
人 数	25	70	5	100
%	25	70	5	100

四、村干部“工资”水平的合理定位

村干部的“工资”标准既不能按村干部的期望确定，也不能按村民的意愿来确定。因为如果按村干部的期望确定，村民会认为过高而不满意；如果按村民的意愿确定，村干部会认为过低而不满意。所以，应按双方均能接受的标准来确定村干部的“工资”水平。

1. 村干部“工资”水平的确定

村干部的“工资”期望值为 631 元，村民给村干部的“工资”定位为 306 元。村干部的合理“工资”水平应在 306 ~ 631 元之间。我们在 306 ~ 631 元之间制定了 9 套方案，反馈给该镇 100 名村干部和 100 名村民，征求他们的意见。结果详见表 8。

表 8　村干部和村民对工资方案的态度

序号	1	2	3	4	5	6	7	8	9
工资方案	310	350	390	430	470	510	550	590	630
村干部满意率(%)	26	36	44	60	76	78	82	92	96
村民满意率(%)	60	58	56	54	52	40	32	14	4
满意率之和(%)	86	94	100	114	128	118	114	106	100

从表 8 可以看出，随着“工资”档次的升高，村干部的满意率逐步上升，而村民的满意率逐步下降。那么到底选哪个方案呢？我们从村干部和村民的满意率之和中可以看出，第 5 个方案满意率之和最高。所以，我们认为应选第 5 个方案，即村干部“工资”合理标准应为每月 470 元。

2. 村干部合理“工资”水平与村民收入的对比

兴平市村干部的合理性“工资”水平为每月 470 元，全年收入为 470 × 12 = 5640 元。2003 年陕西省农民人均纯收入为 1 675 元。村干部合理“工资”水平比当地农民人均纯收入高 3 965 元，是农民人均纯收入的 3 倍。村干部合理“工资”水平与当地农民人均纯收入的比例具有广泛的推广价值和借鉴意义。

3. 借鉴意义

我们所测算的兴平市西吴镇村干部合理“工资”水平为 470 元。村干部和村民双方大多数人均表示满意。当然，这是双方信息沟通的结果。在进行第一次调查时，200 名村干部对 500 元以下工资满意的只有 40 人，满意率只有 20%（见表 5）。当第二次调查时，告知村民对其“工资”的定位标准，对 470 元“工资”满意的村干部竟达 76 人，占被调查村干部的 76%。村民起初愿意给村干部 400 元以上“工资”的人数只有 46 人，占被调查人数的 23%（见表 6）。在信息充分沟通后，对村干部 470 元“工资”满意的村民竟高达 52%。

因为村干部和村民双方大多数人对我们测算的村干部合理“工资”水平表示满意，我们认为这一标准是比较恰当的。

这一测算结果的借鉴意义在于，其他地区在确定村干部“工资”水平时，应以当地农民人均纯收入的 3 倍为宜。不必再重复以上复杂的调查和测算。一个人对自己收入是否满意，往往不取决于收入的绝对水平，而是取决于自己收入与群体的相对水平。尽管各地经济水平和人们的收入水平差异较大，但这一规律具有普遍意义。这也正是本文的研究价值和推广意义之所在。

另外，值得一提的是，我们上面测算的仅是村干部的平均“工资”水平，但村干部内部有村委会主任、副主任、村支书、会计、治安主任、妇联主任等职位和职责的区别。“工资”水平也应有差别。村干部内部的“工资”级别最多可分三级，不宜多分，且每级差别一般应不超过平均“工资”水平的10%。

【本文发表于2004年，该文的观点引发社会的普遍关注。2008年，陕西省宝鸡市人民政府发文，将村干部工资（年薪）提高到当地农民人均纯收入的3倍。后来，许多地方都按照本文的观点制定村干部的工资标准。截止2019年，全国许多省市按照此标准为村干部发放工资。另外，参与此项研究的西北农林科技大学经济管理学院本科生黄越慈、崔真真等5名同学，所撰写的研究报告《村干部工资标准研究》2005年获“挑战杯”全国大学生课外学术科技作品竞赛一等奖。】

刊于《中国农村经济》2004年第10期

村干部激励因素贡献分析
——以陕西省长武县为例

一、引言

长期以来，“工资是激励的重要手段（宫坂纯一，1996）”。然而，随着对人类社会经济行为研究的深入，管理学上关于激励雇工的手段逐步扩展到非货币工资报酬领域，例如工作环境、工作氛围、工作团队、沟通、成就认可、权力需要、非正式组织等；经济学则在货币工资报酬的基础上提出了企业剩余索取权（Grossman and Hart，1986）、职业声誉（Fama，1980；Kreps，1982）、习惯与文化（速水佑次郎，1998）等因素对激励的重要作用。因此，影响激励的因素是多元的。

中国的村干部既不是严格意义上的雇员，又不是严格意义上的管理人员，也不是公务员。他们世居生活在“熟人、半熟人”的农村社会（贺雪峰，

2000[a]);他们的工作内容繁杂并且在不同的时期有不同的工作重心(徐勇,2001;王征兵,2004);他们的权力来源于不同的主体,角色具有双重性;他们的工作报酬依法只能称之为误工补贴。虽然从法理上他们是来源于村民,其标准应由村民代表大会决定,但现实中报酬的实际发放权牢牢被乡镇政府控制(徐增阳、郑迎春,2001;彭代彦、张卫东,2003)。因此,影响村干部工作积极性的因素有其独特性。为了便于规范分析,结合笔者的农村调查资料,本文将影响村干部工作积极性的因素归纳为四个方面,即工资报酬、发展机会(例如培训、晋升等)、社会声誉以及规范化村治制度的运行效果。

而作为定量研究激励问题的“激励”变量是一个比较抽象的变量,涉及到有关激励度量的问题,人们常用“工作积极性”概念代之,例如委托—代理激励理论将其描述为努力程度(Laffont and Martimort,2002)。基于调查资料,本文将从“对工作的满意度”“对工作难度评价”以及“留任意愿”三项指标来分项考察村干部的“激励强度”。

本文后面内容结构如下:第二部分主要介绍数据来源及基本特征;第三部分为本文的计量分析;第四部分为情景试验;第五部分为结论。

二、数据来源与描述统计

本次调查是笔者在国家自然科学基金项目的资助下,于 2006 年 11 月 15 ~ 19 日在陕西省长武县所辖的昭仁镇和地掌乡两地展开的。据 2007 年长武县政府信息网资料,该县位于秦陇交界处,总面积为 567.1 平方公里(其中,耕地面积 29.9 万亩,且以坡地为主),海拔 847 ~ 1 274 米。全县农业人口比重约为 91.05%。全县完成国内生产总值 47 500 万元,财政收入 2 180 万元。

本次调查采取了问卷调查与开座谈会调查相结合、重点调查与抽样调查相结合的方法,共获得 128 份村干部问卷,涉及 40 个行政村。经检验,对本研究有价值的问卷共计 112 份,其中,经济发达村 2 个,经济中等村 15 个,经济落后村 19 个。调查发现,当前村级财务状况相当吃紧,村级财务亏损面约达 70%。

表 1 是用于计量分析的主要变量。从“工作满意度”“工作难度评价”及“留任意愿”三个指标来看,目前村干部对工作满意度的评价比较高,但对工

作难度的评价也比较高，这导致他们的留任意愿比较低。在被调查的村干部中，年龄偏高（平均年龄近 50 岁），受教育程度比较低（大多是 9 年教育程度），党员比重比较大（约 75.5%）。目前，村干部的名义补贴额的差异比较大、补贴兑现率较低。因此，村干部普遍认为他们的社会声誉略有降低。

表 1　计量分析所用到的主要变量

变量名	变量标识	取值或定义	样本量	均值	标准误差
激励变量					
Sat	工作满意度	不满意 =1，一般 =2，满意 =3	93	2.538	0.563
Dif	工作难度评价	容易 =1，一般 =2，较难 =3，难 =4	100	2.230	0.664
Cont	留任意愿	不想 =1，无所谓 =2，想 =3	98	1.980	0.849
个人背景变量					
X_1	年龄	单位：岁	110	47.891	7.696
X_2	教育	受教育年数，单位：年	94	9.255	2.309
X_3	政治面貌	党员 =1，其他 =0	102	0.755	0.432
X_4	家庭人口数量	单位：人	112	4.643	1.207
报酬变量					
X_5	名义补贴额	单位：元/年	88	7662.636	5455.019
X_6	名义补贴兑现率	单位：%	95	52.986	33.519
声誉变量					
X_7	社会声誉	降低了 =1，没变化 =2，提高了 =3	102	1.775	0.854
制度变量					
X_8	规范化村治制度的运行效果	差 =1，一般 =2，好 =3	100	2.300	0.577

三、实证分析

(一)Kendall's tau_b 非参数相关性检验

从表 1 可以发现,本文分析的变量多为有序的类别性变量,对这类数据的相关性检验需用 Kendall's tau_b 相关性检验(范克新,2004),借助 SPSS13.0 社会统计软件包可以实现这一检验,结果见表 2。

工作满意度和留任意愿与个人背景变量中的家庭人口数量、报酬变量中的名义补贴兑现率、声誉变量以及制度变量正相关。这说明,随着家庭规模(家庭人口数)的增大,担任村干部所能获得的激励程度将是增加的。这是因为担任村干部能增加与乡镇干部的接触,从而通过丰富家庭的社会关系网络而增进家庭的社会资本。比如,笔者在调查中听到一个村干部反映,“通过担任村干部,一方面可以很快了解相关的政策建议,另一方面通过与上级领导接触,能为家里打点一些事情提供方便”;而另一个村民的陈词可能更为直白和偏激,“当村干部好啊,像某某做了几年村干部,超生了白胖小子,也没见乡上把他家怎样”。从表 1 得知,当前村干部补贴兑现率比较低。因此,名义补贴额对村干部的激励程度不大,但提高名义补贴兑现率能直接提高村干部的工作满意度以及提升继续担任村干部职务的可能性。

但是,村干部对工作难度评价与名义补贴兑现率、社会声誉有着显著的相关性。从相关系数来看,名义补贴兑现率的提高和社会声誉的提高能降低村干部的工作难度评价。

表 2 非参数相关性检验(Kendall's tau_b 系数)

	Sat	*Dif*	*Cont*	X_1	X_2	X_3	X_4	X_5	X_6	X_7	X_8
Sat	1.000										
Dif	-0.093	1.000									
Cont	0.367***	-0.105	1.000								
X_1	0.133	0.045	-0.019	1.000							
X_2	-0.081	0.021	-0.147	-0.230***	1.000						

续表

	Sat	Dif	Cont	X_1	X_2	X_3	X_4	X_5	X_6	X_7	X_8
X_3	0.136	-0.113	-0.030	0.077	0.061	1.000					
X_4	0.282 * * *	0.021	0.291 * * *	0.057	-0.098	-0.093	1.000				
X_5	0.116	0.081	0.147 *	-0.012	-0.070	0.035	0.162 *	1.000			
X_6	0.327 * * *	-0.198 * *	0.280 * * *	0.096	-0.087	-0.004	0.119	0.100	1.000		
X_7	0.253 * * *	-0.156 *	0.375 * * *	0.014	-0.040	-0.031	0.163 *	0.077	0.225 * *	1.000	
X_8	0.506 * * *	-0.064	0.282 * * *	0.001	0.138	0.159	0.152 *	0.195 * *	0.108	0.280 * * *	1.000

注：* * *、* *、* 分别表示 1%、5%、10% 的显著性水平。

（二）*Ordered Logistic* 模型回归分析

由于本文所分析的因变量（“工作满意度”“工作难度评价”及“留任意愿”）为有序类别型变量，针对这类情况，一个自然的选择是采用 *Ordered Logistic* 模型进行估计（高铁梅，2006），模型形式如下：

$$Y_k^* = X_k'\beta + \varepsilon \tag{1}$$

（1）式中，Y_k^* 是一个潜在变量，是不可观察的，可观察的是 Y_k，Y_k 表示有序响应，$k(k=1,2,\cdots,n)$；X_k 是解释变量向量，$k(k=1,2,\cdots,n)$ 是观察值数；β 是待估计参数向量；ε 是随机解释变量，$E[\varepsilon_k \mid X_k]=0$，$\varepsilon_k \in (0,\sigma_k^2)$，$\sigma_k^2$ 是 ε_k 的方差。

本文主要借助 *Eveiws*4.0 计量经济软件包对 *Ordered Logistic* 模型进行估计，回归结果如表 3 所示。

表 3　回归估计结果

	Sat			Dif			Cont		
	系数	Z 值	P 值	系数	Z 值	P 值	系数	Z 值	P 值
X_1	-0.029	-0.537	0.591	-0.024	-0.555	0.579	-0.080 *	-1.644	0.100
X_2	-0.253	-1.395	0.163	-0.047	-0.336	0.737	-0.324 * *	-2.097	0.036
X_3	0.842	0.959	0.338	-0.268	-0.384	0.701	-0.329	-0.479	0.632
X_4	0.641 * *	2.063	0.039	0.236	0.939	0.348	0.405 * *	1.667	0.096

续表

	Sat			Dif			Cont		
	系数	Z 值	P 值	系数	Z 值	P 值	系数	Z 值	P 值
X_5	0.000	0.536	0.592	0.000	0.756	0.450	0.000	0.684	0.494
X_6	0.024*	1.954	0.051	-0.041***	-3.306	0.001	0.014	1.360	0.174
X_7	1.170**	2.086	0.037	-0.471	-1.117	0.264	0.897**	2.297	0.022
X_8	1.052	1.158	0.247	1.123	1.437	0.151	0.966	1.384	0.167
$Pseudo R^2$	0.362	0.167	0.248						
LL	-28.290	-43.232	-44.461						
样本量	52	55	55						

注：***、**、*分别表示1%、5%、10%的显著性水平。

1. 个人背景因素。反映个人背景的变量有年龄、受教育年数、政治面貌及家庭人口数量。村干部的这些个人背景变量在三个回归模型中的回归系数在统计上多不显著，但是，它们的经济学含义却是明确的。

随着村干部年龄的提高，村干部对工作满意度、工作难度评价及留任意愿都有负的贡献。这一方面是由于当今农村社会经济制度均发生了巨大的变迁，村干部年龄越大，对过去村级管理的经验事实了解得越多，越发习惯于进行时空上的今昔对比。如果存在守旧观念，他们对现今的社会经济现象就会有更多的批判和不满。例如在调查中能经常听到村干部抱怨，“现在农村事务比过去复杂多了，村民也没有过去听话和合作了”，“村民现在是‘承包到户我不靠你、不批不斗我不怕你、有了事情我就找你’”。因此，年龄大的村干部通过对比今昔，他们就越来越感觉到现在村级管理工作难做，以至于现在村干部流失现象比较严重（宁泽逵等，2005）。

村干部受教育年数对工作满意度、工作难度评价及留任意愿均有负的贡献。这是因为，随着村民受教育年数的增加，他们有更多的发展机会，尤其是在非农行业。换言之，受教育年数越多，村民担任村干部的机会成本越高，他们从担任村干部所能获得的激励将是降低的。

村干部政治面貌变量在工作满意度模型中的正回归系数说明，村干部是党员的话,能提高其工作满意度。这意味着,扩大村干部队伍中党员的比重,有利于提高村干部的工作积极性和归宿感,有利于增进村级领导班子的凝聚力。但是,政治面貌变量在工作难度评价模型和留任意愿模型有负的回归系数。这可能是因为,当前中国农村基层的组织结构中同时存在村党支部和村民委员会。其中,村党支部是中国共产党在基层的当组织,直接由乡镇党委领导;村民委员会是由村民依据《村民组织法》选举产生的直接向村民负责的组织机构。在农村基层组织机构运行中,由于“两委”(即村党支部和村民委员会)分工不很明确,工作任务交错成分比较高(商州市情调查组,1993),常常出现“两委”不和的现象(贺雪峰,2000[b]),“两委”不和可能直接导致“囚徒困境”的局面出现。因此,为了提高村干部的工作积极性,降低村干部的工作难度,稳定村干部队伍,重新探索新的农村组织安排是必要的。

家庭人口数量在模型中都是正回归系数,这说明家庭人口数量多能提高工作满意度,减少工作难度评价,增加留任意愿。这是因为大家庭意味着有更多的人帮助他工作,这个家庭在村里的影响力也就提高了。因而工作的难度下降,满意度提高,留任意愿也就增强了。当然,他担任村干部后,也为家庭更多的成员带来了荣誉和便利。这是因为担任村干部能增加与乡镇干部的接触,从而通过丰富家庭的社会关系网络而增进家庭的社会资本。所以家庭成员也希望他能长期担任村干部。

2. 工资报酬因素。在工作满意度模型中,关于村干部工资报酬因素的村干部名义补贴额(X_5)的回归系数为0,即其经济意义不明显,这是因为,当前村干部的名义补贴多为上级政府规定并发放的。彭代彦、张卫东(2003)的实证分析也证明,村干部名义补贴额与由村人口数和村耕地数共同反映的村干部实际工作量之间不存在明显的相关性和计量经济学意义。他们将出现这种情况的原因归结为村干部报酬是由乡镇确定的事实。

由上级政府确定并发放的村干部名义报酬一般是不能完全兑现的,被调查村的补贴兑现率平均不足55%(见表1)。但是,本节的计量分析发现,名义补贴兑现率对提高村干部工作满意度和降低工作难度评价有着十分重要的经济学意义:①在工作满意度模型中,名义补贴兑现率(X_6)的回归系数为正,Z值的绝对值较高,P值在统计意义上显著。这说明,提高村干部名义补贴兑现率能有效地提高村干部的工作满意度;②在工作难度评价模型中,X_6

的回归系数为负，Z 值的绝对值最高，P 值在统计意义上极显著。这说明，提高村干部名义补贴兑现率能有效降低村干部对工作难度的主观判断。因此，当前大力解决村干部补贴报酬兑现问题，对提高村干部的工作积极性、缓解村干部的抱怨情绪有着重要的现实意义。

3. 社会声誉因素。社会声誉变量（X_7）在工作满意度模型和留任意愿模型中不但具有显著的正回归系数，而且具有绝对值最大的 Z 值，这充分说明，改善村干部社会声誉能够极大地提高他们的工作积极性，稳定村干部队伍。因此，从现在开始要全面提高村干部素质，改变村干部以前的不良工作作风，做好正确的舆论导向，重新塑造村干部形象，即重新把村干部塑造成村民利益代言人、国家政策宣传者、农村社区积极守望者，以提升村干部社会声誉，达到有效激励村干部的目的。

4. 制度因素。在中国的乡村治理实践中，出现了各种各样的制度创新，归纳起来比较普遍的有依据《村民组织法》而设立的诸如“村民代表大会”“民主理财机构”“一事一议制度”“村务公开制度”等，例如在调查中，据村干部反映，在被调查的 40 个村中约 94. 1% 的村设置了“村民代表大会”，79. 4% 的村设置了“民主理财机构”，97. 2% 的村设置了“一事一议制度”，91. 2% 的设置了“村务公开制度”。但是，112 个被调查的村干部中，认为这些制度运行效果比较好的村干部为 36%，一般的为 58%，差的为 6%。因此，同样的制度安排，运行效果是有差异的。

表 3 给出了关于规范化村治制度的运行效果对村干部激励贡献情况。尽管该变量在各模型中的统计意义不显著，但是，从其回归系数的经济意义来看，如果制度运行效果良好，能有力地增进村干部工作的满意度，提高村干部的留任意愿，同时也增加了村干部的工作难度。这是因为：①良好执行的规范化村治制度，有利于降低先前因为制度缺失或不健全而出现的诸如因干群不能相互理解而产生的各种“干群关系紧张”等局面，从而降低非效率的协调成本耗损；②规范化村治制度若能良好运行，担任村干部者能形成一个稳定的职业生涯预期，从而减少他们因为对政策不稳定而带来的各种焦虑和担忧；③良好运行的规范化村治制度，也能有效界定村级“两委”的角色与各自的责权，从而有利于协调“两委”矛盾，提高组织结构的运行效率，增进村干部对工作、对组织的认同感和归宿感；④但是，良好运行的规范化村治制度在短

期内也许会带来诸多麻烦和不便，例如先前那种"随心所欲"凭经验的工作态度和工作风格在严格按规范制度工作的新环境中往往在短期内显得"不适应"，但是这仅仅是一种短期的"工作焦虑"，随着对新工作制度的理解和习惯，这种"不适应"症会慢慢地消去。

四、进一步论证：模拟实验

为进一步检验本文第三部分实证分析的结论，本节主要利用系列情景调查资料做进一步的实证分析。笔者在村干部调查问卷中设计了一系列假设的情景，即假定在各种预设的项目能够实现的前提下，要求村干部就能否提高他们的工作积极性做出相应选择。例如，情景调查的提问方式为"假如采取以下措施，您认为能否提高村干部工作的积极性（请在相应项目后选择并打√）"。112 个有效村干部样本的试验结果见表 4。

表 4　模拟实验结果

项　目	观察值数	肯定能	可能	不可能
增加现行补贴标准的 10%	84	22(26.2%)	46(54.8%)	16(19.0%)
让村干部参加技术进修班，或大专院校学习进修	63	23(36.5%)	17(27.0%)	23(36.5%)
增加财税征缴任务	54	7(13.0%)	9(16.7%)	38(70.4%)
让村民参与对村干部工作业绩的评价	62	20(32.3%)	35(56.5%)	7(11.3%)
提高未能完成财税征缴任务的处罚力度（例如罚款等）	58	12(20.7%)	21(36.2%)	25(43.1%)
乡镇委派驻村干部监督	51	20(39.2%)	22(43.1%)	9(17.6%)
工资实行年薪制，由上级（例如乡镇、市县）统一发放	85	46(54.1%)	35(41.2%)	4(4.7%)
执行严格的村务公开制度	64	38(59.4%)	23(35.9%)	3(4.7%)
设立村民监督机构	55	30(54.5%)	24(43.6%)	1(1.8%)
增加村干部的权限	55	16(29.1%)	29(52.7%)	10(18.2%)

注：观察值数为有效样本数，括号内为相应的有效百分比。

由模拟实验结果，本文得到如下结论：

第一，提高村干部名义补贴额并不能保证明显地提高村干部的工作积极性。但是，如果能够对村干部的报酬制度进行改革，实行有更高级政府统一发放的年薪制，则能明显地提高其工作积极性。产生这种现象的原因在于当前村干部补贴被拖欠的情况相当普遍，例如在W县的村干部座谈会上笔者发现，部分村已经连续9年没有发放补贴了。因此，本文在第三部分模型估计中能得到如下结论：村干部名义补贴兑现率对村干部工作积极性的影响要比村干部名义补贴额对其工作积极性的影响更为显著、全面。而且在村干部座谈会上，村干部对实行工资报酬年薪制比较关心，他们普遍认为，如果实行年薪制，那么，工资发放主体应该至少上升到县一级政府，因为当前乡镇一级的财政已经相当吃紧。

第二，通过增加村干部的权限来激励村干部工作积极性的效果比较模糊。模拟实验结果显示，29.1%的村干部认为，增加村干部权限肯定能提高村干部的工作积极性，18.2%的村干部不赞同这种措施，而52.7%的村干部态度模糊。

第三，制度建设能够有效地提高村干部的工作积极性。在村治制度建设方面，村干部认为，建立村民监督机构、执行严格的村务公开制度以及让村民参与对村干部工作业绩的考评，能够有效地提高村干部的工作积极性。

第四，提供发展机会对村干部工作积极性的提高比较有限。村干部发展因素方面，模拟实验用“让村干部参加技术进修班，或大专院校学习进修”来描述。实验结果显示，给村干部创造学习、进修的机会对村干部工作积极性的提高作用比较有限，甚至效果比较模糊。这种实验结果与当前媒体上经常报道的“让村干部到大学进修”“实现村村一名大学生”的案例有一定出入。

第五，增加政务，增强乡镇政府监督控制，并不能提高村干部的工作积极性，甚至可能降低他们的积极性。例如模拟实验中，村干部明确指出“增加财税征缴任务”“提高未能完成财税征缴任务的处罚力度（例如罚款等）”不可能提高他们的工作积极性。而乡镇委派驻村干部实行监督这种制度对村干部工作积极性的提高效果远远低于规范化村治制度建设（例如建立村民监督机构，执行严格的村务公开制度以及让村民参与对村干部工作业绩的考评）。

通过第三部分的实证分析和本部分的情景试验调查，本文发现，“工资报酬”“社会声誉”“规范化村治制度的运行效果”以及“发展机会”等激励因素对中国村干部工作积极性的激励强度和激励方向是有差异的，这些相互关系的整理如表5所示。

表5　村干部激励与激励因素贡献

激励因素	激励度		
	工作满意度	工作难度	留任意愿
工资报酬(补贴兑现率)	+,★★★	-,★★★★★	+,★★
社会声誉(含政治待遇)	+,★★★	-,★★	+,★★★★
规范化村治制度的运行效果	+,★	+,★★	+,★★
发展机会(培训和进修)	?	?	?

注:“+”表示正贡献;“-”表示负贡献;“?”表示贡献模糊;“★”表示贡献强度,数量愈多则贡献强度愈高。

五、结论

本文利用第一手的村干部问卷调查资料，对村干部激励因素的贡献问题进行了相关分析和回归分析。分析结果表明，通过提高村干部的工资报酬待遇及其兑现率、强化村干部的社会声誉、推行规范化村治制度能明显提高村干部的工作积极性；但是，向村干部提供培训、进修等发展机会对村干部的激励效果不明显。本文的研究结论是基于经济欠发达的西北内陆农村的调研资料，因此，所得结论的普适性还有待更大范围的抽样检验。

参考文献

[1]都阳. 中国贫困地区农户劳动供给研究. 上海:华文出版社,2001年.

[2]范克新. 社会学定量方法. 南京:南京大学出版社,2004年.

[3]高铁梅. 计量经济分析方法与建模. 北京:清华大学出版社,2006年.

[4][日]宫坂纯一. 报酬管理:工资与动力. 北京:中国经济出版社,1996年.

[5]贺雪峰. 论半熟人社会:理解村委会选举的一个视角.《政治学研究》2000[a]年第 3 期.

[6]贺雪峰. 面子、利益与村庄的性质——村支书与村主任关系的一个解释框架. 开放时代,2000[b]年第 11 期.

[7]宁泽逵,等. 村干部向何处去. 中国农村观察,2005 年第 1 期.

[8]彭代彦、张卫东. 农村税费改革与村级组织运行. 中国农村经济,2003 年第 12 期.

[9]商州市情调查组. 中国国情丛书——百市县经济社会调查 · 商州卷. 中国大百科全书出版社,1993 年.

[10][日]速水佑次郎. 发展经济学:从贫困到富裕. 北京:社会科学文献出版社,1998 年.

[11]徐勇. 村民自治、政府任务及税费改革. 中国农村经济,2001 年第 11 期.

[12]徐增阳、郑迎春. 村干部报酬的合理分担与补偿:兼评“村财(账)乡管”与“村用省管”. 中共宁波市委党校学报,2001 年第 3 期.

[13]朱农. 中国劳动力流动与“三农”问题. 武汉:武汉大学出版社,2005 年.

[14]王征兵. 村干部合法收入标准的确定. 中国农村经济,2004 年第 10 期.

[15][法]Laffont, J – J. ; Martimort, David. 激励理论(第 I 卷):委托—代理模型. 中国人民大学出版社,2002 年.

[16]Fama, Eugene F. : Agency Problems and the Theory of the Firm, *the Journal of Political Economy*, 2: 288 – 307, 1980.

[17]Grossman, Sanford J. ;Hart, Olive D. : The Costs and Benefits of Ownership: a Theory of Vertical and Lateral Integration, *Journal of Political Economy*, 4: 691 – 719, 1986.

[18]Kreps, D. : Multi – period Securities and the Efficient Allocation of Risk: a Comment on the Black – scholes Option Pricing Model, *the Economics of Uncertainty and Information* (*J. McCall, ed.*), University of Chicago Press, 1982.

【本文由王征兵、宁泽逵和 Allan Rae 三个人共同完成。宁泽逵当时为西北农林科技大学经济管理学院博士研究生，Allan Rae 为新西兰梅西大学应用与国际经济系教授】

刊于《中国农村观察》2009 年第 1 期

村官，想说爱你不容易

村官，是一个饱受争议的角色。

我一直想写一点关于村官的文章，而且想从正面写，因为负面的已经有人写了，而且写的太多了。但我一直不敢写，因为我知道会有许多人骂我，尤其是农民。我之所以想从正面记录村官的所思所为，不是我得了村官的什么好处，村官无需讨好一个教师；也不是我的什么亲属担任村官，至今，我的直系或旁系亲属里没有一个是村官，连一个村小组长都没有。我只想让大家从正反两个方面全面了解村官，而不是以偏概全。

我从小生活在农村，对村官有所了解。后来上了大学，毕业后留校当了教师，关于村官的信息主要是回农村探望父母时，从父母、弟弟及村民的交谈中了解的。听完后，也就如一缕青烟飘过，不再想它了。对于村官的再度关注是因为工作的缘由，我研究的专业是农业经济管理。2002 年，我申请到了国家自然科学基金项目“村干部在农村经济管理中的激励与制约机制研究”，开始研究村官。2005 年，我入选教育部新世纪优秀人才支持计划，又获得了一个有关村干部的研究课题。2012 年，又申请到教育部人文社会科学研究规划基金项目“村干部在农村社区管理中的职务行为规律及规范研究”。于是开始持续访谈、调查、研究村官。2013 年，我受邀为陕西省村官培训班讲课，几乎每周一期，每期 150 名学员，这些学员基本上是来自全省各村的村党支部书记和村委会主任，目前已经授课 30 多期，听过我课程的村官约 5 000 人，让我对村官有了更多接触。

最近，我抽空到一些村子做了一些调研，再次触发了想写写村官的念头。

村官，有没有贪污腐化的行为？有。村官，有没有欺压村民的行为？有，而且在某些地方甚至很严重，媒体也屡有报道，我不再赘述。村官也有废寝忘食、千方百计为民谋利的一面，他们的行为让我感动。

一

陕西省咸阳市秦都区双照街道办消渡村党支部书记常亚琼，2012 年因在村官培训班上听了我的课而与我结识。为了给村上争取项目，希望我能为他们村编写一个发展规划。由于我工作很忙，不想做这个规划。后来，她多次来学校找我，她的诚心感动了我，我答应做。但工作刚一开始，就碰一个问题，她说村子没钱，只能给我少量的报酬。我又不想做了，因为做完后，我还得赔钱。她给的钱无法补偿我付出的调查费、绘图费及我付给参与人员的报酬。

但她为民着想的精神再次打动了我。有一次，我带领规划编写组几名成员去他们村进行实地考察，中午吃饭时，她说村子没有钱，只能请我们在村子旁边的小饭馆吃拌面。我看出了她的为难，请一个为村办事的教授在这样的饭馆吃饭，她觉得很歉疚。说到动情处，她潸然泪下。她如此爱惜村上的钱款，而且为了一个规划，多次找我，我为之感动。我最终决定免费为他们村做这个规划，而编制规划的开支均由我自己支付。

也许他们村的村民永远都不知道他们的书记为了村子的发展如此碾转奔波和作难！

二

2014 年 5 月 16 日，我来到陕西省杨凌示范区杨村乡崔东沟村调研。这个村的党支部书记兼村委会主任崔致远的事迹也令我感动，多日心情不能平静。

崔致远，原来在外地经营自己的一个企业，是个日子过得不错的百万富翁。2005 年，在村民的热情邀请下，回到村子担任村委会主任。在他的带领下，村子的经济飞速发展，2014 年全村 200 多户就有汽车 40 多辆，电脑 100 多台。村中街道宽敞，绿树成荫，鲜花丛生。他为崔东沟村的发展呕心沥血，但处处遭到个别人的报复。多年来,一直有人在告他,上级政府先后 5 次进村检查村上的账目,但均未查出问题。这个情况我早有耳闻,却并未引起我的注意,因为不知道真相,不能贸然下结论。引起我关注的是在他们村发生的一件大事,因为有人屡次上告崔致远,有关部门虽多次查核说没有问题,仍有人不相信。于是,杨陵区政府在他们村召开了一个现场会,让检举人与崔致远就举报的 29 问题当场对质,在场的有包括纪委干部在内的几十个政府官员及该村几百位村民,而且电视台全程拍摄,后来在杨凌电视台重复播放多日。我在电视上看完了全部的对质过程,提问很尖刻,回答有根有据。经过对 29 个问题的对质和核查,崔致远没有问题。我开始敬佩这个村支部书记了。

我知道崔致远不是完人,也不可能是完人。但有谁能经得住民众的 29 问?有又谁敢让群众质问 29 次?就凭这一点,我敬佩他。

然而,就这样一个干部,自己的果园被人晚上给毁了,至今没有查出是谁所为。2013 年春节,他家的大门被人涂上了粪便。一个 70 多岁的村民讲到此,在我们面前失声痛哭,为崔致远叫屈。而崔致远见到我说的最多却是:他们村的猕猴桃不好卖,问我有什么好办法可以帮助村民销售猕猴桃。

三

米院利,一个农民企业家。2011 年,他的朋友在西北农林科技大学举办的村官培训班学习,而他的工程也恰好在学校附近,因闲来无事在朋友的邀请下随班旁听。本来计划听 1 ~2 小时,打发一下时光,没想到竟听得入迷,一听就是整整 4 天。更意想不到的是燃起了他当村官的欲望。2012 年,他回到自己的家乡陕西省富平县梅家坪镇岔口村,通过竞选当上了村委会主任。他向村民承诺:任期三年内,不但不拿一分钱工资,而且每年拿出自己的 10 万元为村上修建基础设施。他没有失言,三年来,他每年拿出 10 万元,为村子修路、打井、种树……。他当村官,不求回报,只想为村民谋福利。他说:我在人世走一遭,就是希望能在世上留下一点我的痕迹。

四

富平县白庙乡郭家村村委会主任郭炳行，本来可以安度晚年的他，为了村民的事情四处奔波。他在村官培训班上听了我的课后，很有感触，便希望村民也能听一下，改变村民的思想观念。为了能让我给他们村的村民上课，多次打电话和来学校与我联系。担心我不答应，又找我的朋友再次邀请我。我被他的诚心感动，欣然允诺。当得知我工作很忙，无法前往他们村子授课，2014 年 5 月 26 日，他便租了 3 辆大轿车，早上六点就带领 100 多村民从村子出发，九点多到达西北农林科技大学。我从九点多一口气讲到十二点。讲完课，望着郭主任及村民离去的背影，我的内心涌起一股挥之不去的歉疚。我再忙，还是应该挤时间去他们村授课，这样至少可以为他们节省许多费用。

……

村官，一群很少被人称赞和赏识的特殊群体，承受了多少非议和争论，在人们飞溅的唾沫中，我却看到了他们绽放的光芒。

村干部激励机制探索

——《中国村干部激励机制研究》（宁泽逵著）序

【宁泽逵，西北农林科技大学经济管理学院农业经济管理专业硕士研究生和博士研究生，现在西安财经大学任教。他撰写的专著《中国村干部激励机制研究》2011 年由经济科学出版社出版。】

一个人需要激励才有工作的动力。没有激励，人就没有积极性。激励就如同汽车的发动机，汽车要运行必须有发动机。村干部是农村经济最底层、最具体的管理者，其管理效率往往更有现实意义。我国有 60 多万个行政村，400 多万村干部。他们没有行政级别，却做着许多行政事务，管着数百人、甚至数千人的方方面面；他们不是公务员，却拿着国家财政发的工资（补贴），虽然工资标准并不高；他们在村民的眼里是一群不同凡响的人物，但他们的身份依旧是农民。这是一个饱受争议的群体，又是一个不受了解的群体。

2002年，我申请到了国家自然科学基金课题“村干部在农村经济管理中的激励与制约机制研究”（项目编号：70273035），使我有一定的经费去研究和探寻这个群体。虽然我从小就生活在农村，但依然对此有些疑问：当年文弱的小学生如何变成今天霸气的村长，“羊”是如何变成“狼”的？为什么文质彬彬、以理服人的村官总是很“短命”，无法长久“执政”？虽然有中饱私囊的村干部，但为什么还有的村官一贫如洗还要一如既往继续当村干部？……抱着一颗探究之心，我把自己大部分研究时间都投入到了村干部问题的研究之中。当然，我并不是孤军奋战，而是组成一个研究团队在攻关。在这个研究团队里，宁泽逵是其中优秀的一员。

宁泽逵是我招收的第一个硕士研究生，即开门弟子。为了让他专心研究村干部问题，经与他本人协商，将他的毕业论文题目定为“中国村干部激励机制研究”。他依靠自己的勤奋和智慧做出了优秀的成果，在同龄人中是出类拔萃的。他的毕业论文也被答辩委员会评为优秀论文。在读期间，他的论文发表在农业经济管理专业的权威期刊《中国农村观察》，该期刊也是列入西北农林科技大学A类期刊的学术刊物。硕士毕业以后，他还发表了多篇有关村干部问题的论文。

宁泽逵的这本专著是在其硕士论文的基础上修改而成的，增加了许多后期的研究成果，集中反映了他从上硕士研究生至今的主要研究成果。从这本书中揭示了很多很有意思的现象，也研究出一些令人意外的研究结果。例如，我们一般认为提高村干部的待遇是调动其积极性最有效的措施，但宁泽逵通过研究发现：提高村干部工资报酬对提高村干部工作积极性虽有贡献，但影响作用比较低。另外，人们一般认为对村干部监督越多，其工作积极性会越低，但宁泽逵研究出的结论与此不同：民主理财制度、村务公开制度、村民代表大会制度以及这些制度运行效果有利于提高村干部工作积极性。正是由于他的这些独特的观点，使这本专著具有独特学术价值。一本研究专著不是同类资料与观点的堆积，而是在纷杂的现象背后寻找新的规律。宁泽逵的这本专著不仅有新发现和新规律，而且正是这些新发现和新规律使读者阅读的时候，常常因此而获得惊喜，从而使读书不再是一件枯燥的事情，而是变得有趣和期待。书中还有许多新的认知和观点，我不再一一列举，希望读者去发现，让读者有一种读书的渴盼。

当然，宁泽逵的这些新观点不是凭空想像出来的，而是深入农村，通过与村民、村干部同吃、同住，进行面对面的多次交流以及发放问卷调查的方法，并利用科学的分析手段，研究出来的。他的调查方法和分析手段都呈现在这本书里，如果读者认为这些方法和手段有不妥之处，可以与他商榷。

宁泽逵的这本专著不仅在理论上做出了新的探索，而且也提出了一些有实践指导价值的建议，如他在书中提出的强化村干部的荣誉激励和延长村干部任期的建议很有价值。近日，我去陕北调研，就发现一些煤老板、油老板，携巨资回乡当村干部，用他们的资金无偿建设家乡。他们担任村干部不是为了挣钱，而是为了荣誉。足见荣誉激励动力之大。村干部现在的任期为三年，而农业生产周期往往比较长，较短的任期使其无法做较长的发展规划，所以将村干部任期延长到五年左右可能更好。

宁泽逵以及我的研究团队对村干部的激励机制做了多年研究，发表了数十篇论文，但也引来很多争议。如我们曾提出“村党支部书记和村委会主任的年薪应为当地农民人均纯收入3倍”的观点，有人就质疑：村干部已经贪污、受贿很多钱了，你们为什么还主张提高村干部的待遇？你们应该好好研究一下如何提高农民的收入。当然，首先感谢他们对我们研究的关注，因为作为一个研究者最大悲哀不是别人批评你的观点，而是你的研究如石沉大海毫无反响；其次，我非常欢迎读者畅所欲言，因为只有不断的争执与讨论，我们才能找到终极真理。

确实有一些村干部有贪污和受贿的行为，其实不光是村干部有这种行为，从科级干部到省部级干部都曾经有人因此而锒铛入狱，但不能因一部分人贪污、受贿，而否定给予这个群体以合理、适当的报酬。无论一个人的官大还是小，都应给他合理的报酬，至于他的非法收入，应由党纪国法去处置。

关于如何提高农民收入肯定是一个值得研究的问题，研究的人已经很多，我们也希望有更多的人去研究它，但不能因为这个问题重要，就否认研究村干部激励机制的作用和重要性。其实，这两个问题同等重要，都需要研究。我们致力于村干部激励机制的研究，但我们从没有否认研究提高农民收入问题的重要性，只是一篇论文或一本专著往往只能研究一个问题，而无法将所有值得研究的问题都纳入研究的范畴。

其实，研究什么不重要，重要的是研究出了什么。

农村婚变之殇

最近，多次去农村调研。本来是专门调查农业经济发展问题，但一个个婚变的故事让人纠结、哀伤和深思。

随着农村经济的发展，农村青年对爱情有了更高的追求，不再像父辈那样"有个媳妇就行"或"嫁出去就行"。加之许多农村青年外出打工，与异性接触的机会增多，农村婚姻出现了过去几千年从未有过的巨变。

下面从这些真实的故事，来看看农村婚变之殇。

一、一个孤独的男人与他的两个孩子

男人 A，51 岁，有些木讷。家中凌乱不堪，因为家中没有女人，只有他和两个儿子，他既当爹又当娘。

他说，自己 23 岁结婚，娶了一个比他小两岁的老婆。前十几年，虽然老婆也常抱怨他挣钱少、不会关心人等，但家庭还算平安。他们夫妻种了 5 亩地，农闲时间他出去打工再挣些钱。虽然日子不算富裕，但能过得去。尤其是两个儿子相继出生后，他倒也满意这样平淡的生活。

2003 年 8 月 24 日，他平静的生活被打破了，因为他的老婆和一个来村子修伞的外地人私奔了。这个修伞人在村子待了几十天，因为这个村子很大，约有四千人，所以活也多。修伞人不知是无意还是有意常常待在他家门口修伞，慢慢与他的老婆就熟悉了。

他说，修伞人其实也不是很富裕，主要是能说会道，会讨女人欢心，就把他老婆骗走了。据周围邻居说，他老婆很漂亮，而且是高中毕业，文化水平高，只因娘家在大山里，为了逃离贫困的大山，当年就嫁给了木讷的他。自从嫁来以后，一直就不满意。终于逃走了。

自从老婆跟人跑了以后，他一直想再娶，但谁愿意嫁给这个木讷还带着两个儿子的男人呢？他已经没有心思考虑自己的婚姻了，最让他头疼的是两个儿子的婚姻大事。大儿子已经26岁，小儿子24岁，在农村都到了谈婚论嫁的年龄，但都没有找到女朋友，即使找到了，高昂的彩礼他也掏不起。

逃跑的女人，至今没有音讯，她是否找到了她的幸福尚不得而知，但留下的三个男人生活陷入困境。

二、没有母爱的三个同父异母的孩子

老汉B，70多岁了。他年轻时是一名政府公务员，在农村娶了一个漂亮的媳妇，有两女一儿，过着幸福的生活。他的痛苦源自儿子的多次婚变。

16年前，儿子结婚了，第二年就给他生了个大胖孙子。但儿媳妇有很多毛病他看不惯：如不工作时，常常睡到早上十点多还不起床；儿子和媳妇住在二楼，儿媳妇晚上懒得去厕所，就在楼顶撒尿，等等。老汉在单位当过小领导，爱批评人，加之家境殷实，就有了批评儿媳妇的底气。没想到，他骂了儿媳妇几次以后，儿媳妇竟要与他儿子离婚。不知是儿媳妇在打工时早已有了新的意中人，还是忍受不了他的责骂，儿媳妇与他儿子离婚了，给他扔下一个孙子，从此杳无音信。

两年后，他儿子在打工时认识了一个农村姑娘，很快又结婚了。不知是不是后娘难当，这个儿媳妇给他生下一个孙女后，跟另一个男人走了。听他说，这个男人与他儿媳妇是打工时认识的。

儿子的第三个媳妇也是离过婚的，与前夫生过一个儿子。儿子与第三个媳妇是在工地上认识的，没有领结婚证，也没有举办婚礼，就同居在一起了。同居了三年半，生下一个女儿后，扔下孩子跑到别的城市打工去了，从此失去了联系。

目前三个孩子都在农村老家，由他与老伴看管，儿子在城里打工。最大的孩子15岁，最小的孩子只有三岁。三个孩子三个母亲，而三个母亲都不知踪迹。三个孩子没有母亲，父亲又常年在外打工，大孩子迷上了网吧；二孩子经常逃学；小孩子脏乱不堪。

三、一个漂泊的女人

老太太C给我们讲了她女儿的故事。她女儿初中毕业后就离开村子，进城打工了。女儿25岁时，领回来一个男朋友。小伙子人还不错，但她后来打听到这个男孩的家特别穷，她就坚决反对女儿的这桩婚事。女儿为了安抚她，告诉她说她与那个男孩分手了。两年后，她偶然得知，她女儿竟然与那个男孩在农村已经举办过婚礼，而且已经住在男方家里，并生下一个女孩，至今没有领过结婚证。她知道后，大骂女儿并在男方家大吵大闹。后来女儿觉得过日子也许只有爱情是不够的，也许是为了不让她伤心，女儿把孩子扔到婆家，离开了那个家，也离开了那个小伙子。

2015年，女儿在城里也失去了工作，至今已经十个月没有找到工作了。她让女儿回家住，因为在城里租房、吃饭都要花钱，而女儿挣不到钱，可是女儿不愿意住在娘家，她说她已经是“嫁”出去的女人，不宜在娘家常住。另外，她在城里生活多年，喜欢上了城市的繁华、热闹与文明，已经不习惯住在农村了。

后来我见到了她的女儿。她说：“我没有婆家，娘家也回不去，在城里也没有工作，我就是一个漂泊的女人。”她没有家，没有收入，感情也没有归宿。一天天漂泊在城市。她不知自己是农村人还是城市人？到处都没有她的归宿。

马嵬驿乡村旅游为什么这么火？

【2015年2月24日，农历正月初六，我在自己的微信朋友圈发了一篇短文“马嵬驿的旅游为何这么火？”。没想到许多朋友都在文章后面留言评论，其中张永良的评论达一千多字，说明他对此有较多的思考，我觉得他说的也很有道理。故将我们两人的文章都呈现于此，供大家共同探讨和思考乡村旅游问题。张永良，时任杨凌职业技术学院副院长、教授，现任宝鸡职业技术学院院长。】

马嵬驿的乡村旅游为啥这么火？

王征兵

大年初一，我的老家陕西兴平市马嵬镇的马嵬驿，游客达到23万人次！马嵬驿是2014年新建的民俗文化村，关于它的火爆，我早有所耳闻。但对23万人次这个数字，我还是有点儿吃惊。

随后通过百度我查得：北京故宫单日最大游客量为18万，九寨沟和世界第八大奇迹的临潼兵马俑单日游客量从来就没有超过23万！而在2014年的国庆七天长假，马嵬驿游客达到110万，汽车20万辆，游客数量远超故宫、九寨沟和兵马俑。

马嵬驿，位于陕西省兴平市西。唐代安史之乱，唐玄宗逃到这里，在随军将士的胁迫下，赐死了杨贵妃。过去的很多年，马嵬驿的这段文化脉络被忽视。

如今，在一个无法耕种的废弃的沟里，建起了以唐风唐韵为主题的仿古建筑群，成为一个废弃土地利用的成功案例。

马嵬驿，一个人造景点的奇迹。它对当地经济发展的带动是不言而喻的。它给我们带来许多思考：为什么它那么火爆？它的成功可否在其他地方复制？人们为什么会蜂拥而至？

……

马嵬驿的旅游就是这么火！

张永良

王老师新年好！看到您关于马嵬驿的情况介绍，非常激动，我虽然感到它会火，但没想到它会这么火！特别是您最后提到的几个问题，我也一直在思考。

关于马嵬驿的火爆，我将其归为三个方面的原因。

一是经营项目的特色：以人文故事为背景，以娱乐休闲为平台，以餐饮消费为内容。前两条用来吸引人，最后一条用来创效益，特别是餐饮项目，特色鲜明，品种繁多，更吸引游客。这些，将旅游项目的核心要素全部占有，故其火爆，此为其一。

二是商业模式的特色:不收门票,免费观光,即只有直接消费才收费。让游客有免费游览的优惠,相当于让游客占有了消费者剩余,这是在当前阶段最能吸引人的一点。这也是互联网思维的表现,现在大家都知道互联网思维中的免费使用,目的在于培植用户量,用户就是资源,不在入门费中赚钱,而在平台上赚钱。从这点看,他们的平台做得好,此为其二。

三是市场竞争优势:兴平附近,同类项目较少,还不存在潜在的竞争对手,特别是处在关中旅游线上的特殊位置,更增加了它的优势,此为其三。

上述三者,都是一个旅游项目成功的必备条件。马嵬驿占全了,所以火爆成为必然。特别值得说道的是,马嵬驿还不做大量广告,这说明在项目成功方面,广告不是必要条件。

与此相似的项目近年来发展很快,最类似的莫过于袁家村民俗村,还有周至水街沙沙河、凤县夜景,这些都是成功的例子。之所以成功,都或多或少具备了上面说的三大特色,只是项目略有差异而已。它们成功的共同点:免费模式,平台运作,特色餐饮等。

特别值得一提的是袁家村的民俗村,可以说是开了关中民俗旅游的先河。袁家村的成功曾令人百思不得其解,论资源、条件、交通、源渊,它都没有优势,但却火了,当时只能归于风水和运势。

现在,马嵬驿的成功又一次证明了在引入新思维的基础上模式的重要性。凤县水景、周至水街、马嵬驿、袁家村等,我都去过两次以上并多年观察。特别是袁家村,我从 1995 年就开始带学生实习参观,几乎年年都去,对其变迁过程基本了解,它后来的产业转型也特别关注,它的成功很值得作为典型案例研究。

关于能否复制。我认为,凡是能看得见摸得着的,都是可以复制。但复制后能否存活并生根发芽直到成功,却很难说。为什么？因为项目、模式均可复制,但特色、条件乃至人文的东西很难复制成功,搞不好会成为东施效颦。

在企业界最典型的莫过于复制海尔经验了,农业界也有学大寨的历史。你只复制别人的制度和做法,复制不了文化和特定的条件,很难成功。但这不是说不可以学,学什么？应该学他们成功的思维、创新的意识,这样不但会成功,还会发展。也许马嵬驿正是在这种情况下成功“复制”了袁家村民俗村吧。

目前,我正在观察和思考这些景点的可持续性经营问题,这倒不是说他们本身的经营管理有问题，而是说随着外界的变化，如同质化竞争，游客的兴趣迁移等，带来的市场变化如何应对或未雨绸缪？

也许，这会像一般产业一样有其萌芽、发展、衰落过程；也许，这会随着发展不停地适应改造而持续，不断创新才会有发展，这是永恒的话题。

炒股村——南留村

2014年，兴平市的马嵬驿火了，火得突然，火得冷不下来，甚至火得莫名其妙。2015年大年初一游客23万，超过了国内所有旅游景点单日游客最大记录，甚至超过了北京故宫单日最大游客18万的记录。2015年2月24日，我忍不住写了一篇文章“马嵬驿乡村旅游为啥这么火?”刊发在公众微信号“大农圈”后，我这篇文章也火了，许多网站纷纷转载，几天时间阅读量就达到十几万。

马嵬驿，位于陕西省兴平市马嵬镇（现在叫街道办）。最近，马嵬镇又有一件事情火了，因为马嵬镇的“南留村”有许多农民炒股，被誉为“炒股村”。它的出名似乎也很偶然。近日，中国青年网刊发了一篇文章“探访陕西炒股村:村民凌晨干活白天炒股”。这篇文章迅速在网上发酵，各大网站纷纷转载，于是“炒股村”成为人们街谈巷议的热门话题。只是很少有人知道“炒股村”南留村和马嵬驿在同一个镇。

据记者调查，南留村800多户，目前有100人左右在炒股，多数都是2014年才开户炒股的。

这个村有许多炒股致富的故事，最热议的故事之一是:42岁的农村妇女王某投入股市7万元，半年就赚了12万元。这可是许多青壮年劳动力几年的收入。故事之二:村民南某将自己的全部存款投入股市，每天赚几百元、甚至几千元。钱似乎垂手可得。正是这许许多多的离奇故事，吸引越来越多的村民进入股市。

南留村之所以被称为“炒股村”，还有一个原因，每天股市交易时间，许多村民都会聚集在村支书家，观看电视屏幕上的股市行情。有人惊叫，有人哀叹。大家在一起看行情、谈股票、论盈亏。在宁静的村落泛起久违的热闹和人气，也成为南留村一道亮丽的风景线。

一千多年前，杨贵妃被皇帝赐死马嵬，结束了一段凄美的爱情故事。一千年后的今天，马嵬驿火了，炒股村也火了。

村民学会炒股，找到一种新的理财方式，我感到欣慰，但令我不安的是：股市有风险，农民往往赚得起，赔不起。所以，我希望村民谨慎面对炒股。

杨凌，一个神奇的地方

在中国有一个神奇的地方，叫杨凌，
它不是一个村，不是一个乡，
也不是一个县，不是一个市，
它叫杨凌区。

既然叫区，就应归某一个市管辖，
因为中国所有的区都会归某一个市管辖，
但杨凌既不归武功县管辖，
也不归咸阳市管辖。
虽然多年前就与西安是同一个电话区号，
但它也不归西安市管辖。
至今许多杨凌人都不知道它归哪儿管。

杨凌原来叫杨陵，
一字之差，却是沧海桑田旧貌新颜。
20 世纪 80 年代之前，
这个地方就叫杨陵镇，
归武功县管辖。
80 年代中期升格为县级单位——
咸阳市杨陵区。

1997 年,它被国务院设为
唯一的国家级农业高新技术产业示范区，
简称杨凌示范区。

从这一年开始，
杨凌由省政府直辖，
并由 19 个国家部委共建。
虽然地盘还没有一个县大，
但它的最高行政首长是副省长。
近二十年来,两位总书记、三位总理到访过杨凌。

然而,杨凌的火车站名一直叫杨陵镇，
后来去掉了“镇”，
但火车票上还是“杨陵”，
因为杨凌下面还管辖了一个杨陵区。

杨凌总人口只有 20 万，
城镇人口才 8 万，
但大学生就有 5 万多，
还有数以千计的博士生，
上万名硕士生，
教授、副教授一千多人，
还有数名院士和七名“千人计划”人才。

杨凌虽然是一个弹丸之地，
却有一个 985 大学，
一个唯一不在大城市的 985 大学——
西北农林科技大学。
从这个大学走出了十五位院士，
三十几位省长部长。

杨凌是一个虽然很小
但却人才辈出的地方。

杨凌是一个虽然很小,
但却是中华农耕文明的发祥地。

杨凌是一个虽然很小,
但却被称为当今农业“硅谷”的地方。

杨凌是一个虽然不大
但却很美的地方,
因为许多人称它为“世外桃源”。

杨凌是一个虽然不大
但却充满传奇的地方,
因为在短短的十几年时间里,
它由一个镇变为中国最知名的农科新城。

不能不说这是一个神奇的地方,
这个神奇的地方就是——杨凌。

新型农村社区:白村

2016 年 4 月 8 日,我参观和调研了陕西省礼泉县西张堡镇白村新型农村社区。这里街道宽敞,绿树成荫,村容整洁,更重要的是村民所住房间的结构和功能完全与城市人相同:房间有客厅、餐厅、卫生间(抽水马桶)、阳台、车库等。有人说“要让农民过上城市人的生活”。如果仅从住房看,那么白村人已经过上了比绝大多数城市人更好的生活,因为这里许多农民的房子面积达

260平方米，且楼下有车库、房前有花园、菜地，能达到这种住房条件的城市人也是不多的。

然而，一个新型农村社区的持续发展需要三大支柱：

一、产业支柱

产业是农村社区之魂。如果没有产业支撑，农民就没有收入来源，农民就会离开村子，再美的乡村也留不住他们。目前许多村子之所以年轻人都跑光了，主要是因为在农村赚的钱太少，所以他们要离开农村进城打工或做生意。所以，产业是新型农村社区之魂。没有产业，社区就没有魂，就有可能成为凋敝的村落。

二、设施支柱

一个新型农村社区，不仅要有美丽的外表，还需要完善的配套设施。比如，有的农村社区建设很漂亮，但没有下水道，无法安装抽水马桶，只能继续使用旱厕，夏天臭气熏天，蚊虫乱飞；有的村子没有网线，电脑无法上网；有的村没有垃圾处理系统，垃圾乱堆乱放，等等。在这样的条件下，即使房子盖的再好，也很难让年轻人或高素质的人留在农村。许多发达国家的优秀人才喜欢住在小镇，如英国的剑桥大学和牛津大学有几十位诺贝尔奖获得者，世界顶尖级科学家，但他们没有住在首都伦敦，而是住在只有几万人的小镇，因为剑桥大学和牛津大学都在只有几万人的小镇。美国80%的大学都在小镇。为什么他们乐于住在小镇？就是因为小镇不仅空气清新、交通通畅，而且设施齐全，这里有自来水，有下水道，有网线，有便利的道路，有购物中心，有学校，有医院，等等。

三、精神支柱

人不仅需要良好的物质条件，还需要精神支柱。一个好的社区，不仅需要优美的居住条件，而且它必须还是人们的精神家园。许多年轻人之所以不愿意待在农村,另一个重要原因就是感到寂寞,精神空虚,找不到精神所依之处。国外小镇主要靠教堂等安抚人的心灵,古代农村靠寺庙和家族精神作为人们的精神家园。当今我们也需要塑造人们新的精神家园。让新型农村社区不仅有良好的居住条件,而且能满足人们的精神需求。只有这样,新型农村社区才能持久发展。

目前,白村新型农村社区还正在建设中,从已经建成的村民住房来看,非常漂亮,已经远远超过大部分城市人的房子。今后的重点是培育产业、完善配套设施、打造精神家园。如果把这些都能做好,那么新型农村社区不仅是农民的美丽家园,也将是许多城市人向往的胜地。

农村土地流转中政府那只有形的手

—《农村土地市场化进程中的政府规制研究》序

【胡亦琴,本科和研究生就读于北京师范大学,西北农林科技大学农业与农村社会发展专业博士毕业。现为浙江财经大学经济学院院长、教授。她撰写的专著《农村土地市场化进程中的政府规制研究》2009 年由经济管理出版社出版。此文是本人为该书做的序】

胡亦琴的专著《农村土地市场化进程中的政府规制研究》是在其博士论文的基础上修改而成的。由于我是她的博士生导师,所以她的论文我看了多遍,并就章节安排及某些观点和她进行了多次交流,因而我对这部书是很熟悉的。

虽然胡亦琴和我是师生关系,但在内心从没有把她作为一个学生看待,因为她与我年龄相当,而且她本科和硕士均就读于北京师范大学。只不过我拿到博士学位的时间早一些,她攻读博士学位的时间晚了一点,因为这个时间差,我成了她的导师,她成了我的学生。若要论才智,我认为她在我之上。所以,我一直把她看成一个可以在学术上平等交流的学者。

土地，是农业的根基，更是中国社会变迁的核心。即使到了现代社会，我们的改革开放也是先从土地制度改革拉开序幕。由于中国经历了漫长的封建社会，使中国农民对土地有着更为深厚的情节。有的农民进城从事非农产业并成了百万富翁，甚至亿万富翁，多年都不种地了，但仍不愿意放弃土地承包权。已进入21世纪，农业现代化成为世界潮流，而农业现代化的重要标志之一是规模化。规模化不仅决定着农业生产经营者能否获得较多的利润，而且影响着他们对现代农业科技的需求动力。我们学校的一个畜牧专家曾在一个村给农民免费做一个讲座“鸡的科学饲养”，结果我就碰到本村一位养鸡的中年妇女宁愿在家看电视，也不去听讲座。我问她为什么不去听免费的讲座？她说：我家只养了三只鸡，听与不听有什么区别呢？仔细想，她说的是对的。做一个假设，假如她养了十万只鸡，她还会对科技这么漠视吗？恐怕让她花钱也愿意请专家给她进行技术指导。所以，规模化是农业现代化的必由之路。

土地要规模化，必须有人愿意出让土地和有人愿意接纳土地。然而，这在中国注定是一个漫长而又艰难的过程。由于中国农民对土地的特殊情结，离开农业却迟迟不愿意放弃土地；另一方面，在中国，农业仍然是个微利行业，尤其是种粮食，而从别人那里承包土地的人还要给别人一笔承包费，那么种地的人还会有多少利润？他还有多少积极性去扩大土地经营规模？中国的土地转包早在20世纪80年代就开始了，到今天，土地转包的规模也略有扩大，但仔细观察发现，承包方往往是一些涉农公司或暂时从事利润较高的农业项目的农民。尽管土地流转面临很多困难，但土地规模化是历史发展的必然。胡亦琴拥有一个知识分子的责任感，以自己独特的视角研究农村土地市场化中的政府规制。实质是探讨在土地流转中政府的职责和职能。以期通过政府的力量促进土地市场化，加快土地流转。所以，胡亦琴对此问题的研究很有价值，也正好触及了目前土地流转这个热点问题。

政府作为转型期制度创新最具优势的社会组织，对于社会进化和“均衡状态”的打破起着十分重要的作用。中国农村土地制度改革的实质是政府主导型的制度变迁。改革初期，“政府主导型”模式对开启和推动市场化进程起到了巨大作用，但在市场经济微观基础初步形成的今天，这种模式已成为经济发展的主要障碍。政府定位不当而导致的角色“越位”“缺位”和“错位”，严重地制约了农地市场化的进程。另一方面，土地的“准公共物品”特性具有突出的外部性，市场配置土地资源、引导土地利用时有失效。导致转型期农地市场化陷入“市场失灵”和“政府失灵”双重困境，已成为新时期制约我国农业生产效率提高的核心障碍。

本著作综合运用制度变迁理论、产权理论以及政府规制理论，以我国工业化和城市化进程中农地资源在不同部门的重新配置作为问题提出背景，我国农地制度和交易机制演变、运作现状和主要弊端为主线，市场配置资源机制和权益界定为中心思路，立足于政府规制这一核心命题，透视中国农地制度改革史，以土地要素活动显著活跃的浙江省等经济发达地区的典型案例为切入点，并基于西方国家农地市场化建设的理论和政策实践、政府干预农地市场的比较观察，确立“学习、纠错和创新”的研究逻辑，揭示农地制度特别是产权制度变迁的基本规律；探讨农地市场化的基本态势、表征及发展取向，分析阻碍农地市场化的各种因素，确立市场运作规范；探究政府在农地市场化进程中正确定位与制度、机制供给的重要性，研究政府调控的得失，构建推进农地市场化进程的宏、中观政府规制框架，提出完善农地产权制度、健全农地流转机制、规范农地市场运作、强化农地市场化法律支持等对策建议。

胡亦琴在研究中，不仅旁征博引，而且仔细探究，在前人研究的基础上，有新的思考和探索。我认为：一个研究工作者他所研究的结论是否正确无关紧要，重要的是他要有创新精神。只要有了创新精神，就会有源源不断的新成果问世。至于研究结果正确与否，同行、专家可以检验。研究一个新成果很难，而检验一个成果是否正确则比较容易。如我们比较容易判断一篇文章是不是好文章，一部电影是不是好电影，而写一篇好文章或创作一部好电影则难得多。我欣赏和敬慕有创新精神的人，我也在不断尝试创新，如我在经济学领域提出了“不在意资金”理论；在管理学方面提出“十二种人性”理论；在农业经济管理研究中提出“精细密集农业”理论等等，尽管这些理论还不完善，甚至缺憾很多，但我却沉浸在探索科学规律的快乐中。因为只有真知才是永恒的，只有创新才是人类进步的源泉。

著作中提出的“市场型政府”和“服务型政府”角色定位，为政府行为规范指明了学习、创新的路径；构建的宏观、中观政府规制框架，有望为各级政府部门提供有效的分析信息支持和决策指导；针对典型案例提出的对策建议，将为其他区域树立示范标本；设计的成本—收益分析框架和市场主体博弈矩阵，将为农地市场化研究提供新颖的分析工具；提出的农地资本化和证券化运作设想以及推动产权社会化高效流动的对策，将拓展农地市场化研究的新领域。所以，我认为这是一本值得一读的著作。

胡亦琴是一个悟性很高的人。在与我交流的过程中，给我印象深刻的是她常常能很快准确了解我的意图。尽管我们对此研究曾交流过多次，但整本书里几乎没有我的观点，看不到我的影子。我只是提出了一些内容和观点方面增减的建议，具体观点基本都是她自己的，因为我知道她具有独立研究的能力。

读这本书不仅能系统了解农村土地市场化进程中的政府规制问题，而且还能感受作者的智慧。

农村“三变改革”面临的五大致命难题

所谓“三变改革”就是资源变资产，资金变股金，农民变股东。资源变资产就是让农民把闲散不用的资源，如不愿耕种的土地、闲置的房产、暂时不用的农机具等资源以资产的方式入股到集体经营的公司中，这样既可以让闲置的资源增值，增加农民收入，又可以壮大集体经济。资金变股金，就是让农民将暂时不用的钱以股金的方式投入到集体经济中，以获取股金分红，这种股金分红一般比银行存款利息收入要高，所以农民入股可以增加农民收入，同时可以解决集体经济发展缺乏资金的问题。农民以资产、资金入股后，农民自然就变成了股东。农民变成股东后，就可以增加农民的财产性收入，拓宽了农民收入来源的渠道。

这种设想的初衷是好的，我也相信它可能是未来农村发展的方向，但是目前“三变改革”面临五大难题，能否解决好这五大难题，是“三变改革”能否成功的关键。

一、致富项目选择难

农民把资产、资金和人力投入到集体经济中，目的是为了保值、增值，但在目前大部分农产品过剩、农产品价格低迷的情况下，经营什么项目才能赚钱呢？这是目前农村“三变改革”的头等难题。尤其是目前，农村绝大部分青年人以及精英流入城市，农村人才缺乏，依靠留在农村的老人、妇女和儿童判断市场、选择致富项目是很困难的。少数村干部算是农村的“能人”，但目前琐事缠身，没有时间和精力筹谋集体经济发展事宜。

致富项目的选择面临两大难题：一是什么项目具有好的市场行情？是种草莓能赚钱还是种红薯能赚钱？这需要专业的市场行情分析能力，才能在纷繁复杂和不断波动的市场中找到未来市场行情较好的项目，但目前农村缺乏分析市场和判断市场的人才；二是其他地方成功的项目是否符合当地的自然条件？如甘肃庆阳市一农户 2017 年种植的新品种苹果“瑞雪”批发价卖到每公斤 10 元，经济效益很好，然而这种苹果在陕西是否能种、在山西是否能种？需要做出精准判断，目前在农村这种技术人才也比较缺乏。

二、农产品营销难

过去农业的竞争主要是技术的竞争，主要看你会不会种苹果，会不会搞大棚蔬菜，只要你能生产出来，就能卖出去，农民很少担心卖的问题。但最近几年农产品趋于饱和，尤其是普通农产品明显过剩，现在的竞争是营销的竞争。十四亿人天天都要吃农产品，但吃谁的呢？不仅是质量的竞争，更是营销能力和水平的竞争。农产品营销的竞争已经进入白热化。线上、线下铺天盖地都是农产品。打开微信朋友圈，看看有多少人在卖农产品，就可感知农产品营销竞争的激烈程度。那么，集体经济在销售农产品方面如何能超越农业企业、家庭农场以及个体农户？如果集体经济的农产品销售不出去，或者价格偏低，那么集体经济如何赚钱呢？如果赚不了钱，咋会对农民有吸引力呢？

三、经营管理人才寻找难

集体经济要持续良性发展，必须要有善经营、懂管理的人才，尤其集体企业的董事长、总经理需要具备这样的素质和能力。虽然农村有这样的人才，如江苏省华西村党支部书记吴仁宝、陕西省黄陵县双龙镇索洛湾村党支部书记柯小海、浙江省安吉县鲁家村党支部书记朱仁斌等，但这样的人才在农村极为稀缺。农村的多数精英进入城市创业或者打工，城市精英因农村工作、生活条件差，收入低，绝大部分不愿意去农村工作。农村集体经济面临经营管理人才缺乏的困境。

要把农村集体经济的资产、资金和人力资源经营管理好，是很不容易的，它比经营管理一个私营企业更难。仅仅把想法各异的农民的资产、资金和人力组建成一个集体企业就非常难。如何说服农民、达成共识，需要高超的管理能力。如何让集体资产保值、增值，则需要非凡的经营能力。在目前的农村“三变改革”中极度缺乏这种经营管理人才。

四、财务信任难

笔者最近在陕西、宁夏、甘肃、浙江等地调查农村“三变改革”时，发现农民对“三变改革”最大的担心是集体经济负责人（一般为村干部）造假账咋办？由第三方会计事务所代理会计业务，可以防止造假账，但若负责人在采购原料和出售产品时，吃回扣咋办？还有集体经济负责人以各种理由给自己多发报酬怎么办？总之，许多农民对农村集体经济财务能否真实、客观、公开，表示怀疑，这也是许多农民参与“三变改革”积极性不高的主要原因。

谁来监督集体经济的财务？谁能堵住财务漏洞？这是农村“三变改革”中的又一道难题。

五、利润合理分配难

集体经济即使赚到钱，如何合理分配也是一道难题。在 20 世纪 50 ~ 70

年代的集体经济中，实行的是按劳分配与按人分配相结合。当然，核心是村民对分配方案是否满意，都必须被动接受。因为在当时的集体经济（生产队）中村民没有自由加入和自由退出集体经济的机制，所以集体经济负责人依靠其绝对权威决定分配方案。然而，今天依靠“三变改革”推动的集体经济，农民具有自由加入和自由退出的权利。他们对分配方案满意，则继续留在集体经济。如果他们对分配方案不满意，则会将他们投入到集体经济中的资产、资金和人力撤出来。但如何才能制定出让绝大部分农民满意的分配方案？这是一道难题，如集体经济盈利了100万元，那么多少拿出来分红？多少留给集体作为发展基金？在分红的资金中，多少用于资产分红？多少用于资金分红？在总利润中又应该拿出多少用于员工奖励？在集体经济中，每个农民贡献的方式不同，有的拿出来的资产多，有的拿出来的资金多，有的奉献的人力多。每个人都希望自己的投入回报高一些。

如何制定出让大部分农民（股民）满意的分配方案，同样是农村“三变改革”中的一道难题。

目前，全国各地都在积极探索和推进农村“三变改革”，希望理论界和实践探索者能够认真研究和思考“三变改革”面临的五大难题，并逐一破解这些难题，推动“三变改革”的顺利进行。

老家的房子

2017年春节，我回到老家看望父母及亲戚朋友。我的老家在陕西省兴平市西吴镇王家村。闲暇之余，去看了老宅子。老宅子是爷爷从当时的生产队获取的。有三间宽（约10米），大约20米长。爷爷有三个儿子，一个女儿，我爸爸是老二。兄弟三人陆续娶妻生子。按照农村习俗，儿子结婚后一般都要分家。我叔父与爷爷、奶奶一起生活，按惯例老宅子应留给他们居住，伯父和我们家搬出来，重新划分宅基地，重新盖房。不知为什么伯父和我爸都没有向生产队申请划分新的宅基地，而是把老宅基地分成三份：首先把老宅基地拦腰分成两半,其中一份留给叔父和爷爷、奶奶;另一份由我伯父和我爸各分得一半,每家各占宅基地的四分之一。其实,伯父和我爸分得的这一部分,是老宅子的院子,即空地,是没有房子的。后来,兄弟二人各自在分得的宅基地上盖了简易的房子。当时后门外没有路,我们两家要出去还需从叔父家的房子穿过,才能出去。

老宅基地本来只有约10米宽,现在伯父与我家又从中间一分为二,每家只有5米宽(农村人称为一间半),显得很窄。由于宅基地小,加之父母没有钱,好多年家里只有一个炕,连第二个炕都没有能力做。父母生了四个儿子,小的时候,一家六口还能勉强睡下。等我长大一些,显然就睡不下了。我记得我上小学五年级以及后来上初中时,基本上都是睡在同村的同学家中。上高中后就住校了。这个房子不仅小,而且经常漏雨,因为盖房用的一些材料(例如椽)都是次品、下脚料。

在这个极为简陋、狭小的房子里,我生活了20年,直到1984年考上大学离开它。而我父母则一直住到2001年。2001年之前,我每次回家,也是回到这个家。从这个角度说,我在这个房子生活了37年!这个旧房子现在还保留着。

父母长久住在如此简陋、破旧的房子里,我深感愧疚。直到2001年,在我的资助下,父母才重新申请了新的宅基地并盖了新房。父母终于如愿以偿地住上了当时许多农村人都梦寐以求的二层楼房。现在的房子与原来老宅子的房子有一定距离,并已多年不住,很少去看。今年春节去老宅看了当年的旧房子,顿生感慨:当年就是在这个房子里我生活了几十年;当年就是在这个房子里我的高考预选成绩获得全县第一名;当年就是在这个房子里我写下了文章"书让我沉迷让我忧"(刊发于《书与人》1996年第5期)……

如今再次站在老房子前,重新思考人生,感觉这一辈子读的书不是太多了,而是太少了,尽管从小学读到博士读了22年。常常感到自己就像一只飞翔在空中的小鸟,想飞得更高,却因知识储备不多,导致心有余而力不足。但无论如何我依然乐于在空中搏击和翱翔。

父母一直认为我对家庭的贡献很大,因为我承担了父母的生活费用,但我一直却满怀愧疚,总觉得做的不够。希望父母健康长寿,给我更多的时间孝敬他们,以便内心能有稍许的安慰。

为了龙池镇5万亩西瓜(甜瓜)

陕西省蒲城县龙池镇最近几年大力发展西瓜和甜瓜,该镇90%的土地都种上了大棚西瓜和甜瓜。前几年,经济效益非常好。甚至出现了许多瓜农成群结队去西安买小汽车的壮观场面。但从2015年起,由于全国的西、甜瓜面积不断扩大,价格有逐渐下降的趋势。龙池镇的瓜农开始焦虑:继续种西、甜瓜担心价格继续下跌,不种西、甜瓜,不知道该种什么。

瓜农们的焦虑引起了龙池镇党委书记邵新刚的忧虑和重视。当然他管,这是他的分内职责。但是他不管,也无可厚非,因为现在许多农产品都出现了滞销,如红枣、鸡蛋、苹果,等等,这是市场使然,并非人力所为,而且多数情况下也不是一个镇长、县长所能改变的。然而,邵新刚他要尽其心,尽其力,目的只有一个:就是为了能让龙池镇5万亩西甜瓜能卖出去,而且能卖个好价钱。

2016年3月19日,龙池镇党委书记邵新刚来到西北农林科技大学找我谋求西甜瓜营销策略。虽然事先我们已经在电话中预约,但我办公室的客人一直不断,邵书记从下午14:00点一直等到17:50。当我终于送走最后一拨客人,在办公室外找他时,我内心在想:邵书记可能已经生气走了,因为我让他等的太久了。不要说一个镇党委书记,就是一个普通人可能都生气走了。然而,他竟然还在办公室外等着我!我既愧疚又感动,愧疚的是让他等的太久,对他没有起码的尊重,感动的是他为了农民的利益竟甘受此“屈辱”!

他确实太让我感动了。经过短暂交流后,我告诉他:“虽然我能力有限,但我愿竭尽全力帮助龙池镇瓜农销售西甜瓜,因为我们都有一个共同的梦想:让龙池镇几万瓜农获得好的收益。”于是,一系列的营销策划随之展开:

1.2016年3月23日,我带着自己的两名博士研究生亓红帅、杨雪梅来到陕西省蒲城县龙池镇调研西甜瓜产业。

2.2016年3月29日,我在《农业科技报》撰文介绍了龙池镇西瓜产业发展状况。该报发行量10万多份。

3.2016年4月2日,我撰写了文章“龙池西瓜五把火,特色农业就得这么玩!”该文在公众微信号《农业大市场》《大农圈》《今日头条》《一点资讯》《搜狐新闻》《凤凰新闻》《新浪微博》刊发。集中媒体火力宣传龙池镇西瓜。

4.2016年4月13日,由我博士生杨雪梅撰写并在百度百科上传了词条“龙池西瓜。”

5.2016年4月16日,在公众微信号“农业大市场”发起“蒲城龙池西瓜杯“最美新农人”评选活动火热报名了,超值大奖等你拿!”活动。

6.2016年4月23日,在公众微信号“农业大市场服务平台”发起“蒲城龙池西瓜杯“最美新农人”投票活动开始了,谁是最美新农人,你说了算!”活动。几十万人浏览此信息,五万余人参与投票,通过此活动再次宣传了龙池镇的西甜瓜。

7.2016年5月24日,我们在龙池镇举办了“全国第二届大农思享会:从蒲城西瓜看农业供给侧改革”。

8.2016年5月24日,经过我与学校有关方面沟通,免费向龙池镇授予“西北农林科技大学实践教学基地”牌子。

9.2016年5月25日起,《农业大市场》平台系列报道第二届大农思享会,持续宣传龙池西甜瓜。

10.我邀请自己的网络大V朋友,在微信、微博等自媒体宣传龙池镇西甜瓜。

经过我们一系列努力,终于有了效果:

全国著名西瓜经纪人杨乙被我们邀请到龙池镇收购西、甜瓜,他事后说:蒲城县西瓜价格比全国其他地方的西瓜价格高出20%。

有一次坐火车,听到两个农民在谈龙池镇的西甜瓜,引起了我的兴趣,因为自己为之付出过心血。我问他们是不是龙池镇的瓜农?他们说他们是龙池镇埝城村的瓜农。问他们“西瓜价格和去年相比是高了还是低了?”一个说:“略微高了一些”,另一个说:“有的村可能价格比去年低了,但和其他地方比,我们镇的价格还算比较好的。”我顿觉欣慰和释然。

瓜海悄然游

5月中旬,是西瓜成熟的季节。

夜里加班到12点,突然想起蒲城县龙池镇的西瓜。去年(2016年),我曾多次去龙池镇调研西瓜产业,与团队成员一起策划西瓜的销售。2016年7月,我的70多名学生及六名同事赴龙池调查西瓜产业以及西瓜给农民带来的收入。令人欣慰的是西瓜价格还不错,瓜农还比较满意。今年的西瓜又熟了,但我却忙得没有时间去看。不看,又放心不下。于是,第二天天还没有亮,我就自己开车,从杨凌(我们学校所在地)直奔龙池镇。

开车两个小时,到达龙池镇。马路两边是多得数不清的卖瓜的农民,收购瓜的商贩在不停的穿梭和讨价还价。有卖西瓜的,也有卖甜瓜的。龙池人不种露天西瓜或甜瓜,都是大棚西瓜、甜瓜。所以,一眼望去都是看不到边的大棚。游走其中,犹如进入瓜的海洋。路边是瓜,田里是瓜,车上是瓜,无边无际。

我在蒲城县朋友不少,有的是在蒲城县工作的学生,有的是听过我讲座的公务员、村干部、家庭农场主,有的是与我多次探讨农产品营销的农业企业老板,就是在龙池镇也有几个朋友,尤其是去年策划龙池镇西瓜营销时,多次与他们交流和探讨。但我一个朋友都没有联系,只想静静地看,静静地想,静静地品。

到了埝城村看到白瓤西瓜,多年没有吃过了,赶紧吃了一块,真甜!瓜农说他的西瓜都是上了油渣了,比施化肥的西瓜甜。西瓜非常好吃,但我不敢多吃,只吃了一块,因为我知道这里有很多品种和种类的西瓜,如果吃饱了,别的西瓜就无法吃了。

路过钤铒村,看到了桶装西瓜。西瓜长在塑料桶里。据说是当西瓜很小的时候,从桶口把西瓜放进去,西瓜就在塑料桶里渐渐长大。这种西瓜特别甜,我去年专门品尝过,而且专门买了四个西瓜送给了在北京工作的同学,同学赞不绝口。我赶紧买了五个,我要带回去给家人和朋友吃。

继续往前走,突然看到一个方形西瓜,这可是稀罕物。虽然以前也见过,甚至也给瓜农策划过方形西瓜,但毕竟不常见。买了三个,计划回去以后送给朋友的孩子,他们一定很喜欢。

刚把西瓜装进车里,突然听到有人叫我,叫我的是一个农村妇女,我并不认识她,我诧异的看着她。她说她曾听过我一场讲座,她说她是我的学生。热情地领我到她的瓜园参观。她的西瓜都是生肖西瓜,也就是每个西瓜都刻有一个生肖字,如龙、蛇、虎等。她问我家三个人都是什么属相?我说是龙、蛇和鼠,她便选了刻有龙、蛇、鼠的三个西瓜送给我。我给她钱,她硬是不要。她说:他们镇上还有鸳鸯西瓜、水晶西瓜,但不在他们村,在大约七公里外的另一个村。本想让她带我去,可她太忙了,不断有客商咨询她买西瓜的事情。我就自己去了。还没有到那个村,单位打电话通知我下午要召开教授委员会,希望我务必参加。我就赶紧掉转车头,往回赶。

悄然而短暂的瓜海之行,感悟颇多:一是很敬佩龙池镇瓜农的创新精神,把一个西瓜搞出这么多花样:方形西瓜、桶装西瓜、鸳鸯西瓜、水晶西瓜、生肖西瓜、套瓶西瓜等;二是觉得他们的西瓜特别好吃,特别甜,水分含量恰到好处;三是瓜农很辛苦,他们太累了,如果再没有好的收入,真让人痛心!

真希望今年再能为龙池镇的瓜农做点什么。

三十年前偶遇的黑池姑娘及黑池红薯的味道

1986年,我正在西北农业大学(西北农林科技大学前身)上大三时,学校安排我们班进行课程实习。我们四个同学被派到陕西省合阳县实习。我们住在合阳县黄河宾馆。

第二天,就发生了一件令我们男生骚动的事。宾馆有一位服务员特别漂亮。皮肤白皙,个子高挑,黑发飘逸,尤其是她那一双眼睛特别有神,简直可以勾掉我们的魂。几个男生找各种理由去找这位姑娘:一会儿说钢笔没有墨水了,问人家服务台是否有墨水?一会儿说枕巾脏了,能否换一条枕巾?一会儿说我们想去一个村,如何走?

经过几天的搭讪和询问，基本了解了这位姑娘的基本信息：她是合阳县黑池镇的一位农村姑娘，18 岁，高中毕业后没有考上大学，便出来打工，更重要的是尚无男朋友。当得知她是一位农村姑娘，而不是城市女孩，两个男生就不再找她搭讪了。在那个年代，毕竟城市户口与农村户口有着天壤之别。只有张可汗（为了保护个人隐私，此处用化名）依然执着。他坦然地告诉我：他爱上这个女孩了，他一定要娶他。我知道张可汗是认真的。他隔三差五给女孩送去一封信，可我也知道，直到我们一个月的实习结束，那个女孩也没有给他回过一封信。

他有时在街道买几颗水果糖送给那个女孩，有时在街道买几斤苹果送给她，还骗她说这些苹果是我们农业大学研究出的新品种，让她仔细品尝。他为她做着他能做的一切，我知道他真的爱上这位黑池姑娘了。

回到学校，他日复一日地给她写信。终于等到了她偶尔的几封回信。但姑娘始终没有答应他。他在宿舍坐卧不宁，神不守舍。有一天，竟然思念成疾，病倒了。病刚好，他就说他一定要去合阳县黑池镇去看她，去说服她，说服她的父母。在舍友的规劝下，他等到放寒假去了黑池镇。他从杨凌坐六个小时火车到达合阳火车站，但出了站却找不到去姑娘所在村的汽车，他就边走边问，走了四个多小时，天黑前终于找到了姑娘的家。姑娘全家人都对他很客气，很热情。晚上，姑娘的父亲和他睡在一个炕上，进行长达两个小时的长谈。她的父亲虽然是一个农民，但精明能干，思路清晰。姑娘的父亲说：你是一个大学生，我姑娘是一个农民，你们不可能走到一起。即使你是真心的，你父母也不会同意。即使你现在是真心的，将来可能变心。为了我女儿一生的幸福，我不同意你们的婚事，你以后也不要再纠缠她。如果你真地爱她，就让她找一个她能托付一生的人嫁了。张可汗一夜无语，只是听，他想说的千言万语都说不出来了，因为老人想的比他多、比他周全。

晚上睡觉前，他在院子里见到了他日思夜想的姑娘，但没有说话。第二天一大早，天还没有完全亮，姑娘的父亲就用自行车把他送到合阳火车站，临别时他也没有看见那位姑娘。

开学后，张可汗不再给那位姑娘写信了，只是默默地学习。他似乎真地听了姑娘父亲的建议。直到我们上大四时，发现那位姑娘经常给张可汗写信。我就问何故？张可汗说：那位姑娘说她很爱我，但全家人都不同意，怕他负了她，她就听了父母的话。现在媒人给她介绍了一个男朋友，天天纠缠她，而她想与张可汗好。张可汗也曾把这段不是恋情的恋情告诉父母，征求父母的意见，结果父母竭力反对。他的父母说：你找谁我不管，但你必须找一个有城市户口的姑娘。为了不让父母伤心和担忧，他再没有给那位姑娘联系过。

一晃三十年过去了。我对黑池的记忆只有两个：一是我的好友张可汗与黑池姑娘的那段恋情；二是当年在合阳实习时这位黑池姑娘从家里给我们几个大学生带的黑池红薯特别好吃，现在还能想起那红薯弥漫的香味。

那位黑池姑娘我再也没有见过。张可汗我经常见。他说那是他的初恋，那位姑娘也告诉他那也是她的初恋。后来他们都各自成家，再没有联系。张可汗还是有几次想联系，想了解她过得如何？能不能帮帮她。但我都阻拦了，我说你不要干扰她平静的生活，尽管我们不知道她过的如何。

自从大学实习之后，我很少再去合阳了，偶尔去，也是匆匆而过。

2016 年，教育部指定我们西北农林科技大学对口扶贫合阳县。7 月 17 ~ 18 日，学校指派我作为西北农林科技大学合阳县扶贫团团长，带领十几名专家教授前往合阳进行科技扶贫。我们走访了坊镇、黑池镇、金峪镇、城关镇等四个乡镇。尤其是来到黑池镇，让我再次想起三十年前那位黑池姑娘以及她给我们送的黑池红薯。更令我感兴趣的是黑池镇现在依然种了很多红薯。

2016 年 10 月的一天，黑池镇镇长雷军给我打电话，他说想见见我。没想到我们两个人竟然都在西安市钟楼旁边。我们在钟楼旁边的德发祥饺子馆边吃饺子边聊。原来，他找我只有一件事：黑池的优质红薯如何能卖个好价钱？他送给我两盒黑池红薯，让我品尝。

我们分开以后，我专门找到一个卖烤红薯的摊点。花了 10 元钱，让烤红薯的老汉烤了两个雷镇长送给我的黑池红薯。我觉得味道好极了！我又想起 30 年前那位黑池姑娘以及她给我们送的红薯。

回到学校，我们团队马上启动了一系列红薯营销活动，其中影响最大的是 11 月 2 日在黑池镇举办的全国红薯大赛。后来，我在网上看到黑池镇的“曙光薯农”牌红薯每盒卖到 58 元(5 斤)，而且下单人还挺多的，内心十分高兴和欣慰。

2017 年，黑池红薯丰收在望。我们希望黑池农民丰产丰收。

薯农们，我们团队今年将继续前往黑池，为你们助力！

一个让全家人忐忑不安的红薯

2016 年 10 月的一天，山东省德州市夏津县银城街道办事处淡管屯村村民徐梦春，在微信里看到陕西省合阳县黑池镇将于 11 月 2 日举办全国红薯大赛，而且一等奖 2 000 元，二等奖 1 500 元，三等奖 1 000 元。喜欢种红薯的徐梦春从地里挖出了一个重达七八斤的大红薯，他把这个红薯洗干净，并把称得的重量告诉主办方。

过了几天，徐梦春接到来自陕西的电话，说他申报的红薯按重量被评为三等奖，请他 11 月 2 日前往合阳黑池镇领取 1 000 元奖金及获奖证书。当然，他必须带上他的红薯当场校验，而且往返飞机票也由主办方购买，并有专人在西安机场接他。

徐梦春激动不已，激动的不仅是自己的红薯获奖了，而且自己将第一次体验坐飞机的感觉。

当他把这个好消息告诉妻子时，妻子斩钉截铁的说：这肯定是骗局。因轻信中奖而被骗的事例太多了。一根红薯就奖 1 000 元，还给你买往返飞机票?！她告诉老公：千万不要去领奖，防止上当受骗。

徐梦春忐忑不安。

他又把这事告诉父母，希望父母能支持他。没想到父母认为儿子是被传销组织盯上了，叮嘱儿子千万别去。

他又把这事告诉村上的几个好朋友，征求他们的意见。好朋友也认为这是骗局。别说对方自称镇政府，许多骗子还自称公安局、检察院等等，来头比镇政府大多了。

到底去还是不去，徐梦春犹豫了。

尽管全家人及村民都劝他不要去参加颁奖会，但徐梦春还是不安地踏上了领奖之路。

徐梦春没有坐过飞机，根据对方发来的乘机时间，在飞机起飞前 20 分钟到达机场。他以为坐飞机就像坐汽车一样，只要开车前到就行。结果机场告诉他：飞机起飞前半小时，停止办理登机手续。他一下子慌了，赶紧打电话问大赛主办方怎么办？在对方的指导下，办理了改签手续，他将乘6小时以后的另一航班。

由于航班改了，徐梦春到达西安机场时，已经是晚上了。在漆黑的夜里，他来到一个陌生的城市，被一群陌生的人接上汽车，在茫茫夜色中奔向另一个陌生的地方。

自从他离开家的那一刻起，妻子及全家人都在为他揪心，他们不断地打电话询问他是否安全？此刻，他也无法准确回答他是否安全。

接他的汽车，起初还在高速路上奔跑。徐梦春忐忑地告诉家人自己好着呢，并把机场照片以及沿路风景照片发给家人。也许是为了让家人分享异地的风光，也许是给家人留下寻找他的线索，万一他失踪的话。

汽车快到合阳时，下了高速。不巧的是，有一段路正在扩修，只留下很窄的半边路可以通过，而且高低不平。徐梦春坐在颠簸的车里，看到连路灯也没有的外面漆黑的夜，他是咋想的，不得而知，但坐在他旁边的接待人员，感觉他的腿在瑟瑟发抖。

当汽车终于进入合阳县城，徐梦春看到城市各种闪烁的霓虹灯时，兴奋地打电话告诉妻子：他到合阳县城了。

他妻子的心此刻可能放松了许多，但也许并没有完全放心。

11月2日，当徐梦春走上领奖台、接过奖金和获奖证书时，这位山东大汉眼睛湿润了。

当他从领奖台上下来，工作人员赶紧把他领奖的照片发给他，让他发给妻子，以便让家人分享他的快乐，更重要的是让家里人放心。

此时此刻，身在陕西的徐梦春和远在山东的徐梦春的家人一颗忐忑的心终于彻底放下了，全家人沉浸在喜悦和快乐之中。

我家对过年的一点小改革

像往年春节一样，2018年春节我依然按照惯例，回到农村老家过年。农村过年，有很多习俗，如走亲戚、放鞭炮、拜年、发压岁钱，等等。而我回农村老家过年的主要目的是看望父母和走亲戚。在过年的诸多习俗中,其中一些习俗逐渐变得不合时宜,应该进行改革,今天我就专门说说走亲戚的一些弊端。

一、短时间内重复见面

就拿我来说,我妈姐妹四个,还有一个弟弟。也就是说,我有三个姨妈和一个舅舅。他们都是我的长辈,过年必须去看望他们。今年初一,我们都去了我三姨妈家,我见到了我姨妈以及表兄弟、表姐妹;初三,我们又都来到我舅舅家,大家再次见面;如此不断重复。

二、礼品大循环

王家把礼品送到张家,张家又把从王家收到的礼品送到李家,李家又把此礼品送到赵家,赵家再把此礼品送到孙家……,很有可能同样的礼品最终再次回到王家。而且多数礼品,尤其是糕点类礼品很多人又不爱吃。把这种大家不太喜欢的礼品,送来转去,似乎意义不大,而且劳民伤财。

三、浪费大量时间

许多在城市工作的人只有七天假期,有限的时间应该多陪一陪父母,或者在家休息一下,缓解一下一年的辛劳,或者找一个旅游景点放松一下心情,但现在有限的时间大部分都浪费在走亲戚上了。

四、疲于接待客人

今天来了几波客人需要接待,明天来了几波客人还需要接待。仅每天做菜、洗碗就很劳累,更重要的是每天做一大堆菜,至少浪费三分之一。剩下的菜,自己吃不完,倒掉又太可惜。

鉴于走亲戚以上的弊端,我一直想改变它,但数千年的习俗敢改吗?如何改?长辈能接受改革吗?所以,我的改革设想也只能是想一想,不敢实施,甚至不敢说出来。然而，今年大年初三（2018年2月18日），改革竟然出奇的顺利，尤其是长辈极为支持和赞成。

改革的酝酿和讨论是大年初三在我舅舅家进行的。我姨妈以及表兄弟、表姐妹大部分都在场（部分没有来）。改革内容如下：

一、我妈的四个姐妹及我舅舅家共五家，实行轮流走亲戚制度。从明年即2019年春节开始，这五家每年只去一家，例如2019年春节大年初二，这五家及其子女全部到我三姨妈家，其余各家就不用去了；2020年全部到我舅舅家，其余各家就不用去了。也就是说，每年只走一家亲戚。

二、只送一份礼品。例如2019年大年初二，约定全部到我三姨妈家，那么所有来的人只需要给我三姨妈送一份礼品，其余的姨妈和舅舅家既不需要去，也不用送礼品。

这样的改革既能节省大量时间，也避免了礼品大循环，我们可以腾出时间，做一些更有意义的事情。当然，姐妹之间、表兄妹之间，想走动的，也可以走动。此时的走访，要么是有事协商，要么是出于感情交流，而不是例行公事的拜访。

所以，我认为2018年2月18日（初三）是值得铭记的一天，因为我家数千年的习俗在这一天得以改革成功。这里我要特别感谢长辈们的支持和赞成。

我只是参与和见证了这一次改革，改革的成功是大家共同讨论、共同参与、协力支持的结果。

当然，这样的改革也只局限在我母亲的这个体系里，我父亲的这个体系还没有同意。我希望我父亲的亲戚也能改革，更希望更多家庭、更多人能加入到这个改革的行列中。

毫无疑问，走亲戚属于个人行为，改还是不改，是每个人的自由。我们尊重每个人选择的自由。

农大学生不在意资金行为规律研究
——以西北农林科技大学学生慈善捐赠为例

一、不在意资金理论

当人们在购物时，自然要与商家讨价还价，双方磋商的部分，即购买者要求降低的额度或商家要求增加的额度，正是双方关注在意的部分，将其称之为在意资金（或在意价值）。在意资金的额度与交易的总金额有关。在交易中，还有一个部分，是双方均可让渡、忽略的部分，称其为不在意资金（或不在意价值）。比如购买 1 000 元价值的商品，买卖双方讨价的部分为百元单位，即一百元到数百元，一般不可能在元的单位上讨论，因为一元到数元的额度，相对交易的总金额 1 000 元来说，是可以忽略的，或者说将这部分无论划拨于谁，双方均不在意。故将双方重点争夺的部分称之为在意资金，而将双方不在意的部分称为不在意资金。

在意资金与不在意资金不仅存在于购物，还存于于慈善捐赠、友情招待、利益分配等方面。比如在慈善捐赠时，人们所捐的金额，肯定是其不在意资金，一般不可能是在意资金，友情招待也一样。当你的朋友来了，你自然需要接待，然而用多少钱来接待呢？花几元钱买一份水饺可以招待，花几十元钱要几样小菜也可以，花几百元吃一桌大菜也行。方案有许多种，但你最后选择的方案一般是你不在意资金所能达到的方案。当你与他人合伙做生意赚了一笔钱，最后分配利润时，如这笔钱与参加分配的人相除，不能整除时，参加分配者一般不会要求精确到角、分，甚至不要求精确到元、十元或百元。不要求精确的部分，就是大家不在意的部分，那么谁拿都行，这部分资金就是不在意资金。

二、慈善捐赠

慈善乃常见现象，相关的研究文献也极为丰富。自经济和货币出现后，慈善也多以产品和货币的形式实现，即慈善捐赠，甚至形成了一门叫做慈善经济学（Charitable Economics）的经济学分支学科来专门研究慈善捐赠。经济学家主要对两个问题感兴趣：一是慈善捐赠产生的动机何在；二是人们的慈善捐赠行为是否存在某种规律性。随着经济学数理化和计量化的兴盛，更多的经济学家借助数理经济学和计量经济学的分析方法对慈善捐赠进行了实证分析，得出了很多重要结论。然而国内同类研究为数不多，可见的多是非数理角度的分析。本文以下部分力图从计量角度分析慈善捐赠问题。

（一）慈善界定

“慈善”是个外来词，有“给他人以帮助、增加其福利”之义。英文中“慈善”对应 charity 和 philanthropy 两词。charity 来自拉丁文 carits，其意为：a. 给穷人提供的帮助、救济和施舍；b. 用于帮助处于需要中的人的东西；c. 为帮助处于需要中的人而建立的机构、组织或基金会；d. 被定义为爱的一种美德。philanthropy 来自希腊文，由“爱”和“人类”这两个部分构成。它的意思是：a. 增加人类福利的努力或倾向，比如通过慈善援助或捐赠等；b. 对全人类的爱；c. 为了提高人类福利的活动或机构。相比较而言，charity 更强调针对穷人或困苦状态的人的帮助、救济；而 philanthropy 则不仅仅限于帮助穷人，它还带有提高福利水平的意思。而中文中，“慈”和“善”很早就以单字形式出现。其中“慈”被解为“慈，爱也”（《说文・心部》第 504 页），古代特指（父母）爱子女，如“一曰慈幼”（《周礼・大司徒・地官》第 26 页），“慈者，父母之高行也”（《管子・形势解》第 332 页）；“善”有善良、好心的意思，“供养三德为善”（《左传・昭公十二年》第 1347 页），“又尽善也”（《论语・八佾》第 42 页）。单字“善”也有慈善的意思，如善堂，旧指育婴堂、养老院等慈善机构。现代汉语对慈善的解释基本沿袭了古汉语的语义（如《学生辞源》第 91 页和《袖珍现代汉语词典》第 81 页对“慈善”的释意），和英文中的定义不尽相同，甚至略带贬义色彩（如《中国大百科全书》将“慈善事业”的释义为：从同情、怜悯或宗教信仰出发,对贫弱者以金钱或物品相助,或者提供其他一些实际援助的社会事业……带有浓重的宗教和迷信,其目的是为了做好事求善报;慈善者通常把慈善事业看作是一种施舍……它只是对少数人的一种暂时的、消极的救济……它的社会效果存有争议。西方的经济学者对慈善也进行了规范的研究,并认为"如果将时间与产品转移给没有利益关系的人或组织,那么,这种行为就被称为'慈善'或'博爱'"(贝克尔,1992)。这一定义指出了慈善的两个基本特点:其一,慈善是一种自愿行为,它绝对没有强制的成分。这种本质特征使得它完全不同于国家税收;其二,慈善行为是针对没有利益关系的人或组织的(贝克尔,1992)。可见西方学者对慈善的研究是从亲缘利他和非亲缘利他的角度来区分,以使研究更加简练。

(二)慈善捐赠的理论分析

1. 慈善捐赠额度

对慈善捐赠额度的讨论,"不在意资金理论"是不多见的一例(王征兵,2003)。"不在意资金理论"将经济活动中涉及标价金额的一部分(约为10%)按人们对其的关注程度分为"在意资金"和"不在意资金"两部分。"在意资金"为双方磋商的部分,即购买者要求降低的额度或商家要求增加的额度,这部分资金双方都很关注,不会轻易让步,故称其为"在意资金"(或在意价值)。还有一部分为双方都不在乎,是可让度、可忽略的,称为"不在意资金"(或不在意价值)。"不在意资金理论"认为,在慈善捐赠中,人们所捐出的一般是其"不在意资金",而"不在意资金"和人们的收入密切相关,一般为其年收入的千分之一,即"千分之一定律"。"当然不在意资金并不是在每次捐赠中都恰好都为1‰,而是围绕1‰上下波动",另外"人们也并不是知道'1‰定律'然后再按此规律去做,而是在无意识中遵循了'1‰定律'";就像市场经济中"看不见的手"发挥作用的机理一样。

2. 慈善捐赠的产生及动机

慈善捐赠属于互惠利他或"软"利他行为,"即没有血缘关系的个体,为了回报而相互提供帮助"(叶航,2005)。慈善捐赠这种互惠利他行为能在人类社会中出现并随人类进化而保留下来,或许正是因为其"互惠性":互惠利他或非互惠利他行为,都是属于较高道德层次的行为,其产生与演进和道德的

“间接功利性”密切相关，“道德作为一种非功利的意识形态，在现实中却实现了大面积的功利，尽管其核心是讲付出而不计较功利”（陈彩虹，2003）。首先道德的存在减少了人们各种活动中因对他人行为的不确定而可能产生的风险，即降低了“交易成本”，从而使社会整体因此而受益。这是道德得以产生和延续的根本原因，慈善捐赠作为互惠利他的道德行为之一种，自然也是源于此。实际上，道德的产生和形成是一个历史积累和传承的结果。“当人们选择道德而放弃了不道德，并且将其选择的经验告诫后人时，他们确知其道德意识形态的‘好处’”（陈彩虹，2003）。当然道德这一意识形态累积至今，不见得每个选择它的人都非常明了其“好处”。其次，在一个收入具有差距的社会中，道德，尤其是像慈善捐赠这类道德行为，有助于社会稳定与和谐。有学者将慈善捐赠视为国民收入的第三次分配，认为它是促进社会公平的一个重要方式（卢汉龙，2005）。在西方国家，有着为数众多的慈善机构，有相当高比例的家庭进行了捐赠，实质上慈善一直在这些国家中充当非正式保障的重要角色，为维护社会公平与稳定发挥了重要作用。

对于慈善捐赠行为动机的解释见仁见智。“不在意资金理论”认为，慈善捐赠是源于人们善的本性，即人天然有一种同情、慈爱友善之心以及欲对别人施以帮助、与人和睦相处的愿望，在没有其他因素影响的条件下，人的本性是善的，在这一性善的前提下人们的捐赠行为符合“千分之一定律”（王征兵，2003）。也有人根据人各种行为的目的都是追求自身利益的最大化之假设认为（贝克尔，1992），慈善家也是追求自身利益最大化的理性人，其捐献行为实际上是购买用于满足精神需求的一种服务产品（一种特殊的消费品，称为“慈善品”），以获得良好的声望，减少负罪感，避免社会指责及自我精神慰籍等（马小勇，2001）。人类行为快乐原则认为，人类行为无论是为人还是为己，归根结底都是在自己相应的苦乐观支配下产生的，根本都是为了“自己”（陈惠雄，2003）。

3. 慈善捐赠经济学分析

“不在意资金”，则不太会在乎能否得到回报。因此对其解释就不能只停留在互惠利他方面，而应更多地向纯粹利他（非互惠利他）方向靠近。然而对纯粹利他的产生与演化，不同的经济学家有不同的看法。在“合作剩余”和“生物演化稳定策略”的基础上，叶航设立了一个能够解释纯粹利他（非互惠利他）行为的模型，并利用脑科学最新研究成果对这一行为的内在激励机制作了说明（叶航，2005）。随后又提出了一个演化均衡模型，进一步解释了利他行为的进化优势以及合作剩余导致利他偏好的内生机制。有学者将利他行为区分为软利他行为和硬利他行为，并认为软利他行为可用人的利己心解释，而硬利他行为是多层竞争中形成与进化的，是多层竞争选择的结果（张旭昆，2005）。从经济学角度对慈善的研究发现，历来存在"经济人"和"道德人"两个相左的假设，但都面临难以解释所有慈善行为的困境。在全面介绍慈善经济学在国外的发展状况及其范式面临的危机和转变基础上，杨立雄主张走"中间式道路"，并构建了"互惠人"的假设来解释慈善行为的动机及其演化（杨立雄，2005）。在贝克尔的"慈善家是理性人"的假设条件下，马小勇构建了一个慈善家的效用函数（目标函数），并得出了其实现效用最大化的条件。贺力平讨论了慈善行为产生的三个条件，并从经济学角度考察了慈善行为的最大化问题（贺力平，2004）。上述文献分别从不同角度研究了慈善的动机及其演化，多数基于古典经济学理论框架及其"经济人""理性人"的假设在进行分析过程中，随着经济学科研究和社会实践交互影响发展，慈善经济学的理论范式都面临了"危机"。如何构建慈善经济学新的理论范式，使发展更合乎实际的假设前提，引起了学者的关注（杨立雄，2005）。

国外对慈善的研究著述繁多，从经济学角度的研究多和慈善捐赠有关，甚至因此形成了一个属于福利经济学的分支学科——慈善经济学（Charitable Economics）。其较早期的研究主要关注两个方面，一是对慈善捐赠模型的分析研究，主要包括：1）慈善的公共物品理论：以赠予者和受领者外部关系的存在为基础来解释慈善赠予，并将慈善活动的产出视为一种公共物品（Becker.，G. S. 1974；Arrow，k. a. 1981）；2）非纳什行为：由 Cornes 和 Sardler 提出的一种公共物品供给理论，它在一定程度上使得公共物品理论中的免费搭车问题得到减缓；3）非效用模型：Margolis 提出了一个包含两个效用函数的个人效用模型，其中一个与个体自身利益有关，另一个与其所属的群体的福利有关；4）私人物品利益：在此模型中假定人们不仅能从别人捐献产生的公共物品中得益，而且还从慈善捐赠本身中得到了效用。二是对税收和个人慈善捐赠的实证分析（一般都以上述不同的效用模型为分析基础），其结果表明，税收减免是对慈善捐赠的鼓励，同时慈善捐赠和收入有密切的关系。Schiff 总结道：经济学家有一致的看法,赠予的收入弹性介于0.5到0.8之间。

和国外的研究相比,国内对于慈善捐赠的实证研究,尤其是运用计量经济学方法进行定量分析的文献很少见,可能因为相关数据难以获得。因此我们通过实验调查的办法获取相关数据,在国外已有研究文献和“不在意资金理论”的基础上进行定量分析。

三、慈善捐赠实证分析模型

基于前述“不在意资金”与慈善捐赠的关系(1‰定律)(王征兵,2003),借鉴国外的相关研究,提出如下命题:人们的慈善捐赠额度和他们的收入(符合1‰定律)以及其他人的平均捐赠额度相关,并受年龄、性别等人口特征、同受赠者的关系以及捐赠的便利性等因素影响。此命题首先需以下前提条件:1)人们的收入大于零。显然若没有任何收入,人们无法进行捐赠;2)处于不同状况的人对慈善捐赠的认识不尽相同,从而捐献额度也因人而异。从实际看,以上条件不难满足,但又很难排除例外情况的存在。基于此命题,并参考国外相关研究成果,设立了一个慈善捐赠同收入、他人捐献额平均值、以及年龄、和受赠者的关系以及捐赠的便利性等因素之间的计量模型,以进行回归分析。

$$Y = F(X_1, X_2, X_3, X_4, D_1, D_2, D_3, D_4) \tag{1}$$

其中各变量的含义及取值特征参见表1。

表1 相关变量及变量特征

变量	定义
年龄(X_1)	被调查对象的年龄。
均值(X_2)	他人捐赠金额的算术平均值。
次数(X_3)	被调查对象认为一年适宜的捐赠次数。
性别(D_1)	被调查对象的性别,男取1,女取0。
金额(Y)	被调查对象选填的他(她)愿意捐献的善款数额。
收入(X_4)	被调查对象一年除去学费和住宿费后的消费支出。
宗教(D_2)	被调查对象的捐赠是否信仰宗教,是取1,否取0。
关系(D_3)	被调查对象的捐赠是否受同受赠者关系的影响,是取1,否取0。
便利性(D_4)	被调查对象的捐赠是否受捐赠便利程度的影响,是取1,否取0。

四、慈善捐赠回归分析

采用不记名实验调查法，以发放调查问卷的形式取得西北农林科技大学大学生这一群体的相关数据。需特别说明的是中国大学生群体很少有自己的稳定收入，他们的生活支出主要靠父母供给，因此在调查中只能将其支出作为其收入纳入研究。另外，基于 Cornes 和 Sardler 等提出的公共物品供给理论，将他人捐赠金额的平均值也作为一个变量纳入模型。

在调查表中，首先要求被调查对象填写性别、年龄、民族、宗教信仰以及生活背景（农村或城市）和目前学历等个人信息，再填写每年除去学费和住宿费之后的每学期消费支出。然后列举了以下真实事例：

李颢，西北农林科技大学在校学生，患白血病，正在医院接受治疗，生命受到严重威胁，骨髓移植手术是他生命的唯一希望。但是，五十万的手术费和术后恢复治疗费让一个普通的家庭陷入绝境。李颢是一位品学兼优的好同学。在获知自己已患重症，身体极度虚弱的情况下，他依然坚持认真学习，让自己的生命不断发光发热。在学习上，他勤奋刻苦，成绩良好。曾获得过第二届全国“中小学生信息技术创新与实践活动”电脑 DIY 装机技能竞赛高中组决赛一等奖。

让被调查者选填面对该事例时将会捐献的金额。之后又涉及了其捐献是否会受其他捐赠者、捐赠的便利性等因素的影响以及一年合适的捐赠次数等问题，答案的取值办法见表 1。本次调查共发放调查问卷 120 份，收回率 100%，经整理共获 100 个有效样本。数据整理汇总结果的统计描述见表 2。

表 2　调查结果的描述性统计

变量	样本数	最小值	最大值	均值	中值	标准差
Y	100	1	100	23.71649	10	1.96878
X_1	100	19	28	22.38	22	1.84656
X_2	100	18.52093	18.96313	18.8084	18.81136	0.15014
X_3	100	1	8	3.33673	4	1.45071
X_4	100	1200	9000	3961	3500	1.76945

利用 Eviews3.0 软件包，采用 OLS 法，经逐步回归，剔除 t 检验值明显不显著的变量，以提高模型的拟合准确度。经过多次拟合比较（线性模型，双对数模型及半对数模型），我们发现线性模型回归最优（具体回归结果参见表3）。回归结果首先显示，自变量收入（X_4）的变动系数 a_4 为 0.001 406 且显著，即表明收入每变动 1 000 个单位，相应的捐赠金额约同向变动 1 个单位。这实际上表明大学生这一群体的慈善捐赠行为基本符合“千分之一定律”。

其次，他人捐献额的平均值（X_2）的系数为负，且极显著，表明他人的捐献额对被调查者的捐献行为有很强的负影响。这说明对于具体的捐赠者，其他人捐的越多，其捐赠额越趋于减少，即慈善的公共物品理论所预言的慈善捐赠中无法避免搭便车行为。这一结论在回归结果中虚拟变量“关系（D_3）”经逐步回归仍能保留在模型得到进一步印证——慈善的公共物品理论是以捐献者和受惠者外部关系的存在为基础的。

表 3　线性模型回归结果

Variable	Coefficient	Std. Error	t - Statistic	Prob.
X_1	1.076480	0.840913	1.280133	0.2040
X_2	-102.7881	8.953797	-11.47983	0.0000
X_4	0.001406	0.000890	1.580863	0.1177
D_3	5.831358	6.578125	0.886477	0.3779
D_4	4.790676	3.039553	1.576112	0.1188
C	1919.802	168.9054	11.36614	0.0000
R_2 0.626139	对数似然值 -362.3659		F 值 28.13646	

再次，尽管起初将年龄、性别、学历、宗教等人口特征纳入研究模型，但在因 t 检验值十分不显著而被剔除，仅有年龄（X_1）一项得以保留。出现此结果的可能解释为，中国大学生群体在学历、民族、宗教信仰等方面都有较强的趋同性，从而导致在模型中相应的 t 检验值难以通过检验，而年龄则差异较大，如硕士生和本科生之间一般有 1 至 7 岁的年龄差。回归结果显示“年龄（X_1）”这一因素和捐赠额正相关，表明随着年龄的增长，人们对慈善捐赠的认识提高了，故更可能做出捐赠。

最后，由回归结果知，捐赠的便利性（D_4）也对捐赠额度有较大影响。这和直觉知识相印证,即募捐的形式、程序和地点越方便,人们越有可能捐赠,募捐到的数额也可能越多,没多少人会专门到某地去捐赠或为了捐赠而排长队等待。

五、小结

由回归结果分析知,大学生群体的慈善捐赠额度基本是其年消费支出的千分之一,即“1‰定律”在大学生群体中基本适用(更广范围人群的适用性有待进一步研究),因而可借此测定针对学生的募捐工作的效率。其次,从调查统计结果可知,次数(X_3)平均值为 3.336 735,即人们认为一年合适的捐赠次数(X_3)约为三次。这启示我们,募捐最好不要太频繁,否则其成效可能会递减,但每次募捐的持续时间适当长一些其效果会更好。另外因捐献活动中明显存在免费搭车现象,故在实际的募捐中使目标人群越少知道其他人的捐献额越好。比如,采用设立募捐点的方式或许比进行团体募捐收效要好(当然以团体募捐方式或许工作的进展速度较快)。本文采用计量的实证分析方法,基于“不在意资金”学说以及慈善捐赠的相关理论假设,对试验调查数据进行了分析,但因样本范围仅限于学生且样本量较少,模型的拟合结果并不理想,回归结果中决定系数并不高($R_2 = 0.626\ 139$)、模型拟合结果中常数项过大有些不合实际以及各变量 t 检验值不太显著等。因此取得更广范围的样本数据,利用更新的数理方法进行分析将是我们进一步研究的方向。

参考文献

[1]Arrow,K. A. Optimal and voluntary income distribution. in S . Rosefielde (ed.) *Economic Welfare and the Economic of Soviet Socialism: Essays in Honor of Abram Berg son.* Cambridge :Cambridge University Press. 1981.

[2]Becker. ,G. S. The effect of co – payment on the poor. *Journal of Human Resources*. 1974,9:129 – 142.

[3]贝克尔. 人类行为的经济分析. 王业宇等,译. 上海:上海三联书店、上海人民出版社,1992.

[4]陈彩虹. 经济学的视界. 北京:中国发展出版社,2003.

[5]陈惠雄. 快乐原则——人类经济行为的分析. 北京:经济科学出版社,2003.

[6]Cornes,R. and Sardler,T. The theory of pubic goods :non – Nash behaviour. *Journal of Public Economics*. 1984,23:367 – 379.

[7]贺力平. 慈善行为的经济分析. 北京科技大学学报,第2期。

[8]马小勇. 慈善行为的经济学分析. 西北大学学报(哲学社会科学版),2001,第3期.

[9]卢汉龙. 基金会管理与“第三次分配”. 检查风云,2005. 第3期.

[10]王征兵. 不在意资金刍议和慈善捐赠. 学术研究,2003,第1期.

[11]杨立雄. 慈善经济学面临的危机与范式转变. 学术研究,2005,第7期.

[12]叶航,利他行为的经济学解释. 经济学家,2005,第3期.

[13]张旭昆. 试分析利他行为的不同类型及其原因. 浙江大学学报(人文社会科学版),2005,第4期.

【本文为王征兵、杨高举、杨挺三人合写,杨高举、杨挺为本人王征兵硕士研究生。杨高举,现在浙江大学任教,杨挺,现在复旦大学攻读博士学位。】

刊于《经济研究》网站2011年6~9月

第四部分

农 韵

论先有鸡而后有蛋

鸡生蛋,蛋生鸡,那么到底是先有鸡还是先有蛋?一直是个争论不休的问题。也是一个说不清楚的问题。然而,我却长久思考这个问题,而且坚信事实只有一个,真理只有一个。经过多年思考,我认为:先有鸡而后有蛋。

首先,鸡和其他所有动物一样,是由低级动物到高级动物逐渐进化来的,因而先有鸡这个动物。至于鸡生蛋,那是鸡天然的,与生俱来繁育后代的方式。每一种动物如何繁育后代,那是天生的。如猪、马、牛、羊,包括人,是通过胎生的方式繁育后代;而鸡、鸭、鹅、蛇及各种鸟,是用卵生的方式繁育后代。这些繁育后代的方式,并非动物主动的选择,而是天生的、与生俱来的本能。所以,自然而然,先有鸡,然后,鸡本能地产下了蛋。如果因为蛋能生鸡,就说先有蛋,后有鸡,就等于说先有儿子,后有老子。岂不违背逻辑?!儿子生下只能是孙子,而不会是生它的老子。蛋生出的鸡是他的儿子,是生它的鸡的孙子。

其次,如果先有蛋,那就有两个疑惑:一是从蛋进化到鸡这么一个较高级的动物,跨度太大,不符合循序渐进的进化原理。一堆液体突然变成一个复杂的鸡,似乎不大可能。二是蛋既是一开始就具备了孵化成一只鸡的所有内在要素,就像今天一个受精蛋一样,然而,没有鸡谁来孵化它呢?要让自然界的条件刚好达到鸡蛋的孵化条件是很困难的,几乎是不可能的。在人类有文明记载的几千年中,未闻鸡蛋在自然条件下孵出鸡。鸡都是自己孵化,或人工孵化出来的。所以,必须先有鸡。退一步讲,假如先有蛋,蛋在自然界严酷的气候条件下,也会被扼杀在摇篮之中。

再次,假如先有蛋,而且无数的蛋中,终于有的蛋在大自然中偶然获得了孵化需要的条件,小鸡被孵化出来了,但是没有大鸡的照料,这些小鸡会被饿死、冻死。即使不被饿死、冻死,也早成为别的动物的盘中餐了。所以,不可能先有蛋而后有鸡。

另外，从现有常识来看，只有受精的鸡蛋才能孵化出小鸡，没有受精的鸡蛋是孵化不出小鸡的。而大家知道，受精鸡蛋是公鸡与母鸡交配的结果。如果先有蛋，而这个蛋还要是受精蛋，那么没有公鸡与母鸡在先，而且进行交配，受精蛋从何而来？

所以，历史的真相肯定是先有鸡，然后公鸡与母鸡交配产下受精蛋，受精蛋在母鸡的孵化下生出小鸡。从此，鸡便一代一代地繁衍下去了。

那么，鸡从何来？鸡是从别的动物进化而来，如同人是从别的动物进化而来一样。

浮 萍

有一天去咸阳讲课，上午讲完课，本想回杨凌，回去也就一个小时车程，但邀请单位希望第二天上午再讲3个小时，为了避免来回折腾，便住了下来。住下来后，一个下午便闲来无事，突然觉得有些无聊。平时琐事缠身，想锻炼身体也没有时间。既然下午无事，不妨去渭河边散散步，权当作锻炼身体。渭河穿咸阳市中心而过，所以不一会儿就到了渭河边。

渭河经过市中心这一段，政府已经改造成渭河公园，波光粼粼，碧水荡漾，游人如织。但我喜欢宁静，于是沿着河堤向西走，远离人群，越走越宁静，走到一无人之处，看到一株浮萍，甚是喜欢，便驻足凝视。

浮萍的叶子翠绿，像无暇的碧玉，充满生机和活力，让人感到生命蓬勃的力量。这生机盎然的浮萍久看不厌，站的久了，便坐下来看。我突然想到一个问题：我喜欢它，便这样目不转睛地看它，那么它喜欢让人看它吗？尤其是我这样的丑男人。它虽然默不做声，但它也许像人类一样也有喜怒哀乐，只不过我读不懂它的语言，不谙它的哀乐。但我真想读懂它，了解它。人类科技已经如此发达，但还是读不懂植物的语言。如果它不喜欢我看它，那我就会马上离开；如果它喜欢我看它，我就愿意多看它一会儿。

我突然想起，几天前一个土肥专家给了我几小袋花肥，因为他知道我爱养花。而那几袋花肥就在我背的挎包里，因为忘了放在家里，所以还在随身背的小挎包里。看着水中的浮萍，便勾起了心灵深处的悯情。它生于斯，长于斯，无人看管，无人照料，像无爹无妈的孩子。而闹市中艳丽的牡丹，缤纷的樱花，都有园丁浇水、施肥、精心呵护。都是生命，为什么待遇差异这么大呢？心中便为浮萍鸣不平。我管不了人家园丁，但我可以尽我所能。我把包里的花肥拿出来，轻轻地洒在它的周围，我想好好犒劳它，让它也像其他争奇斗艳的花朵一样，享受“美味佳肴”。但我突然又想：它是否需要这些“美味佳肴”呢？也许它喜欢这些“美味佳肴”，但怀疑我的动机：“你施舍我东西，是否想占有我呢？”我用腹语告诉它：“我别无所求，只想让你的生命更加精彩”。只是不知它是否明白？人与人的沟通有时都很困难，何况人与植物乎！

浮萍的周围有一些杂草，既与它争夺水中的养分，又与它争夺空中的阳光，我便伸手去拔这些杂草。这些草根扎的很深，并不好拔。我用尽全身力气去拔，草终于被拔出来了，但由于用力过猛，草根上的泥水溅了我一身，看来干任何事情都是要付出代价的。世界上没有轻而易举的事，如果有，那一定是索然无味的事。

虽然衣服被溅脏了，但全然无悔，那是做自己喜欢的一件事应付出的代价。

这时，我发现浮萍的角度不利于充分吸收阳光，便把它轻轻地转了一下，但手一松开，它又转回原来的位置。于是，我找了几根树枝，先把浮萍的角度转好，再用树枝把它固定住。我很欣慰地欣赏着我的“杰作”，为了奖励自己从挎包里拿出一瓶矿泉水，慢悠悠地喝着。感觉矿泉水特别甘甜，好像从未体味到了矿泉水会这么好喝。也许是走路时间长了，渴了的缘故；也许是心情好的缘故。

我突然又想：它需要我给它扭转方向吗？扭转后它会觉得舒服吗？我们往往按自己的思维安排别人的生活，我们以为的幸福也许对它们来说不是幸福。就像许多在城里工作的子女认为把在农村生活的父母接到城里生活就会使他们幸福，他们真的在城里幸福吗？看起来幸福，其实未必幸福。浮萍不说话，我不了解它是不是需要改变，一切都是我的猜测。古人曾说过一句经典的话：“子非鱼，安知鱼之乐也？”我非浮萍，安知浮萍之所需?!

大树下的小草

裸露在旷野的小草羡慕地看着大树下的小草，因为那里的小草有大树为其遮风挡雨。尤其是当暴风雨来临的时候，旷野的小草更是羡慕大树下的小草，羡慕得甚至有些嫉妒，更甚者满腹积怨地抱怨父母为什么不把自己生在大树下，而生在裸露的旷野？

我小的时候，就很羡慕那些有充足作业本的学生，因为我没有足够的作业本，常常不得不用小树枝在地上写作业，按老师的要求把一个生字在地上写十遍或二十遍；用小树枝在地上列竖式计算数学题，只把结果写在作业本上，以节省作业本上的空间。尽管做在地上的作业老师常常无法检查，但我从未偷懒，甚至超额完成作业。语文老师要求把一个生字写十遍，而我有时却有意写二十遍；数学老师常常只布置了课本里练习题中的一部分，而我不但把布置的习题做了，而且把未布置的练习题也做了。当然，我也很感谢老师对我的信任。虽然我不能给老师提交作业本，但老师还是相信我做了作业。

记得有时候天下大雨，家境好的学生，其父母会把雨伞和雨鞋送到教室，交给他们的孩子，而我是没有雨伞和雨鞋的，当然，父母也不用到学校来。有没有雨伞，我倒觉得无所谓，甚至作为一个孩子反而喜欢在雨中嬉戏；但我确实很希望拥有一双雨鞋，因为赤脚在泥水里行走，脚常常会被泥水里的砖头、瓦块等磕碰得难受，甚至被泥水里的玻璃划破脚也是常有的事情，直到现在，我的脚上还留有当年划伤的几个伤疤。

现在回过头再去想那些所谓家境好的学生，其实也没有多么富有，因为在20世纪六七十年代的农村是不会有很富裕的家庭的。只不过他们的家庭比我稍好一点。如果说：我是裸露在旷野的小草，那么他们充其量只是小树下的小草，还谈不上是大树下的小草。

中国经过四十多年的改革开放，经济社会在飞速发展，但收入差距也在迅速扩大。2019年中国首富的资产已经超过2 000亿元，千万富翁超过100万人，而许多农民却付不起自己孩子上大学的学费和生活费。有的人是一棵财富和权力的参天大树，而有的人还比较贫穷，就像一棵财富和权力的枯枝。有的孩子就生活在这样参天大树之下，而有的孩子生活在枯枝之下，几乎是裸露在旷野的小草。当今，几乎所有的人都想生活在大树之下。

生活在大树之下，当然有很多好处，但也有很多坏处。好处，人们已经说得很多，想的很多，我不再赘述。我想说一说生活在大树底下的坏处。

大树虽然能为其下的小草遮风挡雨，但也挡住了小草的阳光；大树下的小草避免或减弱了狂风对它的肆虐，但也让它失去了历练的机会；小草有大树的荫护，没有了蓬勃向上的动力；裸露的小草无所依靠，它从一出生就顽强地独自谋求生存，练就了坚强的生存本领，最终依靠自己的拼搏也可能长成参天大树。

许多才智超群的名人，其子女很平淡，甚至智力不及常人，可能因为父辈超常的才智遏制了子女的思考。孩子想出的各种观点以及各种解决问题的方法，在父辈看来都很弱智，并依靠他超常的智慧为子女提供了更好的方法。久而久之，孩子觉得自己的思考是无用的，因为他永远都超越不了父辈，便不再思考。根据用进废退原理，他的思维渐渐退化，导致智力甚至不及常人。而那些生活在普通人家的孩子，因为没有人给他提供更高明的方案，他需要用自己的智慧解决一切问题。也许，起初他的那些方法很拙劣，但他有了自己思考的机会，久而久之，他变得越来越聪明。所以，我们看到很多大科学家都出自贫贱之家。

许多孩子都希望出生在亿万富翁之家，然而，古人早就说过：富不过三代。2006 年到 2007 年我在新西兰梅西大学作访问学者，一个新西兰的经济学教授也研究出与我们的祖先相同的结论。他通过大量的调查研究，发现在新西兰财富能传递到第三代的富翁不到百分之五。绝大多数的富家子弟，不思进取，颓废糜烂，看着巨大的家产一天天消减，其痛苦的心情难以言表。而外界人还以为他们生活在幸福之中。而生活在贫寒家庭的孩子，无所依靠，只能自己奋斗。在奋斗中，锻炼了自己的能力，在财富的增长中快乐地享受着自己的成果。所以，我们看到许多成功的企业家是白手起家的。当年旷野的小草变成了今天的参天大树。

世事万物皆有其利，也有其弊，利弊共存。世间没有只有利而无弊的事情，也没有只有弊而没有利的事情。

想明白了这个道理，就不必惋惜自己生在贫寒之家，而是应该感恩那个贫寒的家给了自己历练的机会和奋斗的动力。

作为一颗小草，不以在大树之下而喜，不以在旷野而悲，这才是人生应有的境界。

陆青小院

陆青，在西北农林科技大学应该算是一个名人。他的出名源自为西北农林科技大学设计的校徽。1999 年，由原西北农业大学、西北林学院、中国科学院水利部水土保持研究所、水利部西北水利科学研究所、陕西省农业科学院、陕西省林业科学院、中国科学院西北植物研究所等 7 所科教单位合并组建了西北农林科技大学。新组建的大学需要新校徽，于是学校向海内外公开征集。陆青作为 20 世纪 80 年代西北农业大学毕业的校友，对西农有着深厚的感情以及透彻的了解和领悟，加上他的灵感，他设计的校徽最终被学校采纳使用，他因此而出名。

虽然我知道他的名字，但彼此并无交往，即使在大街上相遇，我也认不出他。至于他是否认识我，我不得而知。不久前，他在一个朋友的引荐下，来我办公室聊天。我第一次看见了“庐山真面目”。他只比我小一岁，但看起来比我小十几岁。年轻、帅气、机敏。

他在办公室给我拍摄了几张照片。他拍摄的照片与众不同，非常善于捕捉人物瞬间的神韵。过了几日，他在微信里告诉我：他选了一张最好的照片，洗了出来，并镶在相框里，择日送给我，并在微信里邀请我有机会去他位于西安的陆青小院坐坐。

2017 年 6 月 26 日，应陕西省行政学院邀请，为 30 个县委书记、县长组成的培训班作“农业供给侧结构性改革热点和难点问题”的讲座。陆青曾告诉我，他的陆青小院距离陕西省行政学院很近，大约 500 米。下午 5:30 分做完讲座，我想去陆青那里取一下照片，对于小院并无多大兴趣。繁华闹市能有什么值得一看的小院?!

陆青早早就在马路边等我，穿过一个很窄的小巷子，看到一栋陈旧的家属楼，陆青说这就是他住的房子，小院就在房子后面。不免有点淡淡的失望。走到他家门口，一个牌子让我顿感温暖：“欢迎王征兵老哥光临陆青小院”。

他住在一楼，穿过房子，在楼后有一个小院子，这就是“陆青小院”。看到的一瞬间，我只能用“震撼”来形容了。大街上，人声鼎沸，这里却宁静如水；外面热浪滚滚，这里却凉爽如秋；刚才还游走于水泥森林，现在却身处绿荫环抱之中。

为了让小院凉爽，他将水喷向空中，制造了人工降雨。在蒙蒙细雨下有一个巨大的雨棚，主人和客人就在这雨棚下喝茶、聊天，畅谈人生。围墙上还挂着一个银幕，放着古老的电影。

茶几上，有许多名人刻的名字。我也被邀请在石桌上刻上自己的名字。自己写，自己刻。

小园里绿树成荫，花草丛生。

小园里几乎找不到相同的凳子，每个椅子都独具个性，但都舒适无比。

主人招待客人最高的礼遇是：陆青亲自烤的牛排，蘸着他特制的油泼辣子，喝着陈年老酒。

陆青小院，是闹市中的一处幽静之地；是俗世中的一片世外桃源；是烦躁中可以思考人生的一块圣地。

陆青的故事与传奇甚多，无法一一记述，如他有一个独特符号：茶壶型的人体造型。在他的汽车、衣服、门牌等都有这个标记。再比如，为了做出最好的油泼辣子，他做了无数次实验，每次实验油温相差10度，寻找最佳油温。

切勿以饭为本

我们经常会碰到这样的情况：饭已经吃饱了，但餐桌上还剩下少量的饭菜，于是家庭主妇常常敦促老公将剩下的饭菜吃完，以免浪费。这似乎也合乎情理，过去我也经常这样做，也没有什么异样的感觉。但最近发现，如果吃饱之后，还要再吃一点，吃是可以吃下去的，但不久就会感觉胃不舒服。与同龄人交流，几乎都有同感，也许是年龄大了，胃的消化功能有所减弱，已经消化不了多余的食物。于是，我坚持吃饱就行，绝不多吃，剩下的饭菜宁愿倒掉。老婆觉得自己辛辛苦苦做的饭菜扔掉了很可惜，常劝我把剩下的饭菜吃掉，并用千古名言来训诫我："锄禾日当午，汗滴禾下土，谁知盘中餐，粒粒皆辛苦"。我说："人是万物的核心，应以人为本，而不是以饭为本。为了把饭吃完，却把人撑得难受，那就本末倒置了"。饭是为人服务的，而不是人为饭服务的。

当然，也有人把剩下的饭菜放到冰箱里，下次再吃，但这里要提醒大家，我曾看过一个资料：既是将饭菜放在冰箱，一般也不要超过 24 小时，超过 24 小时，就应该倒掉，否则就对人体有伤害。千万不要怕浪费，而吃有危害的食物。

吃饭吃得舒服和安全是第一位的，切勿让家人在吃饱之后加食剩下的饭菜，或者吃放在冰箱时间过长的食物。

切记以人为本，莫要以饭为本！

北上广青年在西北小镇的"涅槃"

一、西北小镇：杨陵

在我国西北地区有一个小镇，叫杨陵。她位于陕西省关中腹地，在西安以西约 80 公里的地方。总人口约 20 万，城镇人口 7 万左右。然而，她却是一个神奇的地方，在 20 世纪 80 年代初，她是名符其实的小镇，叫陕西省咸阳市武功县杨陵镇，后来这是却发生了神奇的变化：80 年代中期升格为县级单位——咸阳市杨陵区；1997 年，被国务院设立为国家唯一的农业高新技术产业示范区——杨凌国家农业高新技术产业示范区，简称杨凌示范区，升格为地市级行政单位，但杨凌示范区管委会的书记由陕西省委副书记兼任、杨凌示范区管委会主任陕西省副省长兼任。杨凌示范区的"凌"没有再沿用"杨陵”的“陵”，而是用了凌云壮志的“凌”，但杨凌示范区下设一个县级单位——杨陵区，仍沿用“杨陵”这两个字。杨陵区下面有个杨陵镇，现在已改为杨陵街道办。尽管今日之“杨凌”已非昨日之“杨陵”，但因为城镇人口只有7万，辖区面积也只有二十几万亩，一些老百姓仍称之为“杨陵镇”。如果你要坐火车到杨凌，你就会发现火车票上写的到达车站仍是“杨陵”，而不是“杨凌”。

杨陵镇之所以有神奇的变化，是因为这里有一个985大学：西北农林科技大学，一个唯一不在大城市的985大学。截至2019年，这个学校拥有教职员工约5 000人，另外有退休职工约3 000人，在职教师中教授600多人，副教授1 300多人，院士3人，双聘院士11人，国家杰出青年科学基金获得者8人，优秀青年基金获得者8人，国家百千万人才工程入选者12人，国家新世纪优秀人才支持计划入选者64人。在校学生3万余名，其中博士生、硕士生1万余名。先后招收五大洲70多个国家共2 000余名外国留学生。

如今，杨凌已经成为一个环境优美、文化气息浓郁、农业科技蜚声海内外的农科城。

二、北上广热血青年来到小镇杨凌

2010年，西北农林科技大学计划在北京、上海、广州（简称北上广）等地招一批MBA（工商管理硕士研究生）和MPA（公共管理硕士研究生）学员。有人认为在北上广招到学生的可能性不大，一是因为北上广的大学很多，学员不可能舍近求远；二是有人认为北上广人对西北有偏见：北京人认为除了北京，全国都是基层；上海人认为除了上海，全国都是乡下。有一次我到上海去出差，竟有上海人问我：“你们学校有树吗？一周能洗一次澡吗？”实际上，西北农林科技大学校园的绿化水平北上广的大学没有几个能比得上。至于我们一周能洗几次澡，我坦然地告诉对方“你们一周能洗几次，我们也就能洗几次。”

然而，奇迹确实发生了。从2010—2012年，西北农林科技大学从北上广招收的MBA和MPA学员多达300多人。

这是一批有热血、有梦想、有追求的年轻人。他们来此求学，仅学费就要5万多元，加上上学期间的往返路费、住宿费、餐费等费用，总费用估计在10

万元左右，而且还要花费两年多的时间学习。如果没有梦想，没有追求，谁愿意花费如此大的代价去求学?!

三、北上广青年在杨凌小镇的“炼狱”生活

他们一批批从北上广来到西北小镇杨凌，如同“西天取经”。来后才发现，要拿到文凭并非易事，而是一段艰难的“炼狱”生活。

首先，上课有严格的纪律。每次上课老师都要点名，无故三次旷课，将取消本次考试的资格，本门课程必须重修。所以，他们必须克服重重困难，按时上课。在我授课的几个班里，到课率几乎是100%。

其次，有严格的学位论文要求。有的学员起初以为随便东拼西凑一篇毕业论文就可以毕业，他们很快就发现没有那么简单。学校要求毕业论文的重复率不能超过5%，这意味着一篇4万字的毕业论文，只能有2 000字可以是引用别人的，其余3.8万字，必须是自己写的。电脑查重系统里，几乎存储了所有公开出版的各种论文和书籍，只要你是抄来的，系统马上就会显示出来。更要命的是论文的盲审制度，所有毕业论文在删去作者所有信息的条件下，由专家对论文是否达到毕业论文水平进行公正评判，仅2013年就有20余名学生未通过盲审，被要求延迟半年毕业。半年后，论文依然要盲审。有的女生因盲审未通过，失声痛苦。有几个男生因修改几次，都未通过重复率检测，而彻夜难眠。

再次，惊险的拓展训练。为了磨练学员的毅力和冒险精神，每批学员都要进行惊险的户外拓展训练。有的是悬岩攀爬、有的是高空走独木桥、有的是蹦极，等等。许多大城市的女孩从未经历过这些“危险”的活动，吓得不断尖叫；很多男生都被吓得直冒冷汗。

四、北上广青年在杨凌小镇的“涅槃”

经过两年的学习，这些北上广青年对西北、对西北农林科技大学有了全新的认识。有的学员说：“没想到西北农林科技大学校园竟如此优美，就是北上广的大学也没有几个能比得上。”更令他们没有想到的是，在西北这么一个

小镇竟有许多优秀的科学家。如2006年获得国家最高科学奖、曾在杨陵镇工作了32年的李振声院士就是其中之一。

有的学员在课程结束后，还专程来到杨凌，向老师咨询问题。我自己就接待了几批学员，他们向我咨询如何创业以及如何管理好员工的问题。由瞧不起西北人，转变为对许多老师的敬重与仰慕。

许多学员起初写的毕业论文根本"不上道"，经过老师的指点以及他们自己的痛苦摸索，这些企业老板、业界骨干和政府官员终于写出具有一定学术水平的论文。他们的理论水平和逻辑思维能力得到了显著的提高。

在拿到毕业证和学位证的瞬间，有的人兴奋地狂喊，有的人喜极而泣，有的人仰望蓝天白云，感慨万千。

求学是艰辛的，尤其是有了工作和家庭之后的求学，更是倍加艰辛，但艰辛之后的收获是丰硕的。他们经过在西北小镇杨凌的"炼狱"生活之后，如凤凰涅槃一样，得到了重生，拥有了全新的自我。

错位的思维

人们在生活中常常会发生错位思维的现象，导致人与人之间产生一些不必要的误会和误解。

多年前，我没有汽车，也不会开车，于是出门办事常常雇车。有一次，我去农村参加一个聚会，我们几个朋友谈兴正浓，有个亲戚家的小姑娘跑来说：能不能用我的车把她送回家。我马上告诉司机，让他把这个姑娘送到家。过了一会儿，我估计这个姑娘应该到家了，于是给这个姑娘打了一个电话，问她是否已经安全到家，一是表示关心，二是了解车返回的时间。这位姑娘告诉我她已经安全到家，但这位心直口快的村姑告诉我说：那个司机是个"色鬼"。我被这句话吓了一大跳，赶紧问发生了什么事情。她说司机一路上不专心开车，不停地用眼睛瞄她。好在没有发生其他事情，我悬着的心才放下。几年后，我开始学习开车，突然间顿悟：驾驶员眼睛不断向副驾驶方向扫描，不是看副驾驶上坐的人，而是在看副驾驶旁边的后视镜。作为一个驾驶员必须不停观看左右两侧的后视镜,以了解汽车左右两边的车辆和行人。而没有学过驾驶的人,如果坐在副驾驶的位置,常常会误认为驾驶员在不停地看自己,就容易产生误会。几年前,那位村姑可能就是因为思维的错位,误把在正常开车过程中不停朝两边观望的司机当成"色鬼"了。

还有一次,我和几个朋友去农村吃"农家乐"。端饭的农村妇女由于把面条盛的太多,她的大拇指的一半都伸到面条的汤里了。我感觉不雅观,也不卫生,就告诉那位农村妇女:你不要把面条盛太多了,你看你的拇指都伸到汤里了。没想到,那位农村妇女憨厚地笑着说:"没关系,我们农村人手皮厚,不烫的。"她以为我是担心把她的手烫了。

前一段,我看江苏卫视的相亲节目"非诚勿扰"。有一个非常英俊的英国小伙上台相亲。刚开始,24 位女性对他的支持率是很高的,也许是因为他很帅,又是外国人。但当一个女孩子问他:你的爱好是什么?他回答说:捡垃圾。一听这话,所有女孩都灭了灯,他被所有的女孩拒绝了。所有女孩都把他与在中国街道捡垃圾者等同起来。谁愿与一个捡垃圾者牵手一生呢?实际上,这个小伙的父亲是个银行家,母亲是一个艺术家,家里非常有钱。用中国人的话说,他是一个富二代。他喜欢捡垃圾,是因为他是一个环保人士,而不是因为穷。

我们常常用我们的思维去猜度别人,也许别人与我们所想的完全不同。

倒置的期望

小时候在农村,天天吃粗粮,渴望能吃上细粮;长大后进了城,可以天天吃细粮,却隔三差五找粗粮吃,人们都说那是健康食品。

小时候在农村,整天吃野菜,渴望能吃上肉;长大后进了城,可以天天吃肉,却常常去饭馆吃野菜。

小时候在农村,穿着补丁摞补丁的衣服,希望能穿上没有补丁的衣服;长大后进了城,可以天天穿上没有补丁的衣服,但城里人却有意在新衣服上剪几个洞，说那是时尚。

小时候在农村，小女孩因穿的衣服太小露出肚脐而羞涩的哭泣；长大后进了城，看见城里的女孩却有意买个小衣服露出肚脐，说那是时髦。

小时候在农村，看见别人穿绿军装，自己也千方百计买一套，并以此为荣；长大后进了城，若发现自己与别人穿同样的衣服，觉得很尴尬，并称之为“撞衫”。

小时候在农村，千方百计想进城；长大后进了城，却发现城里的亿万富翁逃离城市，住进乡村别墅。

小时候在农村，看见一望无际绿色的庄稼，认为那是落后的标志，向往城市的高楼大厦；长大后进了城，却发现城里人在水泥丛林中为多一片绿地与开发商不懈争斗。

小时候在农村，听说某人有了绯闻，认为那人就是坏蛋；长大后进了城，听说某人有了绯闻，大家都认为那是成功人士的标志。

小时候在农村，老师告诉我：资本家是剥削阶级，是被革命的对象；长大后进了城，却发现拥有亿万资产的富翁成为人们羡慕的对象。

小时候在农村，经常干体力活，奢想什么时候能不干体力活就好了；长大后进了城，我基本不干体力活了，却想去体育馆打球锻炼身体。

小时候在农村，整天梦想着什么时候能到城里的饭店美餐一顿；长大后进了城，经常在城里的饭店吃饭，却总想着什么时候去乡下吃一顿“农家饭”。

……

世事轮回，观念交替。

蜂蜜妹妹的执着追求

在陕西秦岭山深处，有一个叫红旗村的村子，该村位于秦岭北麓周至县板房子镇，由 103 户农户组成。该村许多农户都在养蜂，但由于交通不便，信息闭塞，蜂蜜销售不畅。

一群美女大学生得知此情况后，为了帮助农民销售蜂蜜，增加农民收入，执着的努力。当然，他们是一个团队，这个团队叫创行团队，团队里也不仅仅只有女孩，只是女孩占绝大多数，而且特别积极。团队的许多成员都咨询过我，在我的印象中似乎没有见过男孩，见到的都是美女。这一群美女，为了农民的蜂蜜，调研、思考、奔波、咨询、宣传，我称她们为“蜂蜜妹妹”。她们是王柢渊、易安晴……

自 2009 年以来，西北农林科技大学创行团队连续十年深入红旗村，为农户解决农业生产技术问题，发放书籍资料，进行支教，开展环保等社会公益实践活动。2014 年团队成员调查发现红旗村当地中华蜂养殖存在技术及销售方面的问题，为了解决农户的生计问题，团队成立“农情蜜意项目组”，帮助农户改进生产，寻找销售渠道。

他们邀请了西北农林科技大学植保学院魏永平教授等相关学科专家对村民们进行养蜂技术培训，同时联系到中国养蜂协会副会长黎九洲教授，请他给蜂农讲授巢蜜生产技术。这些大学生还定期发放日常管理技术资料，并将教程刻成光盘，方便村民们进行学习，帮助他们提高生产技术，增强市场意识，促进当地经济发展。

在提高农民们养蜂技术的同时，这些“蜂蜜妹妹”还帮助村民设计蜂蜜的包装，并利用自身的新媒体优势进行微营销。同时帮助农户积极寻找经销商，拓展销路。在销售过程中，团队引入“可溯源”和“产品 + 服务”的理念，丰富了原生态农产品的销售策略。

“蜂蜜妹妹”怀着一颗公益的心，利用自身优势，努力为农民奉献自己的力量。在此，我们还希望有更多的大学生帮助农民，同时也更好的实现自己的人生价值！

感谢那一段贫困的农村经历

我出生在一个十分贫寒的农村家庭，曾经无数次地诅咒贫困给我带来的艰难和羞辱,甚至抱怨父母为什么要把我生在人世,让我经历困苦折磨。

我在上小学和初中时,由于家里只有一个土炕,睡不下父母以及我们兄弟四人,于是,我不得不在王象牛、王汽车等同学家辗转借宿。当家中连一块睡觉的地方都没有的时候,作为一个孩子心里是何等滋味?!当我在读到课文“安得广厦千万间,大庇天下寒士俱欢颜”时,便忍不住潸然泪下。古人的哀叹已经过去一千多年,我依然无屋可居。

有一次父母领我去县城,那时我大概有十岁,我痴痴地看着一个又一个诱人的小食品,却无钱购买。那是一个十分炎热的夏天,我突然看见一个美丽而高雅的少妇正在悠然地吃着冰棍。我一动不动,专注地看着她手中的冰棍。也许是我可怜而痴迷的凝望让她动了恻隐之心,她把吃剩的半根冰棍送给了我。我接过冰棍,狠劲地吮吸着它。那时,一根冰棍只卖五分钱。可就是这五分钱的冰棍,我也只能依靠别人施舍才能获得。

另一个让我难忘的屈辱是啃西瓜皮。我村子的旁边有一条公路,于是,在夏天,公路边就常有几家卖西瓜的摊位。他们的目标客户主要是过往的司机。每天放学或星期天,父母便让我去西瓜摊捡客人吃完西瓜以后扔掉的瓜皮,瓜皮是用来喂家里的几头猪的。这些瓜皮一是可以让猪解暑,二是可以节省养猪的饲料。每当我把一筐西瓜皮搬回家,我做的第一件事情就是在筐里找那些还残存一点西瓜瓤的瓜皮,羞怯而又贪婪地啃这些瓜皮。我啃完之后,再把这些西瓜皮倒在猪圈里,供猪享用。

……

贫困,不是一个模糊的概念,而是由许多具体事件堆积而成的。

我诸多困苦的经历,曾经使我苦痛、哀怨和自卑,但我从未放弃梦想。我追逐梦想的唯一方式就是刻苦学习。记得有一年大年初一,屋外的鞭炮声此起彼伏,人们的谈笑之声不绝于耳,而我却心静如水,在房间里做数学题。强大的动力源于对梦想的追求。多年以后,回忆自己为什么从小痴迷于学习,除了有梦想以外,也许另一个原因就是除了学习再没有别的快乐的事情可做,学习成为自己唯一的乐趣。

斗转星移,岁月慢慢改变着一切。

1984 年我考入大学;

1988 年考上硕士研究生;

1994 年考上博士研究生；

1997 年晋升为副教授；

2002 年晋升为教授；

2003 年被聘为博士研究生导师；

2008 年入选国务院学科评议组成员。

随着事业的发展，物质生活也有所改善。34 岁时我分到了 130 平方米的房子，44 岁时我买了 20 余万元的小轿车。作为一个工薪阶层，我的钱并不是很多，但我很知足。与我对社会的贡献而言，我认为社会给我的报酬不是太少，而是太多了。

回想贫困的过去，现在吃一碗面皮，都感觉是一种享受，往往面带微笑，陶醉其中。

站在办公室的窗前，端着一杯飘香的清茶，俯瞰校园美丽的景色，让思想任意驰骋，难道这不是一种幸福吗?!

最近，常常在想：

假如没有贫困，我能感受到学习的乐趣吗?

假如没有贫困，我能有不懈奋斗的动力吗?

假如没有贫困，我能感知到今天的幸福吗?

所以，我感谢贫困。正是小时候那些贫困的经历，使我在没有大富大贵的今天，仍能感受到生活的幸福。在繁忙的工作中，能把工作当作一种享受和乐趣。

有人说：苦难是一种财富。但我认为这句话只说对了一半。我认为：如果我们逾越了苦难，苦难便成为我们人生的财富；如果我们无法逾越苦难，那么苦难亦然是苦难。

感知天命

——五十岁生日感言

我生于1964年9月29日,农历8月24日,今天是我50岁的生日。古人云:"五十而知天命"。天命是什么?天命是天地间的规律和道理。其实,人的一生都在思考生命的意义和规律,只是许多问题迟迟思考不明白、不清楚。经过50年的风雨人生,才能略知一二。所以,所谓"五十而知天命",不是知天命的全部,而是其中之一二而已。果真能知其中之一二,也就很不简单了。

当然,不同的人对天命的感知不同,虽然世界是相同的,真理是唯一的。今天,我想谈谈我对天命的些许感悟。

一、一份耕耘,一份收获

在体能允许的情况下,我们应有不懈奋斗的精神。努力学习和工作,不仅是养家糊口的需要,更是为了体验收获的快乐。生活的快乐往往是因为心中有一份期许。只有耕耘,才有收获的可能。就像一位农民,只有播种,才有收获的可能。如果他不播种,那永远都没有收获的可能。我们只有申请课题,才有获得课题的可能,我们只有撰写论文才有发表论文的可能。让我们常常失去奋斗动力的是耕耘后没有收获。其实农民也一样,虽然播种了,但遇到了旱灾、水灾或虫灾,结果没有收成。我们写论文了,但却发表不了。生活中有诸多类似的事例,但我们依然要耕耘,要努力,因为只有耕耘,才有收获的希望。正是生命中这一个个希望,才让生活有了诱惑,才让生活变得多彩,才让我们对明天有更多期待。

耕耘,让我们有可能感悟收获的乐趣;耕耘,让我们的亲人有可能过上好的生活;耕耘,让关心我们的人有可能为我们感到骄傲自豪。

也许,我们耕耘后一无所获,但我们因为耕耘而有了丰富的人生体验,有了多彩的人生经历。人，来到世间，就是为了在天空划过一道美丽的彩虹。一个硕士，一个博士，也许永远都没有显赫的权力和财富，但你考上硕士、博士的那天，在你的人生、在你们家族的天空，便划过了美丽的彩虹。

二、生命有限，思想无限

每个人的生命都是有限的，我们的生命及我们所创造的财富都会随着时间而灰飞烟灭。300 年后，我们的肉体回归自然，我们辛辛苦苦买的房子早已变成瓦砾，但唯有思想可以穿透时空而存在，甚至永恒。如果我们的文章和著作有思想的话。后人可以查阅到我们写的文章，阅览到我们著的书籍。如果我们只是世间的行尸走肉，那么 300 年后没有任何人会知道我们曾经存在过，包括我们的子孙，因为我连 100 年前我的先辈都不知晓，更何况 300 年前的呢？孔子，已经死了 2 500 多年了，但他的名字还在中国、甚至世界传扬，因为他的思想、他的理论、他的观点穿越了时空，从而让他得以永恒。其实，人真正能留在世上的东西就是思想。我们有幸成为硕士、博士，有机会探索专业领域的规律和人生的真谛，希望我们把自己的探索和所思所想记录下来，但愿它们能成为人类恒久的精神财富，流传于世。

三、善有善报

五十年来，我一直努力做一个善良的人。其实，与人为善，也就是与自己为善。你做的每一件善事，无论对方是否给予回报，对方都会铭记于心。我老家有个叫王浩武的农民画家，因为手艺精湛，在全国各地的寺庙及公园雕梁画栋，而我父亲是个文盲，没有半点手艺，而且有些木讷。这个我叫爷爷的王浩武，为了让我父亲能够养家糊口，便带着我父亲出去打工，做他的帮手。我父亲说：凭他的能力，给人家提鞋都没有资格。父亲一生由于能力所限，对我王爷爷没有多少回报，但他从小就给我讲王爷爷对我们家的恩德，后来我又给我的儿子讲我们家族的这位恩人。王爷爷早已去世，但他的善与恩德成为我们家族流传的佳话。

我们不一定能做出什么惊天动地的大事，但我们可以与人为善，多做一些善事。于私来讲，善是在给自己积累人脉；于公来讲，善是播撒爱的阳光。古人对此已有经典的阐述“勿以善小而不为，勿以恶小而为之”。

我坚信：种瓜得瓜，种豆得豆。种下善恶不同的种子，自然有善恶不同的果实。你可能没有什么伟业可以留世，那就让你善的美德在人间流传。

四、吃亏是福

从人自私的本性来说，人人都不愿意吃亏，都想占便宜。然而，人的欲望就像手中的沙子，你攥得越紧，得到的越少。实际上，吃亏是福，贪便宜是祸。

善于吃亏的人，虽然当时损失了一点利益，但由于他让对方占了便宜，所以对方认为他很仗仪，够朋友，于是他维持了这个朋友，这个朋友今后就愿意继续与他合作。于是，他不仅从后续的合作中弥补了当初吃亏时小小的损失，而且从对方的赞美中获得了精神享受。所以，吃亏是福。

爱占便宜的人，往往给自己带来无尽的烦恼。虽然在刚刚占便宜时，还沉浸在获一点小利的快乐之中，但这世界上没有傻瓜，吃亏的人会认为你自私，不够朋友，今后不再愿意与你合作。于是你失去了未来合作的机会，也因别人对你自私的非议而苦恼。

生活中，许多人为了占一点小便宜，不仅失去了朋友，甚至为之失去了生命。前不久，在北京，一个老太太推着一个婴儿车占着一个汽车的停车位，一个开车的人想在此停车，老太太就是不让，于是双方发生争吵，在气头上的司机竟然把婴儿车上的婴儿高高举起，摔死在地上。司机最后被判死刑，两个都不愿吃亏的人，都陷入无尽的痛苦中。如果双方有一方能忍让一下，吃点小亏，那么一切都归于平静。

学会吃亏，学会主动吃亏。你不会因为吃亏变得一无所有，相反，你会因为吃亏而变得更加富有，不仅是物质的富有，而且是精神的富有。所以，吃亏是福。

当然，我们要学会吃亏，善于吃亏，但我们绝不做被人欺骗的傻子，这二者是有本质区别的。

五、快乐由心而生

在我很小的时候，我认为有钱就快乐了，有权就快乐了。长大后，虽然自己没能变成有权人和有钱人，但见了许多有钱人和有权人，他们并没有我们想象的那么快乐，照样有很多烦恼，甚至比普通人烦恼更多。有的亿万富翁住在高档别墅里却为无法收回几百万货款而彻夜难眠，有的高官虽然高高在上却为失去靠山而绝望。然而，我在大排档里见过开怀畅饮的工人，在农田里见过谈笑风生的农民，因此也慢慢感悟到幸福和快乐与外在的因素关系不大，而是自己的一种心理感受，一种自己对人生的看法，一种自己对世界的理解。

人的一生大约为三万天，你哀愁悲伤是一生，你快乐欢笑也是一生。遇到困难和问题，我们应该积极寻找解决问题的途径和方法，而不必消极和悲伤。遇到再大的困难，也应该面带微笑去面对。不仅我们自己要笑对人生，而且要做快乐的传播者，把快乐传递给配偶、传递给孩子、传递给父母、传递给朋友。让我们的亲人和朋友因我们的存在而快乐。我们不一定能给他们足够的财富，但我们可以给他们快乐。

时光荏苒，岁月如梭，不觉间我已年过半百。希望我五十年的一点感悟和经验能让年轻人少走一点弯路，能让我们的生活多一份幸福和快乐。

2014 年 9 月 29 日于西北农林科技大学

“趣说三农”周岁感言

2014 年 12 月 27 日，微信公众号“农业大市场”（后来更名为《大农圈》）专栏“趣说三农”刊出了第一期《“苹”什么卖高价?》，至今，刚好一年了。

面对“趣说三农”的生日，我感慨万千。

仍记得在去年 12 月的一天，几位怀揣梦想与激情的朋友邀请我在杨凌“上岛咖啡”喝咖啡。

在朦胧的灯光下，我们品着苦涩的咖啡，纵论天下，畅想未来。他们说：

我们错过了办乡镇企业;错过了收购国有企业;错过了抢购原始股……,但我们这次不能再错过移动互联网的浪潮。

于是,他们注册了微信公众号"农业大市场",但微信能干什么?能干到什么程度?我们茫然不知,我们在思索和寻觅。

其实,我对发财已没了什么兴趣,也自知今生不可能大富大贵了,我唯一感兴趣的是授课和著述。目前最大的心愿是尽早完成两本书的撰写工作,一本是《不在意资金》,另一本是《论十二人性》,再无其他祈求。但我喜欢与有追求的人交流和畅谈。在"上岛咖啡"那昏暗的灯光下,他们讨论地热火朝天,我很享受这种氛围。在交流中,有朋友提议给我在"农业大市场"开设一个专栏"趣说三农",每周六刊出。起初,我并不感兴趣,甚至有些抵触,因为每周写一篇文章那将是一种负担,我更喜欢随性而写。另外,微信是公众平台,不能太专业,也不能太深,当然也不宜过长。在我的同行看来,都是一些肤浅的东西。干这些事情,似乎有些不务正业。经过再三考虑,最终答应为此专栏撰稿,其原因有二:一是想为几个年轻朋友的激情加把柴,想看看这把火最终能燃多大?二是把自己对三农的一些看法和观点传播给更多农民或与三农有关的读者,也许对他们会有些启发和帮助,这也算我对社会一点微薄的贡献。

一年来,"趣说三农"刊出了44期。本来一周一期,一年应该是52期,由于一些公共节假日,编辑们要休假,便缺了几期。

在这44期里,我谈了苹果的营销策略,如圣诞苹果、爱情苹果;谈了西农奇才:世界记忆冠军吕超;谈了农民的盲目跟风现象"采蜜效应";谈了什么是家庭农场?什么是职业农民?谈了一斤大米卖300元的大米哥李治民;谈了秦岭蜂丫头的土蜂蜜,编辑还专程到她家调查、采访;谈了今年水果为何滞销?蔬菜产销差价为何这么大?等等。

刊发在"趣说三农"中的许多文章,被别的媒体转发。2015年2月25日的春节特刊"马嵬驿乡村旅游为啥这么火?"(与杨凌职业技术学院副院长张永良合写),3月1日,公众微信号"农业胡一刀"转发了此文,两天后阅读量就超过4万,达到40 386;2月7日刊发的文章"农业三产要真融合,不要假结合,第六产业不能光说不练!",2月10日,"凤凰新闻"转发了此文章,两天后,阅读量就超过14万,达到148 577;第43期刊发的文章"二十年后,中国农业将变成什么样?”,被“今日头条”转发后,一天的阅读量就达到20多万,评论490条!

我的博客开了6年,总阅读量只有50万,而“趣说三农”专栏只开了一年,总阅读量已经几百万了。新媒体的传播力确实厉害!

农业大市场的粉丝由起初每天增加几个,现在每天增加几百个。累积粉丝已经数以万计。每每想到每个周六早晨,数以万计的粉丝不洗脸、不刷牙,蜷缩在被窝,通过微信在看自己的文章,就有些欣慰和激动。而且这些阅读文章的人都是有梦想、有追求、有品位的人,因为我写的不是小说,更不是花边新闻之类,只是探讨三农如何发展的问题,如果没有追求、没有品位,那是不会看我老王文章的。我老王能通过微信与这些有追求、有梦想、有品位的人进行交流和互动,也是很欣慰、很幸福的。

虽然不是每个粉丝都会点开文章,详细阅读,每篇文章真正阅读的人也就几千人,但这也不错了。我参加过大学的开学典礼和毕业典礼,也就几千人,但台下已是黑压压一片了。而开学典礼和毕业典礼每年只有一次,可每周六有几千人看我的文章,便深感责任重大。每想到此,也便有了继续写作的冲动。尽管我辛苦写作一年,没有分文报酬,却乐在其中。

一年来,“趣说三农”更多的关注了农业问题,而对农村和农民问题写的不多,其实有许多农村和农民问题值得探究和思索,如留守老人问题、农村婚变频繁问题、农村文化问题、农村环境卫生问题、农民信仰缺失问题,等等。在新的一年,我将思考和探索这些问题,并分享给大家。

“趣说三农”最大的不足是没有充分表现出“趣”,趣味不足,本来是想把农村、农业、农民中一些趣事与大家分享,让大家多一些茶余饭后的谈资,结果,还是正襟危坐地、认认真真谈农业如何发展,因为老王还是渴盼农民早日富裕。新的一年我尽可能增加一些趣味性。

一年来,通过“趣说三农”我阐述了自己对三农问题的一些看法,仅仅是我个人的看法,不一定正确。社会问题,本来就是仁者见仁、智者见智的事情,很难有统一认识。我们通过“趣说三农”也只是给大家提供一种观点、一种思路,让大家多一个角度看世界,多一个观点了解社会。

感谢大家一年来对“趣说三农”以及“农业大市场”的关注和支持,感谢你们成为我们的粉丝,感谢你们的阅读,感谢你们的点赞,感谢你们的评论,感谢你们的转发,谢谢你们!期望你们继续关注和支持我们!

2015 年即将过去,2016 年马上就要到来,祝大家在新的一年:事业顺利,财源广进,身体健康,阖家欢乐!

2015 年 12 月 21 日星期一于西北农林科技大学

论社会科学的特质

社会科学常被认为是比较容易学习和研究的学科,甚至被忽视,认为社会科学根本就不是科学。这是因为人们对社会科学缺乏了解,或者往往用自然科学的视角来审视社会科学。社会科学之所以常常被误解或轻视,是因为社会科学与自然科学相比,有许多特质。认识和了解这些特质,对于正确认识和对待社会科学有着重要作用。经过思考和归纳,我认为社会科学具有以下六个方面的特质。

一、难以复制

自然科学基本上都是可以复制的。比如一个老师教学生如何配制一种饮料,只要学生按照老师指导的配制方法去做,就能配制出与老师配制的几乎完全相同的饮料。老师的知识复制给了学生。一个教师复制出几十个、甚至几百个饮料制作技术员。而社会科学往往难以复制,甚至不可复制。比如一个文学大师苦口婆心地给学生讲如何才能写好文章,然而一学期过去了,一年过去了,甚至几年过去了,也许这个班里连一个文学大师也培养不出来,甚至连能写出几篇精彩文章的学生都找不出几个。毫无疑问,大师的讲座会给学生以启迪,但大师复制不出大师,智慧无法复制出智慧,甚至大师自身也难以复制自己,如大师在某个晚上写出了一篇精彩的文章,第二天再让他写一篇精彩的文章,他未必能够重复昨天的精彩。所以,有的大师一生也许仅有一部惊世之作。多年来,歌手之所以在“春晚”要假唱,是因为无法保证每次演唱都很精彩。精彩难以复制,所以只好在春晚放唱片,自己对口型进行假唱,以便不让观众失望和责备。其实,对许多人来说,无论是写文章,还是唱歌或演讲,精彩只是瞬间,因为环境、思绪、感悟无法重复。

由于社会科学难以复制,所以培养人才更难,人才也更少。

二、易知难精

社会科学研究的是人们生活中的规律,许多社会现象人们都比较熟悉,人们对此也有一定的认知和了解,所以,社会科学容易被人们认识和理解,比如说房价,许多人虽然没有学过经济学,也没有研究过经济学,但几乎每个人都能侃侃而谈。关于房价为什么持续上涨?人们为什么投资房产?房价会不会下跌等许多问题,都能谈出自己的观点,有些听起来还很有道理。可悲的是,许多学经济学,甚至研究经济学的人,所谈的观点及其深度似乎也与他们相差不了多少。这让人感到经济学很容易,即使不学习、不研究也知道,甚至认为经济学就不是一门科学。包括经济学在内的社会科学,的确很容易入门,比较容易认知和了解,但很难精深,其难度不亚于自然科学。

自然科学遇到的许多问题,经过科学家攻关,都解决了,如麻风病、霍乱、出血热等,曾认为是不治之症,现在都很容易治愈;无线通讯、远距离视频曾被人类认为是遥不可及的梦,现在都变成了现实。但社会科学的许多难题,始终困扰着人类,找不到出路。中国的腐败问题,中央高层和绝大多数民众都渴望消除腐败,也有许多研究人员在研究此问题,但众多的智慧仍找不到彻底消灭腐败的答案,贪官仍然不断被挖出,无法灭绝,足见其难。中国的高考制度一直受社会各界、包括学生及其家长责备,无数教育专家及教育方面的官员昼思夜想,至今仍看不到解决的曙光,你能说这个问题容易吗?婆媳矛盾更是千古难题,无数商界才俊、政界名流、学界大师可以在事业上纵横驰骋,却被家庭矛盾所困扰,无计可施。好在当今社会给予许多婆媳在空间上分离的机会,才使得这一矛盾有所缓解。但只要在一起生活,矛盾便在所难免,无数社会学家殚精竭虑,也没能研究出个所以然来。不是他们没有才智,而是因为社会科学实在太难。所以,社会科学不是比自然科学容易,而是比自然科学更难,研究社会科学需要更高的智慧。

三、规律例外

我们知道，在自然科学里，一般情况下，科学规律是没有反例的。如果一个定理有例外，那么这个定理就不成立了。例如，数学里的勾股定理“直角三角形两个直角边长平方之和等于斜边长的平方”，如果我们能找到一个反例，也就是说，能找到一个直角三角形，两个直角边长的平方之和不等于斜边长的平方，那么勾股定理就不成立了。但在社会科学领域，许多规律都有反例，如社会科学认为教育可以使人成才，这是一个大家公认的规律，但我们总能找到受教育很少、甚至没有进过学校的人成为成功人士；经济学中的需求定理认为：当商品的价格上涨时，其需求量下降。中国目前的房地产市场却颠覆了这一定理，房价不断上涨，需求量不但不减少，反而增加，甚至出现了抢购房子的现象。

社会科学规律因常有反例，使人们觉得社会科学规律不是规律，甚至社会科学不是科学。其实，社会科学规律是研究大部分人的行为规律。部分个案不符合规律，并不影响规律的存在以及规律对社会的指导价值。个别反例在社会中所占比例极小，影响不了社会发展趋势，他们的存在不能否定规律的存在。大部分人的行为规律，决定着社会的发展方向。所以规律依然是规律，规律仍然指引着社会的趋势。

四、因素交织

虽然自然科学和社会科学的规律都受诸多因素影响，但自然科学常常可以把这些影响分割开来进行研究，而社会科学往往对这些影响因素无法分割，致使无法搞清哪个因素起主导作用以及各个因素影响的程度。例如，自然科学为了搞清水对小麦生长的影响，往往设立几十个样本区，这些样本区的品种、密度、设施等条件完全相同，只有水的灌溉量不同，然后观察各样本区小麦产量的变化，尤其是哪个样本区产量最高，这样就把水对小麦的影响研究清楚了。但社会科学往往很难这样去做。比如，学生学习成绩的优劣受到家庭环境、个人智商、教师水平、学习氛围等多种因素影响，但我们很难研究清楚哪个因素起主导作用,或各个因素影响的程度,其难度主要在于难以提供相同的样本去试验。比如,要研究教师水平对学生学习的影响,我们很容易找到10组教学水平不等的教师组(寻找10个不同的学校就可以了),如果学生样本相同,根据教学效果或学生成绩,就可以看出教师对教学效果的影响,但我们无法为实验提供同质的样本,比如学生的家庭环境,不可能让试验的学生有同样的父母、同样的家庭收入、同样的家庭氛围。如果样本不相同,那么实验结果就很难推定是哪个因素引起的。

多种因素交织在一起,难以分割,所以社会科学的研究难度更大,探索规律更加艰难。但规律确实存在,并时时刻刻在起着作用,只是这些规律常不被我们所知。

五、观点并存

与自然科学相比,社会科学的另一个特点就是面对同一个问题往往有许多观点同时并存。自然科学也有这种现象,却比较少,而且持续时间短,因为经过一段时间的研究,真理很快就会出现。然而,社会科学由于研究难度大,真理迟迟不能出现,各种观点似乎都有一定道理,于是许多观点长期并存。比如《微观经济学》中的基数效用论与序数效用论长期并存,至今都不知道哪个才是唯一真理;再比如说,我们是给孩子攒一笔财富,“扶上马再送一程”,利于孩子成长,还是让孩子白手起家更利于孩子成长,这两种情况都有成功和失败的案例,我们不知道真理到底是什么?但我们坚信,真理是唯一的。

六、试验困难

自然科学通过反复试验来验证规律的真伪,但社会科学常常难以试验,使真理无法检验。比尔·盖茨没有读完本科就去创业,结果成了世界首富。有人就问美国哈佛大学的校长:如果比尔·盖茨当年在你们学校读完本科,甚至读到博士,是否这个世界上就少了一个世界首富?哈佛大学校长机智地答到:如果比尔·盖茨读完本科再去创业,会比现在更加优秀,但这个结论无法验证。因为我们无法再造一个比尔·盖茨让他读完大学再去创业,然后与现在的比尔·盖茨比较,看谁更优秀。

社会科学的特质,使我们认识到:不是由于科技和物质的匮乏,使社会变得混乱,而是我们对社会科学规律的无知使社会陷入混乱,以及使我们对人生感到困惑。好的制度可以使坏人变成好人,坏的制度可以使好人变成坏人。

社会科学确有规律,这些规律就隐藏在日常生活的背后并时时刻刻在起着作用,而且真理是唯一的,而且发现这些真理并不比自然科学容易。

论十二人性

一、人性是什么?

人性,人的本能和本性,是人与普通动物区别的重要标志。当我们指责某一个人没有人性时,意思是说他和普通动物一样,只有为了生存或自己利益而残忍厮杀的本能,失去了作为人这个高级动物的特质。人与普通动物的本质区别就是人性。人是具有人性的,而动物是没有人性的。我认为人性的质就是人的本质,即人特有的内涵,这些内涵表现在十二个方面:善良、权欲、赌博、贪财、好色、食欲、情感、爱美、好奇、逍遥、嫉妒和乐于被称赞。这些内涵一般动物是没有的。有些特征似乎人类与动物共有,如食欲、情感等,但二者之间不仅有量的区别,还有质的区别。人在情感、食欲方面比动物表现得更丰富、更高级。

人性是与生俱来的。人性如同人的心脏和血液一样与人的生命同生共死(精神病患者除外)。只要人的生命尚存,人性便会身不由己地表现出来。可能因为外在因素的影响,时而强烈,时而舒缓,但它恒久地、永不消失地在人体内跃动,而且总有一种淋漓尽致展现自己的欲望。人类的发展史,实质是人性解放的历史。人类的每一次进步,都使人性得到了进一步的满足;更准确地说,是群体的人性得到了舒展。

二、人性的善恶之争

关于人性的善恶问题，已经争论了几千年。

大部分中国人认为人性是善的，《三字经》中的“人之初，性本善”就是这个观点的代表之一。后来的“毫不利己，专门利人”“公而忘私”“大公无私”“全心全意为人民服务”等一系列观点，都是基于人性是善良的这样一个基本前提。因为认为人性是善良的，所以人可以做到“毫不利己，专门利人”。

可是大部分外国人认为人性是恶的，他们信奉的《圣经》就是这个观点的代表。《圣经》认为罪恶是人的原罪，即人刚一出生就带有罪恶，人生而有罪，罪恶是天生的。同时，《圣经》指出了人脱离罪恶的途径：向上帝忏悔。只有向上帝忏悔，上帝才能原谅人的过错，死后才能升入天堂。在管理制度上，西方国家倡导建立民主制度和监督机制，这也正是基于人性恶的假设而设计的。因为人的本性是恶的，所以人去做坏事是人的本能，为了防止人做恶事，就要建立完善的监督机制。

而我认为，人性的善与恶是某一特定时期人类对人性的判定结果，因为对人性善与恶的判断是基于一定的道德标准，而道德标准是随时间变迁而不断变化的。因此，当道德标准变化后，对某一人性善与恶的判定结果也将随之变化。例如，好色是一种人的本性，即人性，在一夫多妻和一妻多夫制度时期，好色被合理化、合法化，一个男人娶多个妻子或一个女人拥有多个丈夫，没有人谴责，更不会受到法律的惩处，但在一夫一妻制度时期，好色便被人们认为是一种恶，如果一个男人娶两个或两个以上的妻子，便会受到道德的谴责和法律的制裁。即使男人或女人只有一个配偶，偶尔与别的异性有点暧昧也被认为是一种不好行为，要受到道德的谴责。

婚前同居是人类好色的另一种表现，虽然爱情可能是专一的，但人们对婚前同居的态度在不同时代有截然不同的结果。在封建社会，人们普遍认为婚前同居是一种恶行，轻者受到舆论的强烈谴责，重者受到族人的严厉体罚、甚至处死。即使到了20世纪80年代，中国大学里常常出现因为大学生同居而将其开除的事件。今天，人们对婚前同居行为保有宽容，虽然并不鼓励，但对其已经很少谴责了，几乎没有人认为婚前同居是一种恶行。

贪财是人的另一种本性,即人性。人们对人贪财的本性在不同时期也有不同的善恶判定结果。古人云:“无商不奸”。毫无疑问,这是对追逐财富的商人贬义的评判。我国在20世纪50至70年代,全民批判资产阶级和资本家,连小商小贩也要作为资产阶级的“小尾巴”割掉。这是在特定时期和特定阶段,人们对贪财者的一种态度和评判。当今人们认为,贪财并非什么恶行。君子爱财,只要取之有道就可以了。

由于不同时期判定善恶的标准不同,同一人性在不同时期得出善恶的结果也就不同了。人性是永恒的,但人性的善与恶却不是永恒的,而是随道德标准的变化而变化。

每一个人都天然拥有人类的一切人性,但每一种人性在不同个体内的强弱是不同的,如有的人很爱钱,有的人则比较淡然;有的人很好色,有的人则程度弱得多。很好色的人被称为“色狼”,认为是一种恶。不大好色的谦谦君子被认为是善。于是,不同个体之间也有了善恶之别。

其实,就是同一个人在不同阶段也往往表现出不同的善与恶。例如,当一个人贫困潦倒的时候,可能会具有极强的贪财本能,甚至去偷、去抢,被认为是人性之恶。当他变成百万富翁的时候,他乐善好施,又被认为是人性之善。所以,人表现出来的善与恶是不断变化的。恶人可能变成善人,善人也可能变成恶人。

人在不同阶段表现出来的善与恶的不同,主要是由三个因素引起的:一是自己拥有物的变化,自己缺少什么,往往就急切想得到什么,如果获取的方式稍不当,就被认为是恶;二是自己所处的环境;三是自身的修养,修养不同表现出来的善恶也就不同了。

综上所述,人性是永恒的,但人性的善恶是阶段性的。

所以,真正值得探究的是人性本身,即人到底有哪些人性,或者说人性有哪几种。了解了人性的本质,也就找到了人类所有行为之源。

三、人性有哪些?

根据我个人的思考和归纳,把人性分为十二种,下面逐一做以剖析。

（一）善良

善良，是人的一种同情、慈爱、友善之心以及欲对别人进行帮助、与人和睦相处的愿景。在没有其他因素影响的条件下，人的本性是善良的。人善良的本性表现在生活的各个方面。比如，当遇到乞丐时，人都有施舍的本能；当得知他人受灾时，有无偿捐赠钱物的意愿；当看到别人遭遇不幸时，又常禁不住留下同情的泪水。

善的本性已有意无意被部分人在经营管理中运用。有一次一位聋哑女来某单位办公室推销笔记本。作为办公室，笔记本是不能少的，因而来办公室推销笔记本的人很多，常被办公室人员以各种理由推辞。但这位聋哑女作为一位残疾人引起办公室人员的同情，经向领导请示，领导也大发慈悲。尽管本年用的笔记本早已购足，还是买了价格较为昂贵的笔记本300本，以备明年再用。

有一位厅级领导为民做了许多事情，因为难免的疏漏，引起群众的种种责难和非议。一日，他将群众召集起来，细述了自己的工作业绩和辛劳。特别是讲到一个多月来已熬了七个通宵，四十二天没有与妻儿见面时，竟泪如雨下，哽咽难言。以前许多群众常常写信告状，从那以后，反而许多人多次向上级写信称赞他。群众的同情之心，改变了他的境遇。

以上两例，不知是有意还是无意利用了人们善的本性。但若能有意识并且真诚地利用人善良的本性，对经营管理是大有裨益的。

（二）权欲

权欲就是想获得权力的一种欲望。权力是对人或事的一种支配资格。在人的潜意识中，总是渴望支配别人，而不希望被人支配。所以权欲是人的一种天性。某些权力所能带来的名利，更进一步增强了人们对权力的贪欲。人们对权力的向往表现在生活的方方面面。比如一个小学生在班里被任命为班长，甚至一个小组长，孩子都会高兴地向家长汇报，并且好几天精神兴奋。西方国家许多官员收入并不高，而且基本上无灰色收入，但许多人仍趋之若鹜，主要就是喜欢处于支配地位的那种感受。无疑，权欲是人的又一本性。

认知了人的权欲本性，就要在经营管理中善于运用。比如在学生中多设一些学生干部，利于调动学生学习积极性。在企业里多设一些干部，能够提高企业的凝聚力。如果一个人长期得不到提拔，权力的欲望不能很好满足，那么他就会消极，甚至对单位漠不关心。权力的欲望是渐进的，呈阶梯型，当低一级的欲望满足之后，就需要满足高一级的欲望，才能焕发新的动力。在一个权力级上，所能激发出的能量一般只能维持三到四年，所以三到四年之后，必须再次提拔。鉴于此，在一个单位内部，就要多设权力层次，以便通过不断的进级来焕发大家的激情。

（三）赌博

诱使人们赌博的原因主要有：一是利用赌博发财所需的时间短，尽管发财的途径很多，但赌博估计是速度最快的途径之一，有媒体报道：某富商在海外赌场玩“大压小”，一把就赢了一亿元人民币，而所用时间不到一分钟。除了赌博，在这世界上干什么事情能在一分钟赚一个亿呢?！用印钞机印钞票，一分钟都印不出这么多钱。二是赌博的门槛低，随时随地都可以进行。三是赌博的看似公平性。美国的拉斯维加斯原是一片沙漠，后因法律允许在此开设赌场，便吸引了众多的赌徒来此赌搏，从而使其发展为一个现代化的都市。在我国赌搏是被禁止的，但许多人仍冒着被法律制裁的风险，屡屡赌搏，足见赌搏诱惑力之大。

（四）贪财

财富是有限的，而人的欲望是无穷的，无穷的欲望面对有限的财富，就难免不贪婪。商品经济的发展，给人们提供了更广阔的物质和服务享受，从而也强化了人们已有的物质欲望；同时商品经济社会使人们更加感受到巨额财富的魅力和地位，也更增强了人们谋求巨富的贪欲。这样，就不难理解许多老板有了百万、千万，甚至上亿的资产，但仍对财富不懈地追求。

人类贪财的本性可以在经营管理中巧妙运用。比如，作为老板逐步为员工提高工资，比一次性提高到很高更能调动员工的积极性。如果一次性提高到很高，只能调动一次积极性，过一段时间之后，他会有更高的欲望；但你认为他的薪水已经很高，不用再增加时，又会因为其新的欲望得不到满足，挫伤其积极性。同理,作为员工在为老板工作的时候,逐步增加自己的贡献额度,比一下子竭尽全力更会得到老板的欢迎及长久使用。

由于人类具有贪财的本性,所以用物质刺激来调动人的积极性是永不失败的法宝。尽管人在不同的阶段对物质贪求的程度会有所变化,欲望也不是一种,但追求更多的财富是人类永恒的追求之一。

(五)好色

好色,乃人之天性。然而,长期以来,好色被认为是不道德的行为和思想,至少是个贬义词。其实,好色是符合人的心理规律的。人们总希望自己所找的配偶能集异性的一切优点于一身,但现实中没有这样的异性,我们所见到异性总是只有某一部分优点,所以当一个男性沉迷于某一女性婀娜的身材时,他常常又会被另一女性漂亮的脸蛋所吸引,而第三位女性甜润的嗓音同样会使他流连忘返。尽管生活中没有完美,但是我们仍渴望完美。

我们鼓励取之有道的好色,即在法律和道德的框架下,合情合理满足自己好色的需求,反对违背法律和道德的好色。

虽然动物也有异性相吸的本能,但动物仅是出于本能,而人对异性的要求要更加精细、更有品味、更有文化、更有档次。当今中国之所以有那么多"剩男"和"剩女",不是他们真的嫁不出去或者娶不到老婆,更多的是要求太高。

好色的本性在经营管理中也可以运用。比如,现在许多酒店用漂亮的服务员来吸引顾客,实际上就是利用了人好色的本性。另外,在公司里雇用一些漂亮的员工,往往可以鼓舞士气,消除懒散和疲劳。笔者曾碰到这样一个真实的案例。某单位有一位经常自由散漫,动不动就指着领导的鼻子破口大骂的泼皮青年,领导对他无可奈何,一是领导怕他不要命的架势,二是领导有某些把柄握在他手里。后来,领导给他的办公室调进一位漂亮的女青年。一切从此改变了。这位男青年按时上班,工作积极,特别是对这位女青年言听计从。后来领导就通过这位女青年向他下达任务,并教化他。尽管这两个青年人均有自己的家庭,但异性的魅力还是改变了这位男青年的行为和思想。

(六)食欲

食欲,既是人的本能,也是人的本性。人一出生,就知道吃,便会吃。显然,吃是人的天性。若人的食欲不能得到满足,则愿冒杀头之危险去抢食、夺食,这便是古代历次农民起义的根源之一。古人云:“民以食为天”,准确地指出了人食的本性。

人的食欲和人体内的需要密切相关。如果某个人体内缺少某些身体必需的元素,他就会对那种食物有特别的嗜好或产生部分的饥饿感觉。由于食物愈来愈丰富,我们真正能够感受到的饥饿已不常见。对食欲的满足既是人体机能的需要,即生存的需要,同时也越来越成为生活中的一种享受。食物的丰富不是食欲的终结,而是给食欲附加上了食文化、食品味,从而扩展了食欲的范围,使享受意义上的食欲更为强烈。

虽然动物也有吃的欲望和本能,但人吃饭更有文化和品味。有时,为了吃一顿美食,可以开车几小时到数百公里外去吃饭。饭桌上的酒文化更是复杂而繁多。

(七)情感

情感,是对人或事的一种感受。追求美好的情感是人本能的需要,也是人的本性。情感是人生活中不可缺少的一部分。情感是人的精神支撑。生活中常见到有人自杀,自杀者之中绝大部分不是由于物质的缺乏,而是情感需要得不到较好的满足。每个人都希望与他人友好相处,情乐共融。谁也不愿与世隔绝,或与他人感情僵化。有人认为,情感需要是生理需要得到较好满足以后的产物。然而,事实并非如此。调查发现许多还在生存线挣扎、尚未解决温饱的贫困地区,那里人与人的感情更加深厚;相反,经济发达地区的人,其人情味反而要淡得多。也许是由于物质的过于贫乏,反而使人们需要更多的情感来慰籍。

动物的情感多局限于亲情之间,而人的情感更加精妙,也更加宽泛,不仅包括亲情,还包括同学之情,战友之情、同事之情、邻里之情,等等。

在西北的一个偏远的小镇,有这样一个真实的故事:一位二十几岁的男青年在一个小饭店打工两年多,临走时竟不要分文报酬,因为他与老板成了好朋友、好兄弟。另外由于小饭店良好的人际关系,这两年成为他人生中最美好的回忆。他说,这两年所获得的快乐是任何金钱都无法买到的。从这个事例中,我们再一次感受到情感力量的巨大。

作为小企业或条件艰苦的单位，可能无法给员工发较高的工资或创造较好的生活条件，但完全可以依靠情感吸引员工与企业同呼吸、共命运。

（八）爱美

人常说："爱美之心，人皆有之"。直截了当地道出了人爱美的本性。正因为爱美是人的本性，所以，人人都喜欢欣赏美，人人都希望自己美。

就拿旅游来说，其实旅游是一件既花钱又劳累的事情，可是我们还是爱旅游。"诱惑"大家不远千里前去旅游的内在动机，就是人爱美的本性。

如果说旅游和住星级饭店主要是多花点钱，那么整容不仅仅是花点钱，而且要忍受许多痛苦，一不小心甚至付出血的甚至生命的代价。然而一批批的爱美人士前赴后继。促使其"勇往直前"的动力，是人爱美的本性。

（九）好奇

好奇是人的又一本性。周围有许多事情是与我们自己毫无关系的，特别是别人的隐私，但人们往往按捺不住探寻的欲望。

笔者曾做了一个关于人们好奇心的测试。让四五个人围蹲在繁华马路的一边，似乎在观看地上的某一样东西。三分钟后，二十余人跑过来围观，其实地上什么也没有。足见人确实是有好奇心的。

许多人冒着生命的危险去探险，以睹他人不能见到的奇观，说明好奇心之强烈。

异性之间强大的吸引力，不仅是由于性与情的需要，而且还有另一个非常重要的因素——好奇心。由于对对方许多的不清楚、不了解，便产生了一种强烈的探求欲望。如果双方了解得过于清楚，往往就会缺乏吸引力，从而导致分手。异性的引力来自既知又不知的朦胧感之中。

探求未知的好奇心是科技进步和创新的原动力，正是人类的这种好奇心，推动着人类社会的不断发展。

（十）逍遥

逍遥，就是如天上之浮云，水中之游舟，任意飘遥。自由自在，融于自然。

人的本性是不愿受约束的，但是如果人人都不受约束，整个社会将变得不可想象。在不伤害他人利益的条件下,应给予尽可能多的自由,以满足人逍遥的本性。

特别是当人比较繁忙的时候,往往更觉逍遥的可贵,也更增添了对逍遥的向往。不管你曾经是否享受过这种逍遥,但你内心一定有享受逍遥的冲动和向往,因为逍遥是人的本性。凡是本性总会顽强地存在着。

认知了人逍遥的本性,在经营管理中就要善于运用人的这一本性。例如,每一个单位都必须定期给自己的员工放假,以满足其逍遥的需要,否则员工的士气必受影响。另外,在管理下属时,不要管得太细,多给别人一点自由。目前,许多单位都实行上班签到制。对于某些工种来说,可能必须有严格的上下班时间要求,但还有一些工作,如研究工作、采购工作等,可只规定业绩,不必要求具体的工作时间,这样往往效果会更好。

(十一)嫉妒

嫉妒,就是因为别人比自己好而憎恨别人。虽然由于每个人修养的不同,所表现出来的嫉妒程度和方式有很大差异,甚至在表面上根本看不出任何嫉妒的痕迹,但在每一个人心灵的深处都存在着或多或少的嫉妒,甚至是不满。人人都期望公平和公正,面对命运的不公,我们不可能熟视无睹。所以嫉妒成了人人都有的共性。

面对人嫉妒的本性,在经营管理中应注意以下几个问题:一是一个单位的领导要尽可能地做到公正、公平,给予每个员工均等的机会,避免员工之间的嫉妒。不公平的程度越大,嫉妒之火就越旺。二是要注意员工之间的平衡,不要将好处集中在少数人身上,尽可能扩大受惠面积,人与人之间差距越大,也越容易产生嫉妒。三是作为个人面对他人取得的成就或好处,尽可能以平和的心态去对待,切莫让嫉妒之火烧掉了自己,也烧掉了友情。

(十二)乐于被称赞

虽然古人云“忠言逆耳利于行”,但现实中又有几人乐于听逆耳之言?!电视连续剧《宰相刘罗锅》中的和珅,就是一个不断得到皇上重用的小人,而富有治国谋略的刘罗锅因少说了许多恭维和称赞之言,竟数次被贬。

笔者观察到一个现象:学习好的学生一直学习好,学习不好的一直不好

(虽然突变的情况也有,但数量极少)。究其原因,是因为学习好的学生常受到老师和家长的表扬,满足了其乐于这被称赞的本性,进一步激发了学习的积极性,从而学习更好,也更自觉;而那些学习不好的学生常受到老师和家长的批评,这种批评使其更不爱学习,从而学习更差,也更被动。

认识了人的这一本性,就应尽可能地多称赞和表扬他人,少批评和责备别人。当你的孩子不好好学习时,你不应批评他,而是应寻找其优点予以表扬,方能激发其学习的积极性。如果一味批评、责骂、甚至体罚,只能使其越走越远。对于自己的下属,适时地给予表扬,其积极性会更高,甚至比物质刺激还有效。如果你能常常善于称赞别人,而又力争不说任何人一句坏话,那么你一定会有很好的人际关系,并得到众人的喜爱。

四、对人性评论与说明

(一)人性是人的本能和天性

人性是永恒的,有可能被抑制、削弱,但绝不可能消失,它会顽强与人的生命共存。如果遇到适合的条件,人性就会尽情舒展。人性就如同火山下面的熔岩,随时都有可能喷发。

(二)人性有好坏之分

人性的好坏是根据当时的社会道德规范来划分的,而不同时期的道德规范各不相同,所以同一人性在不同时代得出的结果不同。某一时期被认为是好的人性,在另一时期可能成为坏的人性。在同一时代,有些人性被认为是好的,而有些人性被认为是坏的。

(三)人性是并存的

诸多人性同时并存于人体之中。它们没有先后次序之分,但有强弱之别。它们从不同的方面展示了人的本质,而且这些人性相互交织,相互影响。人与人之间外在的行为之所以表现出巨大的差异,正是因为每个人内部各种人性强弱力量不同,因而综合表现出来的特征也就不同。

（四）人性是受环境影响的

每个人的人生环境都是不同的，而这种不同的生存环境影响了每一个人人性的变化。这种变化不是新生与消失，而仅仅是强弱的变化。比如一个人生活在金钱至上的社会，环境会强化他贪财的本性，这时贪财的人性就远远超过了善良的人性，但并不是说善良的人性就消失了，只是被弱化了。

（五）人性受法律和道德的约束

人性有好坏之分，人们总想通过法律和道德来约束坏的人性，弘扬好的人性。当然，任何人性都应该受法律和道德的约束。

（六）人性是可以利用的

人性往往决定人的动机，而动机又决定着人的行为，了解了人性的规律，就可以顺应规律对人进行有效的组织和管理，提高经营管理的效率。

刊于《科技导报》2003 年第 10 期

神奇的西北农林科技大学

一

9 月 12 日（2014 年）之前，雨已经连续下了一周，根据天气预报，雨还要再下一周。

9 月 12 日，对于西北农林科技大学来说是一个特别的日子，因为这一天是西北农林科技大学建校 80 周年暨合并组建新大学 15 周年纪念日，学校要举办大型庆典仪式及大型文艺晚会。淅淅沥沥的雨成为庆典的困扰，尤其 9 月 12 日晚上要在露天举行大型文艺晚会。鉴于时大时小的雨，学校不得不做第二套方案，即在室内举行，这样效果会大打折扣。让人想不到的是奇迹出现了,9 月 12 日不但没有下雨,在上午的庆典仪式时,天气渐渐变得晴朗,当庆典结束走出会场,竟然艳阳高照!晚上的大型文艺晚会也在露天田径场如期进行,大气磅礴、精彩绝伦的文艺晚会让观众叹为观止,赞不绝口,演出效果没有受任何影响。而天气预报 9 月 12 日是有雨的。9 月 13 日凌晨,天再次下起了雨。9 月 14 日,雨继续下。预报雨还将持续一周。是不是上天特别眷顾西北农林科技大学呢?

二

15 年前,即 1999 年 9 月 11 日,在合并组建西北农林科技大学的庆典上,出现了同样神奇的一幕。那几日也是在下连阴雨,据说学校当时准备了 5 000 把雨伞。9 月 11 日当天,我也是带着雨伞进入露天会场的。开始雨还是慢慢的下着,虽然雨并不大。但当庆典仪式开始,中共中央政治局常委、国务院副总理李岚清步入主席台时,天竟然晴了,而且天空出现了两道美丽的彩虹!顿时,全场响起了雷鸣般的掌声。我有幸见证了这一神奇的时刻。

三

据许多老教师回忆,1994 年 4 月 20 日西北农业大学 60 周年校庆时,出现了同样神奇的一幕:4 月 17 ~ 19 日阴雨连绵,20 日却天气晴好。我当时也参加了校庆,可惜由于过去 20 多年了,我记不准了。

四

1934 年 4 月 20 日,国立西北农林专科学校(西北农林科技大学前身)奠基时,国民党元老、学校的创始人于右任先生说:杨陵是一个神奇的地方。后来的发展历史证实了这一句话。杨陵起初只是武功县的一个镇,由于西农的存在,杨陵先被升格为县区级,1997 年被升格为地市级,并被国务院批准为国家惟一的农业高新技术产业示范区,而且示范区管委会主任一直由陕西省副省长兼任。

在中国，有哪一个地方能因为一所大学的存在，能使一个镇升格为地市级？

在中国，有哪一个地方能因为一所大学的存在，而被设置为一个国家级示范区？

……

我在西北农林科技大学学习和工作了30多年，见证了西北农林科技大学和杨陵的发展，深深地爱上了这所学校和这一方热土。

西北农林科技大学，我爱你！祝愿你的明天更美好、更辉煌！

2014年9月15日星期一于西北农林科技大学

西农那些不可思议的事儿

一

由于这学期给国际贸易专业2014级本科生上《微观经济学》，于是经常去北校区8号教学楼上课。我无意中发现，在8号教学楼一楼的大厅放了一些学生们丢失的眼镜、书本、水杯、雨伞等物品。当然，我很快就明白了，这是好心人把学生丢失在教室等地方的物品放在这里，等失主来领取。这些好心人可能是学生、老师、打扫卫生的清洁工等。

没有人看管这些东西。有人捡到东西就放到这里，谁丢了东西就到这里来找。这是一种自觉的文明。

二

这学期我还给经济管理学院的博士生讲授《高级农业经济学》，以及给硕士生讲授《中级农业经济学》，这两门课都在西农南校区的3号教学楼上，于是经常去3号教学楼。在3号教学楼,我发现了几个无人售货柜。货架上放着笔记本、钢笔、铅笔、胶带等20余种学习用品。旁边有一张价格表和一个供放钱的纸箱子。这些售货柜都没有售货员,谁需要买东西,就自己去拿,然后根据价格表把钱放在纸箱里。

我看到有的学生没有带钱或没有带零钱,就在一个留言簿上留言,写上自己拿走什么东西,货款多少,什么时间再来付钱。

这些无人售货柜是谁放的?在这里放了多长时间?我不知道。在我上课的几个月里,它们一直都在那里。

西农有三万学生,还有几百、甚至上千的在学校搞建筑及打扫卫生的农民工,没有人偷这些东西,尤其是没有人偷纸箱里的钱,令人惊叹!惊叹我西农的文明!

三

我曾去过多个发达国家,在这些国家,所有厕所都是有卫生纸的,所以,上厕所是不用自己准备卫生纸的。许多外国人刚到中国一些大学,上厕所也不带卫生纸,等方便完,才发现在厕所找不到卫生纸,其尴尬可想而知。

多年以前,西农也曾尝试给所有卫生间配备卫生纸,结果经常被人偷走,于是只好无奈地中断。最近几年,西农恢复了为办公楼及教学楼的卫生间配备卫生纸,令人欣慰的是再无断供的现象了。显然,西农的文明进步了。

四

2013年西北农林科技大学信息工程学院招了一个特殊的女学生,她叫王萌萌,下半身瘫痪。西农在明明知道她是残疾人的情况下,依然招录了她。更令人感动的是,她入校后学校给了她无微不至的关爱。

首先,为了她生活起居方便,特意将她的宿舍安排在一楼,并与卫生间相邻;其次,为了方便其母亲照顾她,学校特批允许她母亲住到宿舍,并给其母女安排了单间宿舍;再次,为了能减轻其经济负担,学校特意为其母亲在校内安排了一份临时工；

……

人们说：西农是一个花园学府，其实比花草更美的是西农人的心灵。

2014 年 12 月 3 日星期三于西北农林科技大学

知名苹果教授送给我的“烂苹果”

2016 年 12 月 2 日，西北农林科技大学知名苹果教授赵政阳夫妇邀请我们夫妻二人喝茶，甚为高兴。

其实，我最感兴趣的不是喝茶，而是他们准备送给我的苹果。因为苹果教授一定送给我的是优质苹果，极品苹果。

我与赵教授同在一个大学，彼此认识，但由于专业不同，交往不多。但他妻子与我妻子都在学校图书馆工作，彼此很熟悉。他妻子从事文献研究和整理工作，曾在学校网站写过一篇报道，整理出“十一五”期间（2006 ~ 2010）全校发表论文最多的 10 名教授名单，我的名字竟然也在其中。从那时起，我便记住了她的名字。

这次赵教授夫妇找我，是聊他女儿卖苹果的事。他女儿曾在大学读研究生，但非常热衷做生意。于是在杨凌恒大影院里开了一个店，刚步入影院，就看见她的店“原尚”（原汁原味，尚品生活），而且她在淘宝网也开了一个网店“原尚果园”，主要卖苹果。因为赵教授研究苹果，自然知道什么地方的苹果好，谁家的苹果好。他女儿肯定能采购到优质苹果。所以，凡是买过她苹果的客户都说好，都为她点赞。

虽然她的苹果质量不错，但由于知道的人不多，所以销量不是很大。

为了能让我对他女儿所销售的苹果有些了解，赵教授送给我两盒苹果，并让我当场品尝。但当打开盒子，看到苹果的一瞬间，我有点失望，因为几乎每个苹果上都有大小不同的硬疤。我想象的好苹果是果面光洁，色彩鲜艳，红色透亮，色如漆染。

赵教授也许看到了我表情的变化,赶紧解释说:这是冰雹苹果,就是被冰雹打过,因为打的不严重,果面的伤口都愈合了,不影响贮运,更不影响口感,只是外观不是十分好看。之所以让女儿卖这种冰雹苹果,主要是因为这种苹果客商不愿意收购,农民卖不出去,我们来收购,替果农卖。好苹果比较好卖,就让农民自己卖。瞬间,一种感动油然而生。

赵教授送给我的苹果,我已吃了十几个,确实非常好吃。

我还品尝了赵教授自己研究出来两个新品种苹果瑞阳和瑞雪,味道不错,其中一个特别好吃,只是记不清到底是瑞阳还是瑞雪? 当然,大家要吃到这两种苹果目前是不容易的,因为它们是刚研究出来的新品种,种植面积较小,所以市场上一般买不到。

当问及赵老师为什么叫瑞阳、瑞雪? 他说是取“瑞雪兆丰年,瑞阳送吉祥”之意。

一株杂草的十大价值

有一天,我与儿子一起散步。儿子指着路边一株小草问我:“爸,这是什么草?”我说:“不知道。”植物的种类成千上万,我能叫上名字的只有很少一部分。他又问:“那它有什么价值?”我说:“它既不是蔬菜,也不是药材,只是一株普通的杂草,没有什么价值。”儿子略带失望地“唉”了一声,继续伴我前行。

近日,我一直在思考:难道这株杂草真的没有什么价值吗? 细细琢磨,竟然发现这株杂草有十大价值。

一、制造氧气

所有的绿色植物都通过光合作用,制造并释放氧气。如果没有绿色植物为我们制造氧气,那么所有动物包括我们人类在内都无法生存。而这株小草正是氧气的制造者之一,它为我们人类的生存也贡献了它的一份力量。

二、为动物提供饲料

无论这株小草是被牛羊吃了,还是被兔子、蟋蟀吃了,它都成为动物的饲料,成为地球生物链的一环。如果地球上没有绿色植物,那么所有饲草动物也将因没有食物而灭亡。

三、贮存太阳能

杂草通过光合作用,将太阳能贮存在自己体内,可供人类随时使用。杂草所贮存的太阳能可以以饲料的方式进入动物体内,也可以以燃料的方式供人类使用,因为杂草晒干了可以燃烧。如果没有这株杂草,那么照在这片土地上的阳光就会转瞬即逝,白白浪费掉了。

四、调整空气湿度

凡是植被比较好的地方,空气就比较湿润;否则,空气就比较干燥。所以正是包括这一株小草在内所有绿色植物的存在,让我们人类有了舒适的生存环境。

五、调节空气温度

同样一个地方,如果有植物,空气温度就会低一些;如果没有植物,空气温度就会高一些。所以,杂草的另一个功能就是调节空气温度。

六、防止水土流失

如果路边没有一株一株的杂草,那么雨水就会冲蚀路基,路基就有可能逐渐被冲跨。有了这些杂草,就会防止或减少水土流失,从而保护路基。所以,这一株株的杂草在默默地保护着路基。

七、改善土质

凡是没有任何植物的土壤,往往是生硬、板结的;凡是杂草丛生的地方,往往土壤松软,富含有机质。其原因就在于杂草不仅可以通过涵养水源改善土质,而且杂草的根系可以与土壤相互作用,改善土质。

八、减弱风速

若地面有或低或高的各种杂草,就会减缓风速,减少大风给人畜及农作物带来的损失。

九、防止风沙天气

如果没有良好的植被,大风就有可能卷起地面的沙土,飘散几百公里,甚至几千公里,造成大面积风沙天气,给人类生活带来不便。如果有良好的植被,就不会有风沙天气,而杂草就是构成良好植被的要素之一。

十、点缀生活

每一株小草都在点缀自然界,点缀我们的生活。正是这些星星点点的绿色,让自然界变得生机盎然,让我们的生活更加多彩。我曾在新疆看到过茫茫的戈壁滩,体会过没有绿色,没有生命的苍凉。

飞往农业王国新西兰

2006 年 8 月 30 日 8:45 分我乘坐新加坡航空公司 SQ811 航班从北京机场起飞,14:55 分到达新加坡机场,21:00 从新加坡机场转新加坡航空公司

SQ285 航班起飞,31 日 6:30 分(新西兰时间 31 日 10:30 分)到达新西兰的奥克兰国际机场,乘 20 分钟免费中巴到奥克兰国内机场,转乘新西兰航空公司 NZ5753 航班,9:10 分(新西兰时间 13:10 分)起飞,10:15 分(新西兰时间 14:15 分)到达新西兰的北帕莫斯顿(Palmerston North)机场。经过 25 个小时的旅程,终于到达了我的目的地——新西兰梅西大学所在地北帕莫斯顿市。

我和许多人一样,很羡慕发达国家的文明,也很想出国看看国外的情况,但不知从什么时候开始,我没有了在国外留学或长期逗留的欲念,只想短期出去看一看。这种想法好像就是近几年才有的,而且这种想法越来越浓烈。不知是因为我的英语水平低没有勇气在国外长期生活,还是我满足于现在的生活不愿长期离开国内。我说不清楚。

多年以前,当我非常想出国的时候,我却没有任何机会,然而,当我对出国的兴趣渐渐淡化的时候,机会却戛然而至。在我没有任何思想准备,也没有任何前兆的情况下,2004 年夏天的一天,学校突然通知我说:教育部西部地区人才培养特别项目给我们学校 10 个出国指标,其中一个指标给了我。入选此项目的人员均被公派到发达国家的一流大学做访问学者一年。这个项目据说主要是给西部地区一些业务能力较好,但因外语水平较差没有出国机会的专业人员。因为要公费出国,必须通过国家的外语考试。而此项目最初是不考外语的,即使后来要考也要简单一些。我的外语一直是不好的,是我的软肋,但主要是历史造成的。在我上初中的时候,国家突然提倡村办中学,于是有一些村就办起了初中,其实一个村能办好小学就不错了。于是,我在我们村上了初中。因为村初中没有外语老师,所以没开外语课。只是在考高中前找人给我们辅导了几天。等我考上县重点高中,因大部分学生已学过初中英语,所以老师直接从高中第一册讲起。初中三年的 1 至 6 册没学,连音标、单词都一无所知,要直接学高中英语,其难度可想而知。从此学英语成为我最大的痛苦。后来,考大学、硕士、博士,英语都是勉强过关,但我付出了常人难以想象的努力。所以,我一直认为我是不可能通过国家的出国英语考试的。这次不需考试便可出国,对我来说,是难得的机会。如果这一次不去,可能没有比这更好的机会了。所以,我同意去,尽管对出国已没有太大的热情。

过了几十天,又说必须培训外语半年方可出国。本就不多的热情,又减了几分。后来想:虽然增加了一些麻烦,但学习总是好事,谁能说知识多了不好呢？于是，2005 年 2 ~ 7 月来到西安外语学院出国培训部学习英语。教育部为了让这些成年人好好学习，告诉我们培训结束后必须考试，只有考试通过，才可出国。我从来不怕考试，但这一次却惴惴不安。不是怕考试过不了关，出不了国，而是在想：如果考不及格，如何在学生面前言传身教。为了学到知识，也为了给学生做表率，我发誓绝不缺一堂课。为了排除干扰，我的手机在上课期间关闭，推掉了所有与上课冲突的会议、做报告的邀请及个人事务。认真完成老师布置的作业并按时交给老师批阅，尽管老师比我小十几岁，甚至二十岁，他们有的比我带的研究生还小。我付出了极其艰辛的努力，英语水平也有了显著的进步，但在多次模拟测试中，每次都不及格。我的思想压力很大。认为自己肯定考不过去。也许是我的诚心感动了上帝，在最终的考试中，我顺利通过。

我最初是想去美国，也许报美国的人太多，我被调整到新西兰作农业经济研究。至于在新西兰哪个大学，与哪个教授合作，完全由自己联系。我在新西兰没有任何认识的人，只有通过网上联系。这完全是随机的。我很快就联系到了梅西大学（Massey University）的 Allan N. Rae 教授。由于新西兰的签证时间较长，加之国内的手续也很多，更重要的是没有经验，做了很多无用功。这是我事先不知道的，致使原计划 2006 年 4 月出国推迟至 8 月底才成行。但我认为做一件新事情，走一些弯路、遇到一些困难是难免的，关键是要持之以恒地做下去。不要为过多的付出懊悔，而要为人生更多的经历而骄傲。

我以前从来没出过国，没想到第一次出去就要长达一年时间。现在已到了国外，回首为此事两年多的奔劳，感想颇多。最重要的一点是：不管你是否喜欢你正在做的事，既然做了就要把它做好。

我在新西兰的访问学者生活

什么是访问学者？顾名思义，就是以学者的身份到某一大学或研究机构去访问。访问就是交流、沟通、学习和合作研究。访问时间为一两个月到一两年，其中以半年和一年居多。访问学者的具体工作与访问的时间长短和经费来源有很大关系。如果时间短，那么主要是考察和了解情况，有的再听几场学术报告，也有的被对方邀请为被访问的单位做学术报告，这主要取决于对方对你的研究成果是否感兴趣以及你在学术界的声望。有的商谈一下双方今后的合作事宜。如果时间长，即半年以上，一般就要做一些合作研究。有的研究是访问学者带着自己的研究项目，利用对方的先进实验室，并在对方著名专家的指导下来进行自己的研究，以提高自己的研究水平；也有的是参与对方专家的研究课题，通过参与，学习人家的研究思路和方法。

访问学者的工作也与经费来源有很大关系。如果食宿及交通等费用由访问学者自己或其单位、政府支付，那么访问学者的研究工作就有很大弹性，研究内容及进展很大程度由自己决定，自由度大一些，压力也小一些。如果经费由对方出，那么一般就得按对方专家的安排来进行研究工作，压力就大一些。至于是否在所访问的大学听课，情况也有所不同。有的安排听课，有的不安排。如果安排听课，一般是要付费的。费用标准和大学生的收费标准差不多，多数国家都是每年四、五千美元。也有的访问学者，对方没有安排听课，自己去教室听课，这是不用花钱的。因为讲课的老师不问你是否交过费，只要有更多的人听他的课，他就很高兴。这一点和国内有些类似。

今天是9月7日，是我到新西兰的第七天，但我到梅西大学作访问学者，今天是第三天。我是8月31日到达新西兰，9月5日早上10点，我收到了Allan教授给我发的邀请见面的电子邮件。他是我作访问学者的邀请者，也是我要与之合作的教授，我的工作由他安排和管理，也就是具体管理我的人。他希望我当天去他的办公室见他。

我不知道如何乘公共汽车去梅西大学，也找不到出租车，只好步行去。我走了近两个小时，才到梅西大学。其实，我9月3日已步行来了一次梅西大学，那天是个星期天，没事干，我就拿了一张地图，按图在街道上逛了逛，然后去了梅西大学。如果没有那一次的经验，这一次肯定需要更长的时间才能到梅西。我看了一下表，已经12点了。我按照中国人的思维习惯，认为该下班了。于是，我在校园的草坪上休息，等到下午两点，我用不大熟练的英语问一位我认为有可能是该大学老师的新西兰人，询问Allan教授的办公室在哪里。他很热情地将我引到了教授的办公室门口。

Allan教授是一个长得很帅的老头，白皮肤，黄头发，蓝眼睛。在这里能当个教授是很不容易的,因为一个系或学院一般只设一个教授岗位,其他人再厉害也是当不了教授的,除非你离开这个学校被别的学校聘为教授。因为教授举足轻重的地位,所以教授一般都兼任院长、系主任或研究所所长。Allan教授是梅西大学应用经济与政策研究中心的主任。这个中心设在商学院的应用与国际经济系,除了一部分专职研究人员外,还有一部分是系或学院的老师也在这个中心兼职。Allan 教授很热情地接待了我。我们交流了一个多小时。说实话,大约有五分之一我没听懂,但我的话他似乎基本听懂了。

我到之前,他把一切都安排好了。他给我准备好了办公室的钥匙、图书馆的借书证、学校和市区的地图。我一个人一间办公室,就在他隔壁。办公室里电脑、电话、打印机、复印机、宽带网、书架、办公桌以及各种笔和纸张一应俱全,比我在国内的办公室好得多,而且全部是免费的。安排好我的工作条件后,他让我先到校园走走看看,熟悉一下梅西大学。

梅西大学是新西兰学生最多的大学,学生两万多,其中留学生 1 000 多人,教职员工四五千人。从知名度看,在新西兰的大学中排第二位,仅次于奥克兰大学。它有三个校区,一个在首都惠灵顿,一个在新西兰最大的城市奥克兰,还有一个在北帕。北帕校区是主校区,也是最古老的校区。其他校区都是后来新建的。我在北帕校区。此校区的地型很像我在国内工作的学校西北农林科技大学的地型,在一个半坡上。北帕是一个只有七八万人的小城市,但环境优美,街道宽畅,梅西大学在此起着主导地位。这些也与杨凌以及西北农林科技大学在杨凌的地位惊人相似。

昨天和今天我开始正常工作。在房东的介绍下,一个住在我附近并在梅西工作的华人从昨天早上开始,带我熟悉乘车路线和时间。这里的工作人员中午都不回去,要么吃早上带来的饭,要么在学校的餐厅去吃,多数是吃自己早上带来的饭,因为饭馆的饭太贵。中午没有十分严格的休息时间,大家都是抽时间吃饭,吃完饭马上又投入工作。早上十点和下午四点,各有一次茶歇,大家可以免费到大厅喝咖啡、牛奶或茶。下午 5:30 分就下班了。我的早餐一般是牛奶和面包,午餐是面包和咖啡,或者买个汉堡,偶尔去餐馆吃一次,晚上自己做一点简单的饭。我最擅长的是揪面片,不想做了,就泡一包方便面。

在学校,除了吃饭和茶歇的时间,我一直都在办公室,我个人独立的小空间。晚上回去后,呆在自己住的房间,很少出来,因为附近没有认识的人可以交流。

我在这里要研究的是中国居民收入与猪肉消费量的关系,也就是想研究出居民每一百元收入中用几元钱去买猪肉。因为居民的收入是可以预测的,根据居民收入,利用此研究结果,进而可以预测猪肉的需求量,从而指导猪的生产规模。这个题目是我选的。我开始上网查有关资料,来时已带了一些资料,但还需补充。关于数据处理和研究方法,我将和 Allan 教授商讨,学习和借鉴他的研究方法。这就是我作访问学者期间要做的主要工作。

除此之外,我要计划自己选几门课,争取多听几场学术报告,到图书馆看一些书。有空的话,再写几篇论文和杂文。如果能用英文写一篇论文,或写一部中文专著,那就更好啦。

另外,利用假期到新西兰各地旅游一下,甚至到澳大利亚去一趟,也在考虑之列。

这可能就是我作访问学者的全部生活。

我是抱着向梅西学习的目的来的。国家之所以给我们每人每年花十几万元人民币把我们送到各个发达国家的一流大学作访问学者,就是要我们向人家学习。梅西有许多东西值得我们学习,如一丝不苟的敬业精神、办公楼内人性化的设计,网络的高效利用,等等,但也有不如我们的地方,如楼房没有我们的豪华漂亮,电脑没有我们的先进,办公桌没有我们的档次高,等等。但无论是作访问学者还是在国内的日常生活中,我们都应善取他人之长。这样,我们就会不断进步。

2006 年 9 月 7 日于新西兰北帕

在新西兰梅西大学的感悟

来到梅西大学(Massey University)快 3 个月了,感受颇多,一直很想把这些感受淋漓尽致地写下来,但总觉得应该再体验、再感受,以便写的全面、深刻。但现在我已抑制不住内心强烈的冲动,感到不吐不快,另外也在想:即使呆满一年，也不能感受到梅西的全部。我在西北农林科技大学从入学到留校工作已经待了22年，仍有一些事情不大了解，让我用一年时间来充分了解梅西是不够的。所以，我不准备再等待，今夜就把感受最深的东西写下来。

梅西大学位于新西兰马拿洼土（Manawatu）省的省会城市北帕（Palmerston North），但北帕并不大，只有七八万人。梅西是该城市最大和最有影响的单位，实际上北帕就是以梅西为中心的大学城。梅西的每一个呼吸，北帕的每个角落都能感受到。比如梅西放假了，北帕的街道、商店、饭馆就明显冷清了，房租也要下降20%左右，连公交车的车次都要减少。梅西开学了，或有什么重大的庆典活动，整个北帕马上就活跃起来了。

梅西大学是新西兰最大的公立大学，创建于1927年。现在有三所分校，分别位于新西兰最大城市奥克兰（Auckland）、北帕（Palmerston North）及首都惠灵顿（Wellington），主校区在北帕，大多数师生都在北帕，我就在北帕校区的商学院。梅西大学在校学生2万左右，其中留学生1 000人，加上成人教育的学生，总数超过4万人，教师和员工5 000人。其优势学科是农业和经济学。梅西大学在新西兰的大学中排名前3位，世界排名100位左右，最好排名曾达到40名。尽管大学排名一直受到质疑，但人们至今尚未找到大家公认的评价大学的方法，所以这些排名只能作个参考。

刚来梅西，就感受到与国内大学的许多不同。

梅西大学是一个没有围墙的大学，学校四周四通八达，从任何一个方向都可进入校区，所有的窗户也都没有防盗网，说明其良好的治安环境。学校环境很优美，到处是草坪和花木，当然新西兰处处环境都很美。与国内大学比较，梅西最显著的环境特点是草坪很多，很大，仅北帕校区就有3个足球场大的草坪，而且可以任意踩踏。在明媚的阳光下，经常有学生在碧绿的草坪上看书，或男男女女的学生在上面玩闹。

我到梅西大学后，看到各种文件都是副校长签署的，人们谈论最多的也是副校长，从来没人谈论校长。后来了解到，梅西大学的校长是一个社会著名人士，只是挂个名，并不管学校的事情，真正管理学校的是一位女副校长，也只有这一个专职的副校长，其他几位副校长都是几个学院的院长兼任，主要以学院的事务为主。专职的副校长有一个独立的办公小楼，四周静谧，有几分神秘感。有一位学生在该校学生会办的报纸上写了一篇文章说，他发现校长办公楼所有窗户的窗帘总是拉着，而且他也从来没见过这位副校长，他不知道她整天在干什么。我看了这篇文章后，也观察了几次，还真是那样。这么大的一个学校，一个师生不常见的副校长就把它管理得井井有条，说明这个学校有完善的运行机制，一切都在按规则运转，校长只处理少量的异常事件，所以校长很轻松了。

梅西的重大事情都是民主决策。比如，要盖一栋楼，盖还是不盖，花多少钱，由董事会投票决定；人员的招聘和解雇也是投票决定；领导职务的任免更是投票决定，包括校长的聘任和解雇也是由董事会投票决定，前任校长（实际上是专职副校长）任期未到，就通过投票将其解雇了。在新西兰，就是国家领导人，也没有多少权利，因为他们有完善的民主制度和监督机制。

梅西大学很宁静，但更令我震撼和敬佩的是他们内心的宁静。每个人都不慌不忙、认认真真地做自己的事情，就像一头默默耕耘的老黄牛。一位教授也许几年才发表一篇论文。而国内的一些大学则对老师每年都有发表论文的要求，老师们也为了升职称，拼命地“造论文”，就难免浮躁和制造大量的垃圾论文。梅西大学虽然不紧不慢，但从不停歇，每一步都富有成效。这样的日积月累，自然会把他塑造成一个巨人。

一进入办公楼或教学楼，就能感受到浓厚的学术和教学氛围。楼道的墙壁上宣传栏很多，贴满了老师们发表的和未发表的学术论文，有的是发表论文的复印件，有的则是把论文的概要做成大型的彩色版面。老师们的研究成果一目了然。每个系在自己的办公楼里都设有全系员工的介绍栏，而且附有照片，即使一个陌生人，也可以很快通过这个介绍栏了解其师资情况。楼道还摆放着专业介绍的小册子，任何人可以随便拿。学生交作业不是直接交给老师，也不是交给学生干部，而是将作业投进楼道的类似信筒的木箱里。当然，不同的班级有不同的木箱编码，只有带课老师才有钥匙打开箱子，取走作业。

我在梅西听了五六门课，感到他们上课的最大特点是调动学生的主动性，鼓励学生提问和发言，学生可以随时打断老师的讲课向老师提问，或者几个学生就某一问题争论，直到问题解答完了，或争论结束了，老师继续讲课。另一个特点是老师对学生要求很少，学生可以迟到，可以早退，也可以不来，作业可以不交，上课可以赤脚，可以睡觉，老师从来不管不问，只认真讲自己的课。他们曾经给我讲了一句很有意思的话来解释他们的这种现象:学生可以不成才,但老师和家长不能剥夺他们的自由。而我们的老师和家长都望其成才心切,常常督促,甚至责骂和体罚。

梅西的结构设置和中国大学差不多,学校下设 6 个学院,每个学院下设 4 ~ 5个系,但不同的是每个系一般只设一个教授岗位,只有这个教授离开或退休,别人才有机会当教授。英国、德国等许多国家的大学都是这个模式。教授、副教授、甚至讲师都可以招博士生和硕士生。每个老师一般每年最多招 1 名研究生。研究生的研究经费全部来自导师的科研经费,多数还要付生活费。我认识的一个博士生告诉我,他的导师每年付给他 4.7 万纽币(人民币 25 万)的生活费。这也可能是他们招生少的原因之一吧。

梅西大学的教职员工都很珍惜时间。北帕是个很小的城市,而且人人都有汽车,按理说中午回家吃饭是很方便的,但他们中午没有人回家,都是早上上班时从家里带午饭,偶尔去学校的食堂买饭,吃饭时间也很短,一般是半小时。学校也不安排专门的吃饭时间,因为从早上上班到下午下班,每个时段都有课,每个人根据自己的工作,自己安排工作和吃饭时间。我经常去应用与国际经济系听学术报告,而报告的时间固定在每周三 12 ~ 13 点。而在国内这个时间正是一般单位的休息时间,刚开始我还有点不适应,但很快就习惯了。

梅西大学俭朴而科学。说它俭朴,是因为整个学校没有豪华的高楼,多数建筑外观陈旧、质朴,还有一些办公室在比较简易的平房里。楼内的电梯也基本是几十年前的简陋电梯。办公室的电脑笨拙、陈旧。我们国内多数大学的硬件都要比梅西好得多。梅西大学虽然俭朴,但处处充满着科学化和人性化。比如,虽然办公室小而简单,但每人一个办公室,既尊重了个人隐私,更是充分考虑到知识分子脑力劳动的特点——需要宁静的环境去思考。办公室的电脑虽然笨拙而陈旧,但每人一台,更关键的是高效率的使用,梅西大学的每个员工(包括我们这些访问学者)都有学校分配的电子信箱,有关本人的信息、通知等都会在这个信箱里,当然私人之间的电子邮件也可以用这个信箱,而且这个信箱就建在电脑桌面的 outlook 里,很容易进去,因为每台电脑都有密码,只有使用者本人才能打开电脑,打开电脑后,进入信箱就不用再输入信箱的用户名和密码,双击 outlook 就直接进入信箱了,非常方便。在梅西的校园网上可以查到每个员工的 E－mail 地址及其他联系方式。由于各种事情,包括别人邀请你吃饭等都会通过电子邮件通知你,而很少打电话(尽管每个人的办公室都有电话)或当面通知你,所以大家每天上班后的第一件事情,就是查看电子邮件。每一个系都有一个专职的电脑维护员,随叫随到,保证电脑的正常运转。刚到梅西,感到他们的卫生间很人性化,所有公共卫生间(私人家更好一些),都有两个水龙头,一个供应冷水,一个供应热水,洗手很方便,尤其是在冬天更能感到热水的温暖。马桶边放着两卷质量很好的卫生纸,而且标明其中一卷是备用的,也就是当常用的用完了,还没及时换上新的,就可用备用的,考虑是多么周到和人性化啊。你不用担心到厕所后没有卫生纸的尴尬。而在中国,到了厕所才发现忘带卫生纸的尴尬不知上演了多少次。作为老师,我很羡慕梅西的教室。每个教室都有电脑、多媒体投影屏幕、投影仪、各种颜色的无尘笔(真正的无尘笔,国内许多号称无尘粉笔实际上仍然有尘)、地面全部铺有地毯,大一点的教室都装有扩音器。在图书馆和教学楼放的打印机和复印机师生可以随时使用。简朴与现代在梅西融为一体。我想这说明一个问题:梅西在该花钱的地方毫不吝啬地花,在不该花钱的地方一分都不花,每一分钱都做到了用有所值。这也许是民主决策的必然结果。

梅西的教师是从全球招聘的,他们来自英国、德国、美国、日本、法国等许多国家,其中英国最多,这与新西兰曾长期归英国管辖有关,新西兰于 20 世纪 70 年代才脱离英国管制而独立。梅西的学生也来自全世界,留学生有 1 000 左右。梅西与世界各国、尤其是发达国家的大学、研究机构有着广泛的联系。一是因为他们有较多的经费,可以支持他们走向世界;二是世界上有十几个英语国家,他们在相互交流上没有语言障碍。令我惊叹的是,那么多来自世界各国的优秀人才竟然乐于住在这么一个只有几万人的小城市,当然,像剑桥等其他许多著名大学也都在小城镇里。但在国内,位于小城镇的大学,如我所在的西北农林科技大学,在吸引人才方面就有明显的劣势。为什么会有这样的差异呢?最近我一直在思考这个问题。我想主要是发达国家具有便利的交通条件,这种便利的交通条件使远离大城市的人也可以享受大城市的文明。比如北帕的居民每家都有汽车,他们要到 150 公里外的首都惠灵顿,只需一个多小时,而且新西兰的公路网络发达,所有的路桥均不收费,汽油也很便宜,每升只有一块多纽币(1 纽币约等于 5 元人民币)。飞机票也很便宜,要到六七百公里外的最大城市奥克兰，提前预订的机票也只有100多纽币，有时会降到几十纽币。新西兰人（西方国家人也一样）周一到周五一般是不购物的，包括买菜也是一周买一次。双休日或专门的度假日他们可以去充分享受大城市的繁华和文明。住在大城市的人平时也是无暇享受大城市的繁华，也只有等到假日才能享受。这样，住在小城市和住在大城市几乎就没有什么区别了。小城市反而有大城市难有的宁静。中国的道路网络已和发达国家差不多，而交通费用和收入相比，比较昂贵。然而，发达国家的今天就是我们的明天，所以我对中国的小城市充满信心，对我们学校的所在地杨凌充满信心，对我们学校充满信心。

梅西只给一年级的学生提供住宿条件，当然必须由学生付费，住宿费大约为每月400～500纽币，如果包吃的话，吃住合计每月900～1 000纽币。二年级及以上年级的食宿，学校不再提供，由学生自己租房，自己做饭或到食堂、饭店去买，吃住合计大约每月700～800纽币。这里的学生都是一人租一间房子，没有几个人合住一间房子的。他们分散地住在全市的各个角落。学费每年4 000纽币左右，国外学生15 000纽币左右。而新西兰的小学到高中是免费的。上大学的学费是否贵呢？我们看一下新西兰人的收入。2005年新西兰男性的平均收入是年薪5万纽币，女性3～4万纽币。新西兰为每个想贷款的大学生提供助学贷款，而且是无息的。

梅西的很多学生都有自己的汽车，其拥有比例和国内大学生拥有手机的比例相当。在北帕校区学生汽车停车场，就有数以千计的小汽车，这还仅是学生汽车的一部分，因为在学校停车是要交停车费的，而北帕市的所有公交车对梅西师生是免费的，且有多路公交车的终点就在梅西，所以许多有车的学生也都坐公交上学。

2006年11月20日星期一　新西兰梅西大学

悄然蒙古行

对于中国人来说，出国的神秘已渐渐淡去。现在越来越多的中国人有了出国的机会,仅我们学校每年就有200左右的老师和学生出国。出国越来越变成一件普通的事情。

几个月前,我接到学校拟派我出访蒙古的通知,但我几乎没有告诉任何人,只在出国前一天告诉我所授课班级的学生,因我短暂出国课程暂停。我悄然而去,又悄然而回。

之所以不动声色,是因为出访蒙古这样一个小而贫困的国家,若告诉别人,有贻笑大方之嫌。有人羡慕那些前往美国、英国、德国、法国等发达国家的人,可能没有人会在意或瞧得上去蒙古出国这件事。

2010年6月2日至5日,我随学校校长孙武学以及我校罗军教授、呼天明教授、赵宝玉教授一行五人前往蒙古首都乌兰巴托对蒙古国立农业大学进行为期四天的学术访问。两校签订了关于教师互访、互派留学生以及进行科研合作的合作协议,并对双方的教学和科研情况作了交流。虽然时间短暂,却引发我许多思考。

一、富国与穷国

毫无疑问,蒙古是一个穷国。就拿其首都乌兰巴托来说,其市容市貌不仅不能与北京相比,也无法与中国任何一个省会城市相比,充其量与中国一个中等水平的地级市水平相当。在郊区处处可见牧民简易的小木屋。

当然,蒙古也是一个小国,其土地面积为150万平方公里,比我国新疆还小一点。人口只有200多万,其中100万居住在首都乌兰巴托。

就这么一个小而贫穷的国家,对我们的来访极尽其热情。

主人安排我们住在曾任蒙古最高领导的乔巴山的总统府。乔巴山,1947年至1952年任蒙古共产党主席、国家主席、军队最高统帅,具有至高无上的权威。尽管岁月已流失60多年,但我们刚踏进这幢二层小楼,还是能强烈感受到这栋楼的主人曾经不可一世的地位与气势。蒙古虽是一个小而穷的国家,但总统府还是很奢华的。整栋楼只住了我们代表团的五个人,没有其他人。门口24小时有荷枪实弹的武警站岗。与我们所住院子一墙之隔的另一个小院子,就是现任总统的总统府。我们能住在已故元首乔巴山的总统府,显示了主人给予我们非常高的礼遇和重视。

6 月 3 日,蒙古国立农业大学校长 Badarchiin BYAMBAA 专门为我们一行五人安排 90 分钟精彩的专场文艺演出。这让我们再次感受到主人异乎寻常的热情。

这次出访不仅招待规格超乎想象的高,而且全是对方付费,我们分文未掏。也许正是由于蒙古是一个穷国,我们才享受到了超高规格的接待和万分的热情。我出访过一些发达国家,也了解到国内许多像我们这样的代表团到发达国家访问的情况。可能是文化的原因,也许由于人家是富国,对方一般是不会免费提供食宿的,吃住基本是自己联系、自己付费,稍微客气的话,会象征性地请你吃一顿很简单的便餐。有时,即使双方会谈到吃饭时间,也是各自散去,各自解决自己的吃饭问题。甚至常常连到飞机场的接送对方都不负责。当我们骄傲地向别人夸耀曾去了某某发达国家,可有谁知我们遭到的“冷遇”。这就如同《红楼梦》的刘姥姥进了大观园,当她回到村子向人炫耀她进入大户人家贾府的时候,她可曾知道贾府的人是如何看待她这位农村老太太的?她在他们的心中地位几何?

访问富国与穷国有不同的感受,有不同的利与弊。

二、勤劳与懒散

中国人是很勤劳的,正是这种勤劳使中国经济连续几十年高速发展,创造了人类历史发展的奇迹。蒙古人是比较懒散的,这一点他们自己也承认。当我们提出让蒙古国立农业大学派几个人到我们学校学习甜瓜的栽培技术,以便在蒙古推动甜瓜产业的发展,校长 Badarchiin Byambaa 很担忧地说:“我估计他们到了中国只会迷恋玩乐,学不会这种技术的。”长期的草原游牧生活,使他们形成了自由、懒散的个性。如果把他们派到富士康的流水线上去当工人,那他们一定会感到万分痛苦,如在地狱一般,即是月薪十万他们也不愿意干。如果让他们在懒散而贫穷与勤劳而富裕之间选择,那么他们会毫不犹豫地选择前者。

虽然蒙古的民众是比较贫困的,但我感觉他们是幸福的。他们没有按时上班的压力;没有被人管束的压抑;没有升迁竞争的烦恼。如果要比较幸福指数,也许蒙古人的幸福指数比中国人的幸福指数还要高。

三、贫穷与时尚

不可否认,蒙古是一个穷国。即使在其首都乌兰巴托,也能处处可见捉襟见肘的贫困。不仅看不到几栋漂亮的高楼大厦,而且随处可见残败的绿化带、简陋的地下通道、狭窄而又粗糙的公路,没有遮雨设施的公交车站等,然而,乌兰巴托却处处充满着时尚的元素。

街上的姑娘不仅穿着十分时尚和摩登,而且气质不凡。从其高傲与自信的眼神中,感受不到一丝因贫困而产生的自卑。她们的脸上洋溢着幸福的微笑。我觉得她们比中国女孩时尚,或者说时尚女孩的比例比中国大城市高。

夜幕降临,简陋的街道上闪烁着时尚的彩灯。时不时飘来悠扬的歌声,广场、甚至马路边,身着艳丽服装的青年舞动着新潮的舞步。

蒙古国立农业大学的校舍虽显得有几分破旧,但校园里动不动就有人冒出几句流利的英语,其英语水平令我惊叹,甚至有几分羡慕。

贫穷,抑制不住时尚的勃发。也许,时尚本来就与贫富无关。

游了一个小而贫穷的国家,所产生的思绪和感慨反而比游览一个富裕的国家还要多。思绪在持续地漫延。

蒙古之行,表面是悄然的,但内心却久久不能悄然。

2010 年 6 月 6 日于杨凌

奥地利观感

2009 年 4 月 14 ~ 19 日,我前往奥地利进行学术交流,访问了维也纳农业大学(BUKO);维也纳兽医大学(University of Veterinary Medicine Vienna);欧亚太平洋大学联盟(Eurasia - Pacific Uninet);拜会了奥地利下奥洲农业协会、奥地利农业部国际合作司，考察了奥地利生态农业村；参观了奥地利总统府、维也纳金色音乐大厅、莫扎特故居、多瑙河、萨尔斯堡、美泉宫、维也纳公园等。

奥地利位于欧洲的中部，北靠德国、捷克，东与斯洛伐克和匈牙利相邻，南部与斯洛文尼亚、意大利接壤，西部是瑞士和列支敦士登。奥地利是一个小国家，人口只有800多万，国土面积仅有8万平方公里。

奥地利虽然是一个小国，但却幽静、美丽、文明。

身处奥地利，处处都很幽静，无论在农村还是城市。即使在繁华都市的酒店，都静的出奇，甚至连吃饭嚼咽的声音都能听得见。到了星期天，街道上95%的商店都关门了，大街上很安静。这里好像是世外桃源，世界各处的纷争与战乱都与他们无关。在他们看来，战争都是莽夫之举。面对世界此起彼伏的战争，他们好像一个绅士在观看两个混混在街道赤身肉搏一样，不屑一顾，更不愿参与。他们优雅地过着他们绅士般的生活。

奥地利绿树成荫，花草丛生，森林覆盖率达47%，所以奥地利是一个自然风光十分优美的国家。一座座小城点缀在无垠的林海之中，树林与城市融为一体。林中有城，城中有林。畅游于树林与花丛之中，仰望蓝天白云，如同行于画中。每一处景色都让人流连，每一处风景都让人不舍。我是一个很不喜欢照相的人，但来到奥地利忍不住拍了许多照片。

奥地利人友善、文雅，处处折射出他们的文明。路上相向而遇，虽然我们彼此都不认识，但他们仍然给我们一个和善的微笑，甚至给一个礼节性的问候，让我们倍感温馨。你如果向他们问路，更是热情备至。无论行走于街道还是林间，都很干净，绝不会发现乱扔的果皮纸屑。城市里的图书馆，看书的人很多，有的人甚至带着干粮在图书馆待一整天。他们穿着简朴而得体，很少穿名牌或带奢侈品。在卖奢侈品的商店里，购买者大多数是来奥地利旅游的中国人。奥地利人认为人的价值不在外表，而在内心。他们的内心丰富、友善而宽容。一些中国人身着一身名牌，鄙视比他们贫穷的人，以为他们高高在上。殊不知，他们不仅被更有钱的人鄙视，而且也被内心充满智慧的人鄙视，只有极少数浅薄的人在羡慕他们的奢华。其实，穿戴名牌也没有什么过错，只是无论是否拥有名牌，都应有一颗平和的心，善待和尊重每一个人，尤其是尊重弱势群体。

在奥地利的一个酒店，一个服务员不小心把菜汤洒到一客人身上，服务员歉疚的说：“对不起”。客人微笑着说：“没关系。”一切又恢复了正常。而在我们的酒店，遇到类似的情况，常常是客人大声斥责，甚至谩骂服务员。以此可窥，文明距离我们还有多远？！这就是为什么奥地利的男人常被称为绅士，而我们的一些人虽然有钱了也只能就做“土包子”。

启迪智慧的大师——西农教授魏正果

【魏正果（1931—2008），陕西省咸阳市古渡乡魏家泉人。1953 年西北农学院（1984 年更名为西北农业大学，1999 年再次更名为西北农林科技大学）毕业，同年 9 月入中国人民大学农业经济研究生班学习，1956 年毕业后分回西北农学院任教，直至 2008 年去世。曾任西北农林科技大学经济管理学院教授、博士生导师，国务院学位委员会第三届学科评议组成员。他睿智、刚毅，谈吐幽默，处处充满智慧。他是我的硕士生和博士生导师。】

1984 年，我考入西北农业大学农业经济系农业经济及管理专业，开始了我的大学生活，但是我没有任何喜悦，反而心中充满了懊悔和不满，因为高考之前我曾被推荐到国防科技大学计算机专业，还算比较理想的大学，但我却想上清华大学，全县高考预选理科第一名的成绩也增加了我的信心，可由于高考失误，我与清华大学失之交臂，无奈地来到了西北农业大学。在心情极为低沉，甚至对人生感到迷茫的时候，我认识了魏正果老师。魏老师使我重新振作起来，再次起航扬帆，奔向新的彼岸。

我第一次认识魏老师，是在班集体举办的一次报告会上。魏老师被请来为我们学生作报告。先生富有哲理的演讲彻底震撼了我们，其中：“一个人不在于干什么，而在于干得怎么样”这句话让我回味良久，也正是这句话，慢慢改变了我。自上大学以来，我一直沉迷于我挚爱的数学，而不愿学习我的专业农业经济及管理。先生的这句话，让我开始尝试去学习和钻研农业经济管理专业，并逐渐喜欢上了这个专业。在我最迷茫和最痛苦的时候，魏老师为我拨云见日，给我指出了一条新的人生之路。

到了大二，魏老师给我们带《农业经济学》这门课。这门课要讲一个学期，从而使我有机会聆听先生更多的教诲，并细细感悟先生的智慧。先生讲课与众不同，因为他不像一般教授那样照本宣科，而是讲自己对经济现象的思考以及所得出的独特观点，并非常注重引导学生从表象探究和思考事物的本质和规律。比如，他在课堂上问我们：农业是人类生存的基础，说明农业很重要，一个人可以不看电视，不坐汽车，但不能不吃饭，不穿衣服，可是为什么农业那么重要，农民那么勤奋，而农民却很穷呢？正当我们苦思冥想，但又想不出一个所以然。他开始慢慢引导和启发我们：一千年前，一只鸡一天能下几个蛋？答：一个。现在一只鸡一天能下几个蛋？答：还是一个。那么一千年前，一个人做一双鞋需要多长时间？答：七、八天时间。那么现在一个人用机器做一双鞋需要多长时间？答：大概几分钟。我突然顿悟：工业之所以能迅速致富是因为它的效率提高很快，它可以薄利多销，多中取利，而农业之所以很难致富是因为效率提高太慢。后来我又思考出其他一些导致农民贫困的深层次原因。2004 年，我把多年来对这个问题的思考写成一篇论文“农民贫困的根源”，并发表在供高层领导参阅的期刊《经济要参》2004 年第 26 期上。

通过一个学期《农业经济学》课程的学习，我渐渐喜欢上了魏老师。被他的智慧慑服，被他善于思考的个性感染。在上大三的时候，我就写了一篇论文“爱情经济学”，试图用经济学原理分析大学生中的恋爱问题，这篇论文后来刊登在我们大学生自己主办的刊物《经济学耕耘》上。每当看见或者想起魏老师，就觉得他是深不可测的智慧的源泉，他是无边无际的知识的海洋，而他的兴趣教学法也勾起了我对知识和智慧的渴求。于是，我下决心要考硕士研究生，而且要考魏老师的研究生。希望能从先生那里汲取更多的智慧，希望能获得更多的启迪。当然，也坚定了终生从事农业经济管理专业研究的决心。

1988 年 7 月，我大学本科毕业，也如愿以偿地考到了魏老师门下，成为他的一名硕士研究生，当年他也只招了一个硕士研究生。在当时，基本上每个导师每年只招一个研究生。自从我成了魏老师的研究生，就与魏老师接触很多了。那时,我们农业经济系(今天的经济管理学院)在1988年只招了11名硕士研究生,而魏老师给我上了两门课《农业经济专题研究》和《资本论选读》。因为学生比较少,感觉和老师的距离很近,彼此也很熟悉。我不仅从课堂上领略了先生更多的智慧,而且经常到他家里去,聆听他谈天说地。他在家里的谈话是漫无边际的,从正在热播的电视剧、流行小说、时髦衣着到历史、时事政治、生活琐事,无事不谈。但他常常能从事物的表象中发现深刻的哲理或事物发展的规律,而这正是让我感到叹为观止的地方,也常常令我对很多事情有了更多的思考。在看似漫无边际的闲谈中,往往给我很多启迪。因此,我很喜欢听他漫谈。

有一次,他在家谈《三字经》,在谈到“人之初,性本善”时,他问我:“人的本性真是善的吗?”。那时,我只有二十几岁,哪敢怀疑名家之言?接着他又问:“在不同时期人们对同一人性判定的善恶结论是相同的吗?”但他没有给我答案,只是让我思考。为了思考这个问题,一个暑假我都没有回去,在学校图书馆翻阅各种有关人性的书籍和杂志。通过翻阅资料得知:关于人性的善恶问题,已经争论了几千年了。大部分中国人认为人性是善的,后来的“毫不利己,专门利人”“公而忘私”“大公无私”“全心全意为人民服务”等一系列观点,都是基于人性是善良的这样一个基本前提。因为认为人性是善良的,所以人可以做到“毫不利己,专门利人”。大部分外国人认为人性是恶的,他们信奉的《圣经》是这个观点的代表。《圣经》认为罪恶是人的原罪,即人刚一出生就带有罪恶,人生而有罪,罪恶是天生的。同时,《圣经》指出了人脱离罪恶的途径:向上帝忏悔。只有向上帝忏悔,上帝才能原谅人的过错,死后才能升入天堂。基督教认为只有信仰上帝,成为基督徒,才能获得上帝的赦免,重登天国。虽然关于人性的善恶之争已有几千年,但人性到底是哪些?有几个?却很少有人论述。人性的善恶需要辨析,但人性到底有哪几个更需要探究。只有把人性的具体内容归纳出来,才能明了何谓人性,人为什么是人,也才能通过把脉人性规律,进行人性化管理。在魏老师的启发下,我把人性总结归纳为十二个:“善良、权欲、赌博、贪财、好色、食欲、情感、爱美、好奇、逍遥、嫉妒和乐于被称赞”。后来我把对人性的研究写成了论文“人性探论”,发表在《科技导报》2003第10期。《科技导报》的常务副主编苏青曾专门从北京来到西北农林科技大学谈这篇论文广泛的社会反响。鼓励我多写诸如此类的具有创新性观点的论文。有人把我的这个观点叫"十二人性理论"。先后应邀在贵州大学、武汉轻工大学以及北京、上海、广州、郑州、西安等地的MBA班上讲解"十二人性理论"。正是魏老师启发式的点拨,使我又开辟了一个新的研究天地。

在硕士毕业论文选题时,他反复强调要创新,不能吃别人嚼过的馒头。我一方面在图书馆翻阅资料,另一方面苦思冥想,希望能选出一个新颖的题目,做一点创新性的研究。经过数月思考,最终将论文题目定为"中国农业的出路:精细密集农业"。运用目前的检索手段进行检测,"精细密集农业"确为一个全新的概念,是我第一次提出来的。经过三年研究,五万多字的毕业论文终于出炉了。我用五万字阐释了我提出的"精细密集农业"理论。令我兴奋的是在我硕士毕业之前,由我执笔、我与魏老师共同署名的文章"发展精细密集农业"在《人民日报》(1991年3月9日)发表。另外,我撰写的一万多字的学术论文"精细密集农业初探"也发表在1991年第4期的《中国农村观察》上,而《中国农村观察》是农业经济管理专业在国内最权威的杂志之一,也是西北农林科技大学目前划定为A类的学术期刊。

1994年9月,我继续师从魏正果教授,开始攻读农业经济管理专业博士学位。这也使我有了更多的机会聆听先生的教诲。我很喜欢听魏老师讲课或者课外的漫谈,因为他常常能从普通现象背后分析出深刻的哲理,或者从生活的点滴中发现新的规律。由于先生身体不是很好,不能长久伏案写作,所以他撰写的论文和专著不多,他更多的是在启迪学生。我一直在竭尽全力理解先生的思想,但由于天资愚钝,总感觉只能悟到先生思想意境的极少一部分,无法全部领悟,更无法达到导师的思想高度。我常常处在兴奋与内疚的矛盾之中,兴奋的是自己能遇到如此睿智能给我启迪的老师,内疚的是不能充分理解老师的思想并把它撰写成论文,担心老师的这些思想火花会因此而永远消失。其实,先生给弟子们的启迪很多,但许许多多的思想都因我等愚钝,不能领悟而永远消失了。我只是将极小的一部分用文字记录下来了,并作为论文发表,让他们留存于世。不在意资金规律的探索就是其中一例。

有一次,我在西北农林科技大学北校区(原西北农业大学)蔬菜市场买菜，我买完菜正在付钱时，正好碰上魏老师和师母也来到菜市场买菜。当时，我买菜的总金额为十元零一角(10.1元)，但我没有零钱，就给了卖菜的农民二十元钱，请他找零钱。那个卖菜的农民说“我收你十元，那一毛钱就不要了”。我拿了找回的十元钱，准备离开时，魏老师叫住了我：“征兵，你想一想那个卖菜的农民为什么不要那一毛钱呢？这里面是不是有学问、有规律呢？”在购买商品时，买卖双方省去交易额的零头是一个普遍现象，谁也不会认为这里面有学问，而我的导师魏正果教授却启发我、引导我思考这个现象，希冀能有新的发现。起初，我也像其他人一样，认为卖菜的农民之所以不要这一毛钱就是因为这一毛钱是一笔小钱，金额太小，不值得要。也看不出这里面有什么学问或规律。经过数年的不断思索和研究，直到2000年，我才略有顿悟，发现在商品交易中，当一笔资金占到交易额的百分之一或小于百分之一，这笔资金就可以被买卖双方忽略，付与不付均可，我把人们在交易中可以忽略的这笔资金称为“不在意资金”。“不在意资金”与这笔资金的绝对额大小无关，而与这笔资金占交易额的比例有关。我把发现的这一规律写成论文“不在意资金刍议”，并发表在《经济学家》2001年第1期上。

后来发现，“不在意资金”不仅存在于商品交易中，还存在于慈善捐赠、友情招待、利益分配等方面。比如在慈善捐赠时，人们所捐的金额，肯定是其不在意资金，一般不可能是在意资金，既为在意，那他是舍不得捐的。如果捐到“伤筋动骨”的状态，那他是会很痛惜和懊悔的。友情招待也一样。当朋友来了，你自然需要接待，然而用多少钱来接待呢？花几元钱买一份水饺可以招待，花几十元钱要几样小菜也可以，花几百元吃一桌大餐也行。方案有许多种，但你最后选择的方案一般是你不在意资金所能达到的方案。当你与他人合伙做生意赚了一笔钱，最后分配利润时，如这笔钱与参加分配的人相除，不能整除时，参加分配者一般不会要求精确到角、分，甚至不要求精确到元、十元或百元。不要求精确的部分，就是大家不在意的部分，谁拿都行。

随着对“不在意资金”的继续研究，我相继发表了多篇相关论文：“千分之一定律”，《统计与社会》，2002年第5期；“不在意资金与慈善捐赠”，《学术研究》，2003年第1期；“不在意资金与彩票”，《统计与社会》，2003年第3期；“慈善捐赠：实验调查的计量分析”，《中国科技论文在线》(www. paper. edu.

cn),2006,6,6;“Careless Money and Lottery”,《China - USA Business Review》(USA),2004第9期。

不在意资金规律的发现,引起了学术界的关注,2011年7月9日,在广州召开的“中国农村经济发展高层论坛”上,我应邀在大会上作了主题发言,主讲了不在意资金的研究成果“农大学生不在意资金行为规律研究”。令我兴奋和欣慰的是与会专家对我提出的“不在意资金”的观点给予高度评价和广泛关注。民盟中央副主席、广东省政协副主席、华南农业大学副校长温思美教授认为:“这是一个很有价值的研究课题,如果采用数学模型做更细化的定量研究,将会研究出经济学领域的重大成果。”华南农业大学经济管理学院院长、长江学者罗必良教授在会后多次与我本人交流“不在意资金”如何进一步研究的问题。他建议从人的偏好以及无意识不在意资金、有意识不在意资金等方面拓展不在意资金的研究范畴。最让我兴奋的是,华南农业大学经济管理学院熊启泉教授在大会的总结发言中说:“7月9日,我听了王征兵教授做的‘不在意资金’报告,受益匪浅,因为王征兵教授的报告,7月9日成为我2011年200多天以来最有意义的一天”。这句话不仅让我震惊和欣慰,与会代表在听到这句话时,全场也响起了热烈的掌声。我强烈感受到大家对此的共鸣。中国农业大学经济管理学院王秀清教授在会后与我交流时,提供了商家通过发行购物卡侵吞消费者“不在意”的卡中少量余额而获利的案例。因为当卡中只剩下几元钱或十几元的少量余额时,多数消费者会放弃消费,而商家因发卡数量众多而获利。南京农业大学经济管理学院院长周应恒教授对我的“不在意资金”的观点给予高度评价,并提出进一步研究的诸多建议。四川农业大学经济管理学院傅新红教授对“不在意资金”问题也很感兴趣,提出可以从人的心理规律的角度探讨不在意资金行为规律的源泉。

国内最权威的经济学杂志《经济研究》将我的不在意资金研究成果“农大学生不在意资金行为规律研究”在其官方网站首页设置长达3个月之久(2011年6~9月)。

魏老师对学生的引导、启迪是全方位的,是无处不在的。他不仅在学术研究上指导我们,甚至在生活的细节上也经常点拨我们。1998年7月,我博士毕业了。我怀着激动的心情参加了学校举办的博士学位授予仪式。仪式结束后,我们这些身着学位服的毕业生冲出礼堂,奔向学校的一些标志性建筑去拍照留念。魏老师作为导师代表也参加了此次的学位授予仪式。在礼堂门外,我碰到了也刚从礼堂出来的魏老师。魏老师问我:“你急急匆匆往哪儿跑?”我说:“我准备到学校大门口照相呀”。魏老师说:“大门口任何时候都可以拍照,不用急,但最值得拍照的地方正是现在这个地方”。我惊讶地问:“为什么?”他说:“因为上百个穿着学位服的人作为你的拍照背景,那是转瞬即逝的机会,而且你要再造这样一个背景,几乎是不可能的”。我突然顿悟,赶紧让旁边的同学给我抓拍了一个镜头。这虽然只是生活中的一件小事,但在这件小事中也折射出先生的智慧,同时也给我了良久的启迪。

正是魏老师一次又一次的开导和启迪,为我开启了一片又一片独特的研究空间。只是我可能远未达到导师期冀的高度。

2005 年,有一学术期刊主编向我约稿,我按照规定时间提交了论文。因为这本期刊规定所有论文必须通过审稿专家评审,才能刊发,所以主编为了履行审稿程序,就请我的导师魏正果教授评审我的论文。主编认为我的论文一定会通过评审的,因为她认为任何一个导师都会帮助自己的学生发表论文的,而不会为自己的学生设置障碍,尤其在人情味十足的中国尤其如此。主编专门为我的论文预留了版面,而且配合这篇论文,准备在刊物封底做一个页面的专家简介,系统宣传和介绍一下我的研究成果,为此专门向我索要了个人简介。谁知魏老师的评审结果是不同意刊发。这时主编十分为难,因为如果不发我的论文,不好向我交代,怕我会问她:“向我约稿,为什么又不发我的论文?”但是,如果刊发,又如何向魏老师交代,因为这本刊物魏老师也经常阅览。最后,主编经过痛苦抉择,找了一个理由告诉我论文不能刊发了,并表示了万分歉疚。我一再告诉主编没有关系,不必放在心上。当然这也是真心话。她能向我约稿,我已经很欣慰了,因为这说明她还认可我的学术水平。至于论文无法刊发,那她一定有她的为难之处。有些事情就是这样,看起来很容易,做起来却不容易,十分曲折。主编当时并没有告诉我论文不能发表的真正原因,因为如果她告诉我论文没有通过评审,恐伤我的颜面,于是找一个别的理由来敷衍我。我也是后来才知道论文不能发表的真正原因。就在我得知论文不能刊发的消息后约 1 个月,我去看望魏老师,在闲谈中,他才告诉我,杂志社请他评审我的论文,他最终给的结论是不予刊发。这时,魏老师已经七十多岁,退休几年了,加之他的老伴身体不好,他基本上停止一切学术活动、甚至社会交往活动,专心在家照料妻子。但是,见到我还是循循善诱地告诉我论文中有什么缺点,应该如何修改。其实,这时我已是教授、博士生导师,我已经带了十几个博士研究生和硕士研究生,也整天给自己的学生讲如何做研究。我的学生可能不知道,他们的导师也在受人教诲和指点。

当魏老师告诉我,正是他阻止了我论文的发表,我不但没有生气,反而很感恩导师,因为无论他用什么样的方式教导我,他的目的只有一个,那就是希望我成才。通过这件事,我再一次深感自己才疏学浅,远未达到导师祈求的研究高度和深度。为此,我也常常自责,因我之愚钝,使先生的思想不能广大和传扬,甚至连先生思想都不能准确领悟和描述。这种愧疚一直持续到现在。

2008 年 1 月 19 日,恩师去了。带着他的智慧和对世界的无限眷恋,永远的离开了我们。似乎苍天也对失去这样一位睿智的老师而深感痛惜,那几日,中华大地大雪飘飞,为几十年不遇的大雪,大雪不仅覆盖了山山水水,而且大雪使汽车无法通行,飞机无法正常起飞,中国陷入前所未有的交通大瘫痪,连庞大的高压电塔竟也被大雪压塌了。温家宝总理冒着飞机无法正常起降的风险,飞往各地指挥和疏导交通。当我闻知恩师去世的噩耗,便迅速从杨凌赶往西安三兆殡仪馆。本来只有 80 公里左右的路程,平常最多一个小时就能到。可是那天,高速路因大雪封闭了。我们只好走普通路线,但因为路面积雪太多,汽车就像蜗牛一样艰难的爬行。汽车足足走了五个小时才到了殡仪馆。我的许多同门师兄弟、师姐妹,闻知导师仙去而想来吊唁,但因为交通阻隔,而无法成行。

导师的离去,不仅使我失去了一位亦师亦友的恩师,而且也使我失去了一位启迪我智慧的大师。

刊于《学位与研究生教育》2012 年第 11 期,有改动。